Lea Rieck

Sag dem Abenteuer, ich komme

Lea Rieck

Sag dem Abenteuer, ich komme

Wie ich auf dem Motorrad
die Welt umrundete
und was ich von ihr lernte

Kiepenheuer
& Witsch

Inhalt

Mut

DIE GROSSE SEHNSUCHT 13
Deutschland, München

NEUGEBOREN UND UNABHÄNGIG 17
Kosovo, Pristina

KINO VORM BALKON 23
Türkei, Istanbul

DER SCHWARM 38
Russland, Astrachan

Leidenschaft

DAS LEBEN IST EINE KARAWANSEREI 61
Tadschikistan, Pamir Highway

MIT DER ZEIT KOMMT DIE LIEBE 95
Kirgistan, Osch

EINER VON DEN GUTEN BÜRGERN 108
China, Kaxgar

Glaube

DAS ENDE UND DER ANFANG ALLER TRÄUME 127
Pakistan, Gilgit-Baltistan

WENN DAS SCHICKSAL PAUSE HAT 144
Indien, Amritsar

Empathie

IM FALSCHEN FILM 167
Nepal, Sagarmatha

DAS FREMDE IM VERTRAUTEN 176
Thailand, Bangkok

Loslassen

SPUREN DER VERGANGENHEIT 203
Australien, Sydney

GANZ UNTEN UND GANZ OBEN 218
Australien, Tasmanien

DIE WEIHNACHTSFRAU 238
Argentinien, Buenos Aires

Gelassenheit

VOM LIED DES WINDES *255*
Argentinien/Chile, Feuerland und Patagonien

DAS GROSSE ALLES *273*
Chile/Argentinien, Atacama

WELLEN, DIE DIE WELT BEDEUTEN *284*
Peru, Lima

Vertrauen

TIGER UND DER KLEINE BÄR *299*
Panama, Panama-Stadt

NÄCHTLICHE BESUCHER *304*
USA, Sun Belt

GEHEN SIE ÜBER LOS! *314*
Kanada, Vancouver

ZWEI SIND EINE GANG *325*
USA, Der Westen

Entschlossenheit

FLIEGEN LERNEN *343*
Marokko, Westsahara

NEUE WELT *353*
Spanien, Burgos

Häufig gestellte Fragen *361*
Dank *372*

ANMERKUNG

516 Tage und unzählige Erinnerungen – in einer Welt, die sich ständig weiter dreht, ist manchmal gerade genug Zeit, um auf eine kleine Reise zu gehen. Teile meiner Erlebnisse wurden deswegen vereinfacht dargestellt, andere ganz weggelassen. Nur weil ich nicht über ein Land schreibe, bedeutet es nicht, dass es nicht sehenswert ist. Oft sind es sogar die schönsten Orte, die keine Erwähnung finden. Wenn alles gut ist, möchte man manchmal nur stumm verweilen.

Zum Schutz der Menschen, denen ich begegnet bin, musste ich einen Teil der Namen und der Hintergrundinformationen ändern.

WEISST DU NOCH, WANN DU DAS LETZTE MAL ETWAS
GETAN HAST, DAS NICHTS MIT VERNUNFT ZU TUN HATTE?
WANN DU ZULETZT IN EINER SITUATION WARST,
IN DER DU NICHT WUSSTEST, WAS DU TUN SOLLST,
WEIL DU SIE NOCH NIE ERLEBT HAST?
WANN WARST DU MUTIG?

Die große Sehnsucht

DEUTSCHLAND, MÜNCHEN

KILOMETER: 0

»Rrrrrt, rrrrrt.« Ich starre auf den Computerbildschirm und versuche das Vibrieren meines iPhones zu ignorieren. »Rrrrrt, rrrrrt.« Als wolle es die Dringlichkeit des Anrufs unterstreichen, bewegt sich das Telefon auf der glatten weißen Tischplatte langsam, aber bestimmt in meine Richtung. Ich schlage etwas lauter in die Tasten, um das leise Surren zu übertönen, und konzentriere mich auf die Zahlen vor mir. Eine Tabelle mit der Übersicht unseres Jahresbudgets leuchtet auf dem Bildschirm meines silbernen Macs – auf einer Schaltfläche, die aussieht, als hätte sie die Millenniumswende verpasst. Nein, kein Retroschick, sondern einfach nur das bedienungsunfreundliche Abrechnungsprogramm des Unternehmens, für das ich arbeite.

Eigentlich sollte ich mich nicht beschweren: Mein Büro ist fraglos schön, geradlinig und modern, mit großem Balkon und fantastischem Blick über die Münchner Karlstraße, die an diesem dunklen Dezembernachmittag bereits im Schein der Straßenbeleuchtung erstrahlt. Ich arbeite als Redakteurin für einen großen Verlag, konzipiere digitale Strategien für Hochglanzmagazine – nur habe ich in meiner ersten Euphorie nicht gemerkt, wie unflexibel und rigide die Strukturen in einem großen Unternehmen sein können. Trotzdem bin ich seit vier Jahren hier. Aus Gewohnheit, aber auch weil so viele andere mich um diesen tollen Job beneiden. Aber da es hier keine Aufstiegsmöglichkeiten mehr gibt, habe ich mich in einer Agentur für Digitalstrategien beworben. Ich will etwas Neues lernen und Abwechslung. Und vielleicht kann ich mit dem Gehaltssprung und meinem Ersparten endlich eine Eigentumswohnung anzahlen.

»Willst du nicht rangehen?«

Ich teile mir das Büro mit einer Volontärin, die nun neugierig hinter ihrem Computer hervorlugt. Normalerweise gibt es Privatsphäre eigentlich nur auf dem Klo (mit ganz schlechtem Handyempfang) oder auf unserem Balkon zwischen zurechtgestutzen Buchsbäumen.

»Och, nee, sieht aus wie so ein Werbeanruf«, sage ich ablenkend und schiebe das Telefon demonstrativ weiter weg. Natürlich erkenne ich die Nummer: Sie gehört der Personalleiterin der Agentur, bei der ich eine Woche zuvor zum letzten Gespräch des Bewerbungsprozesses eingeladen war. Plötzlich habe ich einen Kloß im Hals.

»Rrrrrt, rrrrrt.« Ein letztes Mal versucht mein Handy, sich vibrierend an mich heranzupirschen. Dann schweigt es endlich. Ich höre in mich hinein: Was will ich? Was wünsche ich mir? Ich fühle mich ganz taub und leer, als hätte ich gar kein Gespür mehr für mich selbst. Ich muss an Marlene Dietrich denken, an eines ihrer Lieder, das sich gerne in solchen Situationen in meinem Kopf abspielt:

»*Wenn ich mir was wünschen dürfte,*
käm' ich in Verlegenheit,
was ich mir denn wünschen sollte,
eine schlimme oder gute Zeit«.

Ich beschließe, etwas für die Bildung meiner Volontärin zu tun, und spiele den Song laut auf meinem Computer ab. Jetzt, da die tiefe, rauchige Stimme durch unser steriles Büro zieht, legt sich ihre melancholische Wärme wie ein Schleier über mich:

> *»Wenn ich mir was wünschen dürfte,*
> *möchte ich etwas glücklich sein,*
> *denn wenn ich gar zu glücklich wär,*
> *hätt ich Heimweh nach dem Traurigsein«.*

Hatte sie recht? Was soll dann unser ganzes Streben nach Glück, wenn uns zu viel davon auch nicht glücklich macht?

»Rrrrrt.« Mein Handy vibriert einmal kurz und signalisiert eine empfangene E-Mail. Unauffällig ziehe ich es näher zu mir heran und öffne mein Postfach.

Die E-Mail ist von der Anruferin: »Sehr geehrte Frau Rieck, vielen Dank, dass Sie in den letzten Wochen an unserem Bewerbungsverfahren teilgenommen haben. Leider konnte ich Sie telefonisch nicht erreichen.« Und eine Zeile darunter: »Wir würden uns sehr freuen, wenn wir Sie schnellstmöglich in unserem Team begrüßen dürften. Bitte rufen Sie mich an, damit wir das weitere Vorgehen besprechen können.«

Ich horche in mich hinein, doch wider Erwarten führt mein inneres Ich keinen freudigen Stepptanz auf. Stattdessen schweigt es beharrlich. Davor, dass meine Eitelkeit kurz jubiliert und mein Ego die Faust in die Luft reckt, bin ich natürlich nicht gefeit. Aber nachdem ihnen niemand applaudiert, fallen sie ganz schnell in das große Schweigen mit meinem inneren Ich zurück. Wenn ich mir was wünschen dürfte, käme ich wirklich in Verlegenheit.

»Sag mal, können wir vielleicht was anderes hören? Dieser alte depressive Sound zieht mich total runter«, tönt es hinter dem Mac meiner Volontärin hervor.

Ich werde nicht mehr lange hinter diesem Schreibtisch sitzen, also tue ich ihr den Gefallen. Auch wenn ich überzeugt davon bin, dass wir alle ein bisschen mehr Marlene Dietrich sein sollten.

Fröhlich wippt jetzt der Pferdeschwanz meiner Volontärin zu den Klängen von »Work Hard, Play Hard« hinter dem Computerbildschirm. Dann steht sie auf, nimmt ihre Evian-Wasserflasche und gießt damit unsere Büropflanzen im Designer-Keramiktopf. Mit großen Augen schaue ich sie an. Und plötzlich ist alles ganz klar. Ich will keine Büropflanze mehr und auch keinen Topf, ich will echte Erde und echten Regen. Was wäre, wenn ich einmal mutig wäre, einmal etwas tun würde, das nichts mit einem ordentlichen Lebenslauf zu tun hat und das keiner von mir erwartet?

Ich tippe zwei Sätze in mein Handy und schicke sie an Arne, meinen ersten und einzigen Motorradfreund. Seit ich meinen Motorradführerschein vor eineinhalb Jahren bestanden habe und danach direkt allein nach Istanbul gefahren bin, ist da ein ständiger Gedanke, der mich nicht mehr losgelassen hat, den ich aber immer auf später vertröstet habe: Wenn ich mehr gespart haben würde, wenn ich mehr Zeit haben würde, wenn ich richtig im Leben angekommen sein würde.

Plötzlich weiß ich ganz genau, was zu tun ist. Einfach so. Ohne ein Wenn oder tausend Aber. Dies ist meine Zeit. Meine Chance. Vielleicht die einzige, die sich mir jemals bieten wird. Ich will dorthin, wo Avocados an Bäumen hängen, wo Bananenstauden stehen und wo der Reis, den ich so liebe, auf üppigen, grünen Feldern wächst: »Ich habe den Job. Aber ich mache eine Weltreise auf dem Motorrad.«

Neugeboren und unabhängig

KOSOVO, PRISTINA

KILOMETER: 1600

Wie viele Paar Socken braucht man für ein Jahr? Und wann werde ich jemals wieder an einen Ort kommen, an dem ich Socken kaufen kann? Ich werfe einen zweifelnden Blick auf die vollgestopfte Tasche, die auf meiner Rückbank und auf meinen Seitenkoffern thront wie ein zufriedenes Walross nach der Nahrungsaufnahme. Alles, was ich noch besitze, befindet sich auf meinem Motorrad (das ich Cleo getauft habe, von Cleopatra), darunter auch zwölf Paar Socken. Job gekündigt, Wohnung gekündigt – der Rest, der von meinem alten Leben übrig ist, hat in eine Handvoll Umzugskartons gepasst, die jetzt im Keller meiner Eltern vor sich hin stauben.

Das Tor der Garage gibt ein ächzendes Knarzen von sich, als ich es nach oben schiebe. Der Himmel ist grau, ein paar dicke Regentropfen fallen auf den Gehsteig und hinterlassen dort Muster, als wollten sie Jackson Pollock nachahmen. Meine Eltern stehen im Hauseingang, um sich vor dem Regen zu schützen, der sekündlich stärker wird. »Pass auf dich auf!«, sagt meine Mutter. Hinter ihrem Rücken zieht sie einen Schal hervor, der die Größe eines Zelts hat. Sie umarmt mich und legt ihn mir um den Hals.

»Damit du weißt, dass es immer ein warmes Zuhause für dich gibt.«

»Mama, das ist kitschig, und ich habe keinen Platz!«

»Aber du brauchst etwas, das dich warm hält!«

Ich verdrehe die Augen und seufze, aber wie immer ist bei elterlicher Fürsorge jeder Widerstand zwecklos, und ich habe außerdem keine Zeit zu diskutieren, weil die Welt auf mich wartet. Also öffne ich das Taschen-Walross und stopfe den Wollschal hinein.

Mein Vater umarmt mich und steckt mir etwas in die Tasche.

»Das sind fünfzig Euro. Sag deiner Mutter nichts und kauf dir davon Bier«, flüstert er.

»Danke. Und ihr bleibt gesund, bis ich wieder zurückkomme.«

»Versprochen.«

Dann setze ich den Helm auf, starte den Motor, lasse die Kupplung vorsichtig los und rolle schwankend von dannen. Cleo fühlt sich ungewohnt an, ich bin noch nie mit einem voll beladenen Motorrad gefahren. Überhaupt bin ich noch nie mit einem Motorrad gefahren, das Seitenkoffer hat. Egal – ist sicher alles Gewöhnungssache.

Vor einer Woche war Cleo in einer Werkstatt.

»Bitte macht sie reisetauglich. Navi und so«, habe ich gesagt. Wohin es denn gehen solle?

»Na einmal um die Welt.«

Und jetzt habe ich lauter Dinge, von denen ich nicht wusste, dass man sie braucht. Zum Beispiel Stahlfußpedale, weil Stahl im Gegensatz zu Karbon von jedem Mechaniker geschweißt werden kann. Als ich das Motorrad abgeholt habe, hat der Inhaber der Werkstatt mich mit einem Blick angesehen, der sagte: »Das wirst du nicht überleben.« Und ich konnte ihm das nicht einmal übel nehmen. All die Dinge, die ich nicht weiß (was sind eigentlich Kupplungsscheiben?) und nicht kann (Motorrad reparieren, Fremdsprachen außer Englisch und ein bisschen Französisch, mit Bestimmtheit sagen, wo ich mich in fünf Jahren sehe), sprechen dagegen, dass ich heil wieder zurückkomme. Wird schon schiefgehen!, denke ich.

Im Rückspiegel sehe ich meine Eltern winken, ich glaube zu erkennen, dass meine Mutter jetzt doch eine Träne verdrückt, aber zu genau möchte ich gar nicht hinschauen. Elterliche Tränen sind ansteckend, und ich habe keinen Grund zu weinen, denn endlich breche ich auf – mein Abenteuer beginnt. Einmal die Welt sehen. Einmal am eigenen Leib erleben, wie sich die Natur, Kultur und Zeit verändern. Einmal frei von dem sein, was wir als unsere alltäglichen Verpflichtungen sehen.

Inzwischen regnet es in Strömen, die Straße schimmert, und es riecht nach nassem Asphalt. Die Wolken hängen grau und tief über der Isar, an deren Ufer ich jetzt entlangfahre. Wie oft ich hier mit meinen Freunden an Sommertagen gesessen habe. Jetzt sitzt niemand auf den Kieselsteinen an den Ufern, nur ein einsamer Jogger, der dem Sturzregen zu entkommen versucht, läuft unter den Bäumen, das Wasser spritzt unter seinen Sohlen. Es ist ein verregneter Frühling gewesen, und der Sommer hat selbst jetzt im Juni noch immer nicht richtig begonnen. Vielleicht, so denke ich in diesem Moment, muss man nicht gehen, wenn es am schönsten ist, sondern bevor es am schönsten wird, sonst kommt man nie weg, und es wird immer schwerer. Mir ist der Regen auch egal – denn jetzt beginnt für mich ein endloser Sommer: Ein Jahr lang werde ich um die Welt fahren und der Sonne folgen. Erst Richtung Osten, dann Richtung Süden, bis ich irgendwann in Thailand bin, um von dort Amerika zu entdecken.

Ich schalte die Musik an und lasse mich von The Smiths in meinen Kopfhörern aus der Stadt geleiten:

»Driving in your car,
I never never want to go home,
Because I haven't got one,
Oh, I haven't got one.«

Ich denke daran, dass auf meinem Personalausweis jetzt ein kleiner Zettel klebt: »Ohne festen Wohnsitz in Deutschland«. Ohne Wohnung, ohne Zuhause.

Dann bin ich auf der Autobahn, und die Länder fliegen nur so an mir vorbei. Schon nach ein paar Tagen füllt das Reisen mein ganzes Leben, und mein Verständnis von Zeit wird wieder das eines neugierigen Kindes: Die Sommertage scheinen unendlich, und vor mir liegt nichts als die träge Weite fauler Stunden. Ich versuche alles in mich aufzusaugen. Österreich, Slowenien, Kroatien, Bosnien und Herzegowina. Bis ich mich im Durmitor-Nationalpark in Montenegro verfahre und plötzlich in Pristina bin, der Hauptstadt des Kosovo.

Eine ätherische Elfe schwebt mir von der Veranda des zweistöckigen Hostels entgegen. Das frei stehende Haus liegt etwas abseits der Innenstadt, in Hängematten tummeln sich ein paar Backpacker. »Dorthin, neben unser Auto, kannst du dein Motorrad schieben.« Ihre langen blonden Haare wehen in der warmen Abendbrise. Der Sommer ist jetzt richtig angekommen. Der Schriftzug »Newborn« thront als Skulptur in der Mitte der Stadt, die ich nur aus dem Fernsehen kenne – Bilder von Krieg und Not. Anlässlich der Unabhängigkeitserklärung des Landes wurde Newborn 2008 enthüllt und gilt seitdem als Wahrzeichen und Motto.

Schön ist Pristina nicht, aber trotzdem hat die Hauptstadt des jüngsten Staates des europäischen Kontinents eine ganz eigene, sprudlige Energie – was vielleicht auch daran liegt, dass das Durchschnittsalter der Bevölkerung bei 26 Jahren liegt, in Deutschland dagegen bei knapp 45. »Pristina ist an Absurditäten reich, und wer hier gut leben will, muss vieles wissen«, schrieb der kosovarische Autor Beqë Cufaj. Ich weiß aus dem Internet, dass Pristina vor allem reich an guten Partys ist: Elektro, Techno, eben alles, was Lebendigkeit bedeutet.

Die Elfe schreitet über knarzende Dielen voran, um mir mein Zimmer zu zeigen, ich zerre mein Taschenungetüm ächzend und schwitzend hinter mir her.

»Du schläfst in einem Zimmer mit acht Betten, aber du bist allein. Wir haben gerade nicht so viele Gäste, und mit so viel Gepäck brauchst du sowieso ein bisschen Platz. Wieso hast du so viel dabei?«

»Weltreise«, sage ich und fühle mich ein bisschen wie ein Hochstapler. Ich war schließlich erst ein paar Tage unterwegs, nicht länger als bei jedem normalen Urlaub.

»Ah, das solltest du feiern. Möchtest du heute Abend mitkommen? Coole Party ... Techno ... starke Drinks, ich organisiere gerade unser Taxi.« Die Augen der Elfe leuchten begeistert. Aus Reflex nicke ich.

»Cool!«, haucht sie. Sogar ihre Stimme ist zart. Sie will sich schon umdrehen, um mich allein in dem kleinen Achtbettzimmer zu lassen.

»Warte, ich habe es mir anders überlegt. Es klingt verlockend, aber ich will morgen früh raus.«

Die Elfe schaut mich einen Moment verständnislos an, aber dann nickt sie und lächelt. Ich selbst schaue dagegen geschockt auf mich selbst. Denn ich habe zwar damit gerechnet, dass die Reise mich verändert, aber nicht so schnell – und nicht: in eine Langweilerin. Wer ist diese Lea, die nur ins Bett möchte, um am nächsten Tag früh aufzustehen? Und wohin ist mein altes Party-Ich verschwunden? Ich weiß nur eines: Nun, da ich alles machen könnte, möchte ich nur schlafen. Und das ist auch reichlich absurd. Ob das an Pristina liegt?

Kopfschüttelnd schnappe ich mir mein schnell trocknendes Gummihandtuch, um die Staubspuren der Reise mit einer Dusche von meinem Körper zu waschen. Als mir das Wasser über den Kopf rinnt, bin ich plötzlich glücklich. Denn eigentlich bin ich jetzt angekommen, obwohl ich gerade erst losgefahren bin. Genau dieser Zustand war mein Traum: einfach frei sein, mit einer groben Richtung, aber ohne festgestecktes Ziel – vor allem nicht festgesteckt von anderen. Ich muss nichts machen, was ich nicht will. Und heute will ich früh ins Bett!

Am nächsten Morgen stehe ich auf, als es hell wird. Ich beschließe, die Hälfte meines Gepäcks an der Rezeption abzugeben und nach Deutschland zurückzuschicken – darunter sechs Paar Socken und der dicke Schal. Als ich mit leichterem Gepäck losfahre und nicht mehr schwanke, fühle ich mich frei, als hätte ich wieder ein Teil meines alten Lebens abgeworfen, das mich belastet hat. Die Sonne strahlt.

Kino vorm Balkon

TÜRKEI, ISTANBUL

KILOMETER: 2700

An meinem ersten Morgen in Griechenland vibriert das Handy noch vor dem Aufstehen. Auf dem Display leuchtet eine Nachricht. »Jacob« steht dort schwarz auf durchsichtig.

»Baby, bist du bereit für ein bisschen Entspannung?«

Ich seufze. »Ja, ja, quasi auf dem Weg.«

»Be there or be square.« Das »square« ist nicht ausgeschrieben, sondern blinkt als viereckiges Emoji auf dem Display.

»Be there or be square« und »Baby« – am liebsten würde ich ihm einfach ein Viereck zurückschicken. Dann komme ich mir aber kindisch vor. »Wir sehen uns.«

Mein altes Leben, dem ich gerade erst Auf Wiedersehen gesagt hatte, ist dabei, mich schon wieder einzuholen. Und das, obwohl ich erst in Griechenland bin.

Innerhalb weniger Stunden würde ich die Grenze zur Türkei überqueren und Istanbul erreichen. Mein Istanbul, die leuchtende, singende Metropole am Bosporus und zugleich die letzte Station vor dem Unbekannten. Istanbul war schon immer die Stadt meines Herzens – während meines Studiums habe ich dort einige Monate gelebt. Damals war Istanbul eine erblühende Weltmetropole, und man diskutierte, ob die Türkei vielleicht bald in die EU aufgenommen würde. Inzwischen hatte sich das Land verändert. Es hatte Terroranschläge gegeben, und Erdogans Politik entfernte die Nation immer weiter von Europa. Trotzdem ist Istanbul noch immer meine Stadt – die ich jetzt wegen einer Wette teilen muss.

Jacob und ich haben uns in Deutschland über Onlinedating kennengelernt. Dem Kuppelportal Tinder wird gerne nachgesagt, mit seiner einfachen Funktionalität eine ganze Generation von Bindungsgestörten zu schaffen. Oberflächlich, emotionslos, immer auf der Suche nach dem nächstbesseren Kick und Liebhaber. Jacob war nicht unbedingt mein Typ. Zu geschleckt, zu schön, zu glatt. Aber die Alternativen kaum besser. Also verabredeten wir uns in einer schicken Bar in der Münchner Innenstadt und beschlossen, uns nicht die Blöße eines offensichtlichen Tinder-Dates zu geben. Wir taten so, als würden wir uns schon lange kennen – und sprachen zum Schreck unserer Sitznachbarn über unsere Freunde, die gerade auf Drogenentzug, im Gefängnis oder nur noch beschäftigt mit ihrer Giftschlangenzucht waren.

»Sag mal, ich habe gehört, dass du deine Abflussreinigungsfirma verkauft hast«, sagte ich irgendwann in der Hoffnung, doch mehr über Jacob herauszufinden. »Womit verdienst du denn jetzt dein Geld?«

»Samenspenden. Ich war ein sehr süßes Baby, und Akademikersamen bringen besonders viel Kohle.«

Jacob war offensichtlich ein Snob – wie sich später herausstellte, arbeitete er als Hedgefondsmanager –, aber es war ihm genauso egal wie mir, dass unser restliches Leben nicht im selben Dunstkreis stattfand. Ich stellte ihn nicht meinen Freunden vor, er mich nicht seinen, trotzdem verbrachten wir ein paar gute Monate. Manchmal mit-, meistens ohneeinander, nie zusammen.

»Ich fahre bald mit dem Motorrad einmal um die Welt«, sagte ich in einer dieser Nächte, in der wir mal wieder Unsinn redeten, um nicht über uns selbst zu sprechen.

»Mit dem Motorrad um die Welt? So ein Schwachsinn!«

»Ich meine es ernst!«

»Das ist doch gar nichts für dich, das machst du nie! Aber okay: Wenn doch, dann besuche ich dich in deinem geliebten Istanbul und lade dich dort ins teuerste Hotel ein.«

Ich erreiche das Four Seasons zwei Stunden vor Jacob und checke ein. Der Lärm Istanbuls ist hier genauso ausgesperrt wie der Geruch nach gebratenen Kastanien, der so oft die Stadt erfüllt. Stattdessen quietschen meine Motorradstiefel auf dem glatten spiegelnden Marmor des Bodens. Der Page, der sich eigentlich um mein dreckiges Gepäck kümmern soll, windet sich in seinem steifen Jackett und ist damit beschäftigt, die Nase zu rümpfen. Als er sich doch irgendwann in Bewegung setzt, trotte ich ihm schulterzuckend hinterher. Die dicken Teppichböden in den Gängen zu den Zimmern dämpfen das Geräusch unserer Schritte, und zu der vornehmen Stille der Umgebung gesellt sich eine dumpfe Leere in meinem Kopf. Im schummrigen Licht öffnet der Page eine Tür, und ich brauche ein paar Sekunden, bis ich mich überwinde einzutreten. Das helle Zimmer hat die Ausmaße einer Turnhalle, ein riesiges Bett und einen Balkon mit Blick auf den Bosporus. Und ein Badezimmer aus Marmor, das größer ist als die Einzimmerwohnung aus Studententagen, in der ich vor der Reise gelebt habe. Als sich die Tür hinter dem Pagen schließt, fackle ich nicht lange und werfe alle meine Klamotten in die Wäsche. Dann stelle ich mich unter die Dusche und lasse mir das heiße Wasser eine halbe Stunde über den Kopf rinnen, bis die Haut an meinen Fingern ganz schrumpelig ist. Vielleicht bleibe ich einfach hier. Unter dieser Dusche. Für immer.

Neben der Dusche hängen frische weiße Handtücher. Ich streiche prüfend darüber, das Frottee kitzelt mich an den Händen, die inzwischen von Schwielen und Blasen überzogen sind. Die Textilien fühlen sich im Gegensatz zu meinem Gummireisehandtuch fast irreal weich an. Ich drücke das Gesicht hinein und hole tief Luft. Ein betörender Geruch von frischem Waschpulver. In fast religiöser Ehrfurcht schlinge ich mir eines der Handtücher zum Turban um die Haare, das andere um den Körper. Vorsichtig trippele ich über den Marmorfußboden. Die Unterseite meiner Füße ist trotz aller Bemühungen noch immer dreckig. Ich nehme den Turban ab und beginne, die zotteligen Haare zu entwirren, als es klopft: Jacob steht vor der Tür, perfekt vom Haaransatz bis zur Fußspitze – ja, sogar das Einstecktuch seines Jacketts ist so ordentlich gefaltet, dass jedes andere Einstecktuch auf dieser Welt vor Scham erröten und aus Unzulänglichkeit seinen Job hinwerfen würde. Jacob hat garantiert nie zottelige Haare, und seine Schuhe sind so sauber, wie meine Füße es wohl nie wieder werden.

»Hey Baby!«

Ich knuffe ihn in die Seite. »Nenn mich nicht Baby«, schimpfe ich halb ernst, muss dann aber bei seinem Anblick doch lachen.

»Wohin entführst du mich zum Abendessen? Ich habe tierischen Hunger!«, ruft er.

»Hmmm ... ich fürchte, wir müssen uns etwas aufs Zimmer bestellen. Alle meine Klamotten sind in der Wäsche, und ich kann schlecht in diesem Aufzug durch die Straßen spazieren.«

Er schaut tadelnd an mir hinunter, und ein Schatten huscht über sein Gesicht. Jacob liebt teure Restaurants – ich glaube, ein bisschen wegen des Essens, aber noch mehr wegen des Gesehenwerdens. Ganz Gentleman, wie er ist, hat er sich schnell wieder im Griff.

»Du siehst auch im Bademantel sexy aus«, raunt er, eilt zum Telefon und bellt irgendwas hinein, das für mich nach Essen klingt.

»Hast du gerade was bestellt? Ich habe auch Hunger.«

Er zuckt mit den Schultern.

»Ich hab so viel bestellt, irgendwas wird schon für dich dabei sein.«

»So, erzähl, wie war es denn nun, was ist passiert in den letzten Wochen?«, fragt Jacob, als wir uns über unser Essen hermachen.

Obwohl ich im Bademantel und mit dreckigen, nackten Füßen vor ihm sitze, hat er weder Jackett noch Schuhe abgelegt; die weiße Stoffserviette liegt formvollendet gefaltet auf seinem Schoß. Ich fasse ein bisschen Zutrauen, aber zu Hause war das einfacher. Die Leichtigkeit, die sonst unsere Beziehung geprägt hat, ist wie weggeblasen. Es ist, als würde etwas zwischen uns stehen – viel mehr als die Erfahrungen weniger Wochen.

Ich weiß nicht, wo ich anfangen soll, also starte ich dort, wo die Idee mit Istanbul entstand: kurz vor meinem Aufbruch. Doch ich merke, dass er mir nur mit halbem Ohr zuhört. Als ich ihm von Pristina erzähle, vibriert sein Handy.

»Sorry, da muss ich kurz rangehen«, sagt er und verschwindet auf dem Balkon.

Ich nutze die Zeit, um die restliche Flasche Wein zu trinken. Wirklich ein vorzüglicher Tropfen. Doch mit jeder Minute, die Jacob am Telefon hängt, wird die Leere in mir größer. Meine Gedanken drehen sich im Kreis. Wie zum Teufel kann ich in aller Ruhe hier sitzen und einen Wein trinken, der teurer ist als eine Woche Kost und Logis? Warum treffe ich mich noch immer mit einem Mann, der für mich lediglich gute Unterhaltung ist?

Ich dachte, es hätte sich alles verändert, aber ich bin noch immer dieselbe wie vor meiner Reise. Ich tue Dinge nicht etwa, weil ich mich bewusst für sie entscheide, sondern weil ich sie gewohnt bin. Jahrelang hatte ich klare Vorstellungen davon, was mich glücklich machen würde. Immer war meine Vision des Glücks verbunden mit beruflichem Erfolg oder materiellen Dingen, die ich mir durch harte Arbeit würde leisten können. Nur hatte ich in meiner Gleichung übersehen, dass die erreichten Ziele nicht zwangsläufig unendliche Glückseligkeit bedeuten. Als sich meine Vorstellungen des großen Glücks nach und nach erfüllten, rückten so schnell, dass ich es kaum merkte und auch gar keine Zeit hatte, über meine Errungenschaften glücklich zu sein, neue Ziele nach. Ich verschnürte mein Glück mit Hunderten austauschbarer Herausforderungen. Während ich mir also angewöhnte, mein Glück ständig zu vertagen und in die Zukunft zu schieben, lernte ich zugleich, es mit anderen Dingen zu substituieren: mit kurzem, aber vor allem unverbindlichem Spaß.

Jetzt war ich wieder in meine eigene Falle getappt: Ich hatte Ja gesagt, zu einem vollkommen belanglosen und fragwürdigen Vergnügen. Würde es mich glücklich machen? Wahrscheinlich nicht.

»Alles klar?«, fragt Jacob, als er sein Telefonat beendet hat und mustert mich skeptisch.

»Was machen wir hier eigentlich?«, frage ich zurück.

»Das Leben genießen und Wein trinken. Vielleicht hattest du ein bisschen viel davon.« Er grinst und deutet auf die leere Flasche. »Irgendwie warst du in Deutschland entspannter als jetzt.

Ich dachte, auf so einer Reise kommt man ins Gleichgewicht. So Yoga-Style und Liebe für alle.«

»Was soll das denn heißen?« Ich bin kurz davor zu explodieren.

»Ich dachte, man macht so einen Trip, um sich selbst zu finden.«

»Jacob«, ich lächle ihn an, »ich hätte nicht gedacht, dass du so ein Hippie bist. Komm, wir gehen schlafen.«

Das Gebäude erzittert. Ich schrecke hoch. Was zum Teufel war das? Ich drehe mich zu Jacob um, der selig vor sich hin schnarcht. Wie kann ein so schöner Mann nur solche Geräusche von sich geben? Vor unserem Fenster herrscht ein ziemliches Getöse, das mit Jacobs Schnarchen konkurriert. Ein komisches Knattern, das an- und abschwillt.

»Rattatat, rattatatat rattatat.« Dann ist es fast still, nur im Hintergrund wummert und zischt es dumpf in unregelmäßigen Abständen, bis das Knattern wieder lauter wird. »Rattatat, rattatat, rattatat«.

Das ist ja schlimmer als die Karaokebar gegenüber meiner alten Wohnung. Benommen nehme ich mein Handy in die Hand und schaue mit zugekniffenen Augen auf das Display, das in der Dunkelheit viel zu hell leuchtet. Mitternacht. Unter der Uhrzeit erscheint die Nachricht einer Freundin aus Deutschland.

»Geht es dir gut in Istanbul? Gib bitte Bescheid.«

Erst mal verstehe ich gar nichts, also tippe ich das Geistreichste, was mir zu dieser Stunde der Nacht einfällt: »Hä?«

Da mein Gegenüber aber entweder schläft oder pikiert von meiner plumpen Frage ist, bekomme ich keine Antwort. Einige Momente starre ich reglos auf mein Handy, dann dämmert es mir langsam. Sorge um mich in Istanbul ... wahrscheinlich wieder ein Anschlag. In mir regt sich gar nichts, und meine Gefühlskälte erschreckt mich. Ich seufze tief. Und schreibe »Istanbul« in das Suchfeld des Browsers. Dann tippe ich auf »News«. Die Seite lädt im Bruchteil einer Sekunde. »Militärputsch in der Türkei«, »CNN-Nachrichtensender in Hand des Militärs«, »Detonationen am Bosporus«, »Hunderte Tote und Verletzte«. Wie in Trance stehe ich auf, schiebe die Vorhänge beiseite und öffne die Tür zum Balkon. Wo eigentlich der freie Blick direkt auf den Bosporus und die leuchtende Brücke sein sollte, die Europa mit Asien verbindet, wird der Himmel nun von schweifenden Scheinwerfersicheln durchkreuzt. Direkt vor mir knattern riesige kantige Militärhubschrauber, im Tiefflug schießen mit ohrenbetäubendem Krachen ein paar Kampfjets vorbei. Ich halte mir erschrocken die Ohren zu und starre ungläubig auf das kinoreife Spektakel.

Scheiße, denke ich. Und »Scheiße« rufe ich laut, als ich hektisch zurück ins Zimmer laufe und die Balkontür zitternd hinter mir zuschiebe. Militärherrschaft, was würde das für uns bedeuten? Sofort spielen sich vor meinem inneren Auge Szenen aus dem Film *Midnight Express* ab ... Türkisches Gefängnis auf Lebenszeit mit sehr geringen Chancen einer Exit-Strategie.

»Verdammt, Jacob, wach auf!« Ich rüttele unsanft an seiner Schulter. Verschlafen öffnet er die Augen.

»Was ist denn jetzt schon wieder los?«

»Militärputsch, Hubschrauber, Kampfjets vor unserem Balkon.«

Ich schalte den Fernseher gegenüber dem Bett an. Bei CNN Türk ist nur das leere Nachrichtenstudio zu sehen.

»Siehst du, es ist wahr! Verdammt, das Militär hat sogar Kontrolle über den Nachrichtensender!«

»Aha.« Jacob blickt auf sein Handy.

Aha?

Er zuckt unter der Decke fast verlegen mit den Schultern.

»Mann, Lea, da können wir jetzt auch nichts machen. Lass

uns morgen früh sehen, was passiert ist. Ich bin echt müde.«
Spricht's, dreht sich um und ist innerhalb von wenigen Sekunden wieder eingeschlafen. Und wacht weder vom Krach draußen noch von meinem mehrmaligen, extralauten Schnauben vor Empörung und Wut auf.

»Und ob man da etwas machen kann!«, sage ich mir selbst, springe auf und leere den Inhalt von Jacobs lederner Reisetasche auf den Boden, ziehe eins seiner T-Shirts und seine Badeshorts an, bevor ich das Zimmer verlasse, um zum Eingang zu laufen. Nur ein ganz kurzer Blick auf die Straße vor dem Hotel. Wo ich schon mal hier bin, kann ich mir auch selbst ein Bild machen, das nicht erst durch den medialen Filter der türkischen Berichterstattung gelaufen ist. Was soll schon schiefgehen? Zielsicher eile ich an der Rezeption vorbei.

»Ähm ... Madame ... Madame!«, ruft der Portier und folgt mir. »Wo wollen Sie hin?«

»Mir kurz die Beine vertreten«, antworte ich unwirsch.

»Ähm ... Madame, entschuldigen Sie, das dürfen Sie leider nicht.«

Ich bleibe stehen. »Das darf ich nicht? Und Sie wollen mich daran hindern?«

Wieder lacht der Portier nervös. »Ich fürchte ... ja. Das Militär hat eine Ausgangssperre verhängt. Wir werden Ihnen zu Ihrer eigenen Sicherheit nicht erlauben, das Gelände zu verlassen.«

Damit habe ich bei allem Aktionismus nicht gerechnet. »Aber ... ach, vergessen Sie es«, brumme ich.

Ich gehe zurück ins Zimmer und gucke Fernsehen, bis in den frühen Morgenstunden Präsident Erdogan mit einem Siegerlächeln auf sämtlichen Kanälen zu sehen ist und sich von seinem Land feiern lässt. Alles hat sich beruhigt. Aber zugleich ist auch alles anders.

Vorsichtig öffne ich ein Auge. Durch schmale Schlitze zwischen den schweren Vorhängen dringen ein paar gedämpfte Sonnenstrahlen, die lange Striche auf den Boden zeichnen. Hubschrauber ... Kampfjets ... Jacob ... was für ein komischer Traum. Ich richte mich auf und versuche meine verschlafenen Augen im Halbdunkel des Raumes scharf zu stellen. Langsam dämmert mir, dass das Gewirr in meinem Kopf kein Traum war. Am anderen Ende des Zimmers sitzt Jacob – im Anzug, mit Hemd und polierten Schuhen. Nichts erregt den Verdacht, dass dieser Mann vor nicht allzu langer Zeit noch laut schnarchend in einem Bett gelegen haben könnte. Vor ihm ein kleiner silberner Laptop, daneben seine drei Telefone.

»Wie spät ist es?«, frage ich in den dämmrigen Raum hinein.

»Oh, die Prinzessin ist auch endlich wach und spricht zu ihren Untergebenen. Guten Morgen! Es ist kurz nach acht.«

»Und was gibt es Neues?«

»Irgendjemand hat über Nacht meine Reisetasche verwüstet.«

Anstatt ihm zu antworten, springe ich aus dem Bett und laufe zum Balkon, um einen Blick auf das Geschehen zu werfen. Die Sonne strahlt mir herausfordernd ins Gesicht, Vögel zwitschern, und die Hotelangestellten laufen wie wahrscheinlich jeden Morgen durch den Garten, um den Gästen das Frühstück zu bringen. Die Nachrichten auf meinem Handy strafen diese Idylle Lügen: Alles soll zwar wieder unter Kontrolle sein, aber noch immer versperren Panzer die Bosporusbrücke, und die Einwohner Istanbuls feiern dort den abgewendeten Militärputsch. Zur Linken unseres Balkons kann ich die Brücke sehen und bilde mir ein, dass dort nicht wie üblich Tausende von Autos zwischen dem europäischen und asiatischen Kontinent verkehren, sondern ein ungewöhnlicher Stillstand herrscht. Auch der Bosporus selbst ist gespenstig ruhig. Normalerweise würden zu dieser Stunde unzählige Touristenboote, Privatjachten und Fähren über das Wasser kreuzen. Jetzt wiegen sich nur ein paar kleine alte Fischerboote in den Wellen. Über Istanbul liegt eine geradezu unnatürliche Ruhe – als würden alle abwarten und die Luft anhalten, ob nicht doch noch ein dickes, unglückliches Ende kommt.

In der Lobby steht an jeder Sitzgruppe ein großer Flachbildschirm, alle zeigen tonlos Paraden Fahnen schwingender türkischer Bürger – Untertitel statt Lautsprecher, denn wer möchte sich in einem Luxushotel schon von einem Putsch stören lassen? Bilder der vergangenen Nacht und aktuelle Nachrichten vermischen sich zu einer stummen feierlichen Freudenparade mit Präsident Erdogan als Helden und Galionsfigur des Sieges über den Widerstand. Alle sind froh, dass der Kelch der Militärherrschaft an ihnen vorbeigegangen ist. Doch bei meinen türkischen Freunden, die ich immer wieder anrufe, meldet sich erste Skepsis. Vielleicht war doch alles nur eine Farce? Vielleicht ist bereits das Militär an der Macht und Erdogan nur noch eine Marionette? Oder alles war ein abgekartetes Spiel, um Erdogans Macht zu stärken und seine Handlungen zu legitimieren? Letztere lassen nicht lange auf sich warten: Noch am selben Tag gibt Erdogan die Entlassung Tausender Staatsbediensteter bekannt.

Jacob und ich verbringen nach einem ausgiebigen Frühstück ein paar entspannte Stunden in der Sonne am Pool, da das Hotelpersonal uns rät, die Anlage noch nicht zu verlassen. Die Misere nutzen wir als Rechtfertigung, um bereits mittags einen Cocktail zu bestellen. Jacob verfolgt über das Handy seinen Hedgefonds, ich über meines, was in der Welt vor sich geht. Es gibt nichts zu tun, außer zu warten. Im blauen Pool vor uns kräuselt sich das Wasser, wenn einer der anderen Gäste sich in das Becken sinken lässt; eine Frau in einem schwarzen Tschador sitzt voll bekleidet im Schatten und ermahnt ihre kleinen Kinder, leise zu planschen.

»Was passiert da draußen?«, fragt Jacob alle paar Minuten.

Dann teile ich ihm von meinem Liegestuhl aus die neusten Erkenntnisse mit.

»Wow, das ist vielleicht das Aufregendste, das ich je erlebt habe. Als wären wir mittendrin!«

»Mittendrin? Dieses Hotel ist doch ein goldener Käfig.« Plötzlich fühle ich mich, als sollte ich eigentlich nicht hier sein. »Ich hoffe, dein Flug wird nicht gecancelt und ich kann morgen auch weiter.«

Jacob fährt erschrocken auf. »Wie – du meinst, mein Flug könnte gecancelt werden?«

»Na ja ... Immerhin wurde der normale Flugverkehr bisher noch nicht wieder aufgenommen ...«

»Ich habe morgen ein wichtiges Meeting in London. Ein Millionendeal.«

»Jacob, jeder würde Verständnis dafür haben, wenn du wegen eines Militärputschs einen Flug verpasst.« Er schaut mich an, als wäre ich total verrückt geworden.

»In deiner heilen, naiven Welt vielleicht. Aber nicht, wenn es um wirkliche Geschäfte geht. Klar, wenn ich mir einen faulen Lenz machen und nur in einem Land weiterreisen müsste, das total irrelevant für den Rest der Welt ist, dann würde ich mir auch keine Sorgen machen.«

»Ach so, ein ganzes Land mit Tausenden von Menschen ist also irrelevanter als dein popeliger Finanzdeal?«

Er blickt mich verdutzt an, dann lacht er hart und springt auf. Wahrscheinlich, um den Concierge so lange in die Mangel zu nehmen, bis er ihn persönlich nach London fliegt.

2011 kam ich nach Istanbul, um in einer Galerie Arbeitserfahrung sammeln. Außer mir arbeiteten dort ein Italiener namens Mirko, der so enge Leggings trug, dass ihn konservative Anwohner irgendwann baten, normale Hosen anzuziehen, und eine Türkin namens Pelin, die immer aussah wie sieben Tage Regenwetter. Wir verbrachten unsere Zeit vorwiegend mit Kaffeekochen. War das geschafft, saßen wir draußen vor der Galerie, rauchten und freundeten uns mit allen Nachbarn an, denen es zwar rätselhaft blieb, was diese moderne Kunst im Innenraum sein sollte, die uns aber trotzdem regelmäßig Pfirsiche oder anderes Obst schenkten, weil sie Mitleid mit uns hatten. Während dieser Monate des Müßiggangs stand ich unzählige Male vor einer Installation des britischen Künstlers James Richard. Ich entwickelte eine obsessive Hassliebe zu ihr. Auf einem kleinen Poster prangte in weißen Lettern vor orangefarbenem Hintergrund nur ein Satz:

»Don't worry, what happens, happens mostly without you.«

Auf dem Boden gegen die Wand gelehnt standen außerdem zwei Flatscreens, auf denen immer dasselbe Video zu sehen war: Die Kamera filmte einen Fernseher, der den Lauf der Sonne im Zeitraffer zeigte. Eine ewige, niemals enden wollende Schleife von Sonnenauf- und Sonnenuntergängen. Zehn Auf- und Untergänge pro Minute, 600 in der Stunde, 5400 an jedem meiner Arbeitstage. Jeden Abend, bevor wir die Galerie schlossen, beendete ich das Spektakel per Knopfdruck. An schlechten Tagen fand ich dieses Ritual befriedigend. Ha, und jetzt passiert überhaupt nichts mehr!, dachte ich, obwohl das natürlich nicht stimmte. Gerade in dieser Sekunde schauten sich bestimmt Tausende Menschen irgendwo einen echten Sonnenauf- oder Sonnenuntergang an – nur ich war eben keiner von ihnen. An guten Tagen tat es mir dagegen fast ein bisschen leid, wenn ich den Screens den Strom abdrehte. »Du hast so recht!«, seufzte ich dann in den dunklen Galerieraum. »Alles, was passiert, passiert zum großen Teil ohne mich.«

Ich sehe vom Liegestuhl aus, wie Jacob aus dem Hinterausgang des Hotels tritt und durch den Hof Richtung Pool schreitet. Jacob geht nicht, er flaniert auch nicht, er schreitet. Jeder Schritt mit einer eleganten Präzision, als hätte er ihn eigens für diesen einen Moment einstudiert. So vertraut mir jede seiner Bewegungen ist, so ist mir doch, als käme jetzt ein Fremder auf mich zu. Noch vor wenigen Wochen hatte Jacob gut zu meinem Leben gepasst. Ein Abend mit ihm war leichtes Amüsement ohne Verpflichtungen, die liebste meiner Glückssubstitutionen. Jetzt passen wir nicht mehr zueinander. Der Grund ist nicht der ignorante Macho, Jacob verhält sich wie immer. Ich muss an meine Zeit in der Galerie und die Kunstinstallation denken: »Don't worry, what happens, happens mostly without you.« Ich sehe den Dingen nicht mehr beim Passieren zu. Plötzlich passieren die Dinge wirklich mir und mit mir, und zwar jeden einzelnen Tag.

»Die Flüge morgen werden mit aller Voraussicht planmäßig starten«, ruft mir Jacob schon aus zehn Metern Entfernung aufgeregt zu.

»Zum Glück. Ich will auch zurück.«

Jacob schaut mich irritiert an.

»Nach München?«

»Nein, du Idiot.« Ich lächele ihn an. »Zurück zu Cleo.«

Am nächsten Tag verabschieden wir uns vor dem Hotel. Bevor Jacob ins Taxi steigt, umarmt er mich fest.

»Das war vielleicht aufregend! Lass uns das bald mal wieder machen!«

»Hm, ich glaube eher nicht.«

»Klar, ich komme dich noch mal in so einem krassen Dritte-Welt-Land besuchen.«

»Die Türkei ist kein Dritte-Welt-Land.«

»Weiß ich ja, aber ich komme dich trotzdem besuchen.«

Jacob zieht die Tür des Taxis hinter sich zu und winkt aus dem offenen Fenster.

»Hey Jacob!«, rufe ich ihm zu. »Das nächste Mal, wenn du denkst, du verpasst einen wichtigen Termin, mach dir keine Sorgen. Don't worry, what happens, happens mostly without you.«

Und dank dieser Weisheit fühle ich mich plötzlich total nach Yoga-Style und Liebe für alle. Zumindest Yoga im Rahmen meiner Möglichkeiten. Und ganz heimlich jubiliert zugleich die alte Lea, die ich noch immer nicht ganz losgeworden bin, dass sie jetzt doch das letzte Wort hatte.

Der Schwarm

RUSSLAND, ASTRACHAN

KILOMETER: 5907

Auf einer schnurgeraden Straße fahre ich seit Stunden durch die eintönige Steppe Kalmückiens. Wüste, egal wohin ich blicke. In den vergangenen Tagen habe ich Ostanatolien durchquert, bin in Georgien über die Gebirgszüge des großen Kaukasus gefahren und mit Kopftuch durch das streng muslimische Grosny, die tschetschenische Hauptstadt, spaziert. In der Gegenrichtung weisen die Straßenschilder die Distanzen nach Eriwan, Baku und Teheran aus, vor mir nur nach Astrachan, einer russischen Stadt – als wäre Astrachan das Ende der Welt. Dabei ist Astrachan für mich lediglich ein Ort kurz vor der kasachischen Grenze.

Es ist früher Vormittag, die Sonne schraubt sich Richtung Zenit und brennt erbarmungslos auf den sandigen Boden. Ich schmecke salzigen Schweiß, der sich vermischt mit den feinen Staubkörnern, die Cleo und ich aufwirbeln. Außer mir ist hier niemand unterwegs. Mein Blick hängt am Horizont, und plötzlich bemerke ich einen schwarzen Punkt am Straßenrand. Eine Militärkontrolle – schon wieder! Seit ich in Russland bin, werde ich alle dreißig Kilometer angehalten. Ein uniformierter Mann tritt mit zackigen Bewegungen auf die Straße und winkt mich zu sich. Grimmig streckt er mir seine Hand entgegen. Ich lächle und schüttele sie erfreut.

»Pass!«, faucht er.

Sobald er das Dokument hat, lässt er ihn in seiner Jackentasche verschwinden. Dann prasseln harte russische Worte auf mich ein. Ich lächle weiter, um Kooperationsbereitschaft zu signalisieren. Aber mein Gegenüber ist wahrscheinlich mehr an Bestechungsgeldern interessiert. Es dauert ziemlich lange, bis er bemerkt, dass er es bei mir mit einer saublöden Ausländerin zu tun hat: keinen Respekt vor seiner Autorität und die lokalen Sitten der Korruption versteht sie auch nicht. Verdrossen zieht er nach zehn Minuten den Pass wieder hervor. Ich schnappe ihn mir. Er versucht es noch einmal.

»1500 Rubel«, das sind ungefähr zwanzig Euro.

Ich lächle noch immer, schüttele aber den Kopf.

Er schnaubt wütend: »Fünfzig Euro.«

Wieder schüttele ich den Kopf und starre ihm ins Gesicht; mein stoisches Lächeln gleicht inzwischen einem Zähnefletschen. Dann starte ich den Motor. Er versucht, sich mir in den Weg zu stellen, aber ich bin schneller. Mit seinem klapprigen Auto kann er mich sowieso nicht einholen. Kurz denke ich darüber nach, ob er mich anschießen könnte. Aber er sah mir eher nach Schlitzohr als nach Mörder aus. Vielleicht sollte ich mich zu meiner eigenen Sicherheit in Zukunft nicht mehr so stark auf meine Menschenkenntnis verlassen.

Selten verläuft in diesem Teil der Welt ein Tag ohne Überraschungen. Genauso wie Militärkontrollen gehören hier Umwege aufgrund von Straßensperren zum Alltag. Und ein Übel kommt selten allein – kurze Zeit später jagen mich ein paar rote Kreuze und Schilder von der Hauptstraße um das Kaspische Meer, das genau genommen der größte See der Erde ist, auf eine kleine Schotterstraße in Richtung der kalmückischen

Steppe. Seit 1992 ist Kalmückien eine autonome russische Republik und die einzige Region in Europa, in der der Buddhismus die vorherrschende Religion ist. Jetzt bin ich wirklich dort angekommen, wo die richtige Reise losgehen soll, wo ich nichts mehr kenne. Seit ein paar Tagen klingen sogar die Ortsnamen nach großer Weite – bekannt, doch fremdartig, Orte, von denen ich gehört habe, aber nie dachte, dass ich sie irgendwann sehen würde.

Ein Schäfer treibt seine etwa fünfzig blökenden Ziegen von einer Straßenseite auf die andere – das einzige Verkehrsaufkommen, dem ich begegne und das alles kurzfristig zum Erliegen bringt. Das Einzige, das hier in der Wüste fließt, ist der Schweiß unter meiner Motorradkleidung. Wegen des großen Flüssigkeitsverlusts muss ich immerhin nicht mehr aufs Klo, obwohl ich täglich inzwischen mehr als fünf Liter trinke. Über vierzig Grad im Schatten – und das, obwohl es hier auf den geraden freien Flächen eigentlich keinen Schatten gibt. Regelmäßig habe ich die immer gleichen Tagträume: eine kalte Flasche Mineralwasser mit Sprudel, nur eine Flasche eiskaltes blaues Adelholzener, Perrier oder von mir aus sogar Gerolsteiner. Ich würde in diesem Moment dafür über Leichen gehen und sogar Nestlé-Sprudelwasser abkaufen. Aber weil es kein Sprudelwasser gibt, versuche ich an frische, klare Bergseen zu denken, an die kühle Luft auf den Gipfeln der Alpen. Ich liebe die Berge, die grünen Hügel, die rauen Felsen. Ich vertraue ihnen. Die steppige Wüste und das Flachland dagegen sind herausfordernd, weil es mir schwerfällt, sie zu verstehen. Wenn man bis zum Horizont blicken kann und alles gleich ist, gibt es keine Referenzpunkte, an denen sich die flatternden Gedanken festklammern können. Dann denke ich, dass dieses Unwohlsein sicher damit zu tun haben muss, wo man aufgewachsen ist und was einem vertraut ist, denn ein Berg, bei dem man nicht weiß, was sich dahinter befindet, ist grundsätzlich nicht viel vertrauenswürdiger als eine weite Ebene, die sich offen vor einem erstreckt.

Plötzlich knallt schmerzvoll etwas wie ein hartes Geschoss an meine Brust und reißt mich aus meinen Tagträumen. Verdutzt schaue ich auf. Vor mir zieht rasend schnell eine Wolke auf, der Himmel wird schwarz – und ich halte mit meinem Motorrad direkt darauf zu. Mit einem Klatschen verteilt sich das Innenleben eines großen Insekts auf meinem Visier. »Igitt!« Ich versuche, die Matsche mit dem Handschuh wegzuwischen, doch ich verteile die Innereien nur großzügig in meinem ganzen Sichtfeld. Ich bin umgeben von der schwarzen Wolke, die um mich fließt. Als ich verstehe, was vor sich geht, wird mir übel. Tausende, ja Millionen von Insektenleibern. Sie fliegen so dicht, dass sie wie schwere Hagelkörner auf mich prasseln, an mir zerplatzen oder abprallen. Heuschrecken. Ein unendlicher Schwarm, der das Licht schluckt und wie ein apokalyptisches Unglück über mich hereinbricht. In seiner Wucht der Millionen Körper nimmt mir der Schwarm die Sicht und umschließt mich wie ein schwarzer Vorhang. Ich erinnere mich daran, einmal gelesen zu haben, dass Heuschreckenschwärme Hunderte bis tausend Kilometer lang werden können und aus vierzig bis achtzig Millionen erwachsenen Tieren bestehen. Wenn sie Lust hätten, könnten sie mich hier und jetzt ohne Weiteres auffressen. Wo ist vorn? Wo hört die Straße auf und fängt die Steppe an?

Und dann, irgendwann, lichtet sich der Schwarm plötzlich. Die Sonne blendet mich, ich bin völlig orientierungslos und halte an. Ich befinde mich noch immer auf einer schlechten Sandstraße, aber mein Navigationsgerät zeigt sie leider nicht mehr an. Die Landschaft hat sich seit Hunderten von Kilometern genauso verändert wie ein versteinertes Fossil: gar nicht. Noch immer Steppe, kniehohe, vertrocknete Büsche und ein heller, sandiger Untergrund. Ich blicke mich um – auf der Suche nach etwas, woran ich mich orientieren kann. Aber das trockene Gestrüpp hängt nur traurig herum und gibt mir keinen Hinweis, ob ich überhaupt noch in die richtige Richtung fahre. Als ich den Ausschnitt, den das Navi anzeigt, vergrößere, stelle ich fest, dass es glücklicherweise nicht mehr weit nach Astrachan ist und ich zumindest grob in Richtung der Hauptstraße fahre, auf der ich mich eigentlich schon lange wieder befinden sollte. Also weiter, nach vorn, auf dieser Piste, die es laut meiner Karte gar nicht geben sollte, denn zurück in den Heuschreckenschwarm bringen mich keine zehn Pferde, keine zwanzig Kamele und erst recht keine fünfzig Ziegen.

Die Sandstraße hat es in sich. Ich versuche, mich an die Offroadtipps zu erinnern, die ich vor meiner Reise gelesen habe: Gas geben, Drehzahl erhöhen. Vor allem aber: keine Zweifel zulassen. Eine relativ einfache Gleichung, die in vielen Lebenslagen funktioniert: Zweifel bedeuten Unsicherheit, Unsicherheit bedeutet Verlust des Fokus und der Konzentration, Verlust der Konzentration bedeutet Sturz. Mein Hinterreifen schlingert, das Vorderrad zieht in eine ganz andere Richtung, als ich will. Mein Herz beginnt wild zu rasen.

»Ruhig bleiben. Ruhig bleiben und Konzentration!« Ich fange mich, das Motorrad läuft wieder stabil. Bis ich uns in die nächste Sandverwehung steuere: Wieder schlingert das Motorrad unkontrolliert, das Vorderrad wird wild hin- und hergeworfen.

»Verdammt, bleib ruhig!« Ich weiß nicht, ob ich mit mir selbst spreche oder mit Cleo. Als würde sie es verstehen, schlagen wir uns die nächsten fünf Kilometer einigermaßen durch. Doch der Sand und meine flatternden Nerven zehren an der Konzentration.

»Was, wenn wir hier, in der absoluten Pampa, stürzen?« Ich schlingere wieder.

»Aber was, wenn dieser Sand nun niemals endet?« Ich gebe
Gas, das Motorrad stabilisiert sich.

»Was, wenn die Straße hier ins Nirgendwo führt?« Das Vorderrad bricht aus.

»Verdammt, konzentrier dich!«, versuche ich die Sorgen ab-
zuwürgen, die sich zwischen mich und meinen Fokus drängen.
Wieder schlingert Cleo. Wir fangen uns – aber als ich das Motorrad wieder unter Kontrolle habe, rasen wir auf den Pisten-
rand zu. Ich kann nichts anderes tun, als direkt auf einen Sand-
berg zu starren, obwohl ich weiß, dass mir der falsche Blick zum
Verhängnis werden wird, denn wohin man schaut, dorthin fährt
man. Dann geht alles ganz schnell. Das Vorderrad kracht in die
aufgeworfene Sanddüne, es reißt mir den Lenker aus den Händen. Ich fliege. Die Millisekunden dehnen sich, und in diesem
Zeitvakuum habe ich sogar noch Gelegenheit, mich zu fragen,
ob der Aufprall wohl wehtun wird. Von außen schaue ich interessiert auf mich selbst – wie auf einen Dummie beim Crash-
test. »Viel Glück«, wünscht mein interessiertes Außen-Ich meinem Körper-Ich, das plötzlich Kopf voraus das Fliegen gelernt
hat. »Vielleicht probierst du mal das mit dem richtigen Abrol-
len.« Den Aufprall selbst spüre ich schon nicht mehr bewusst.
Alles ist schwarz.

Lichtblitze explodieren vor meinen Augen. Mühsam schlage
ich sie auf. Die Lichtblitze werden zu bunt blinkenden Kon-
fettischnipseln, die mir die Sicht nehmen. Mein Kopf fühlt
sich an, als wäre er innerhalb des Helmes um fünf Zentimeter gewachsen, und drückt schmerzvoll an die Schale. Ich höre
mein eigenes Stöhnen. Jeder Atemzug schmerzt. Der Konfetti-
schwarm beruhigt sich langsam, und durch die Schlieren sehe
ich mein Motorrad. Es liegt auf der Seite. Cleo. Knirschen-
der Sand in meinem Mund. Plötzlich hebt sich der Schleier.

Ich tauche auf und ins Leben zurück. Schmerzvoll. Aber froh, dass ich denken kann. Vorsichtig drehe ich mich auf den Rücken. Wieder ächze ich vor Schmerz. Wo Gedanken sind, ist auch die Vernunft nicht fern, und die mahnt mich zur Vorsicht. Den Helm solle man nicht einfach so abziehen, habe ich in der Fahrschule gelernt. Könnte was beschädigt sein. Also drehe ich den Kopf vorsichtig hin und her. Für andere Vorsichtsmaßnahmen habe ich keine Kraft – und ehrlicherweise fallen mir auch keine ein. Ich diagnostiziere mir selbst, dass ich beim Erste-Hilfe-Kurs nicht richtig aufgepasst habe, aber für eine stabile Seitenlage ist es jetzt sowieso zu spät. Mein linker Arm schmerzt so sehr, dass ich versuche, einhändig die Schnalle meines Helms zu öffnen. Das wird zur mehrminütigen logistischen Meisterleistung: an der Schnalle ziehen. Stöhnen. Finger zwischen das Band schieben. Vor Erschöpfung keuchen. Den Finger zum Verschluss schieben und ihn lockern. Wieder vor Schmerzen stöhnen. Irgendwann schaffe ich es, den Helm abzuziehen. Dann bewege ich die Zehen und ziehe meine Beine leicht an. Es strengt an, aber alles funktioniert. Ich sinke erschöpft zurück in den Sand. Zu mühevoll ... zu schmerzhaft. Plötzlich ist da eine Melodie. Zum ersten Mal seit meinem Tag im Büro, als ich beschlossen habe, diese Reise zu machen, ist die Dietrich wieder da:

>»Man hat uns nicht gefragt,
als wir noch kein Gesicht,
ob wir leben wollen
oder lieber nicht.«

Ich weiß nicht, ob ich die Melodie wirklich summe oder ob sie nur in meinem Kopf widerhallt, als ich wegdämmere.

Ich schrecke hoch. Wie viel Zeit ist vergangen? Keine Ahnung. Ich höre etwas. Einen Motor. Angefixt von den Geräuschen reagiert mein Körper wie auf Autopilot, ohne dass ich ihm Befehle erteilen muss. Plötzlich stehe ich wieder auf den Beinen. Für einen Moment wird mir schwarz vor Augen. Ich wanke, doch dann fange ich mich. Erst sehe ich eine Staubwolke, dann den schwarzen Jeep, der auf dem Sand entlanggerutscht kommt. Ich ringe mir ein Lächeln ab. Wer Hilfe will, muss entweder bluten oder freundlich sein und adrett aussehen.

Der Jeep bleibt stehen, und ein asiatisch aussehender Mann lässt das verdunkelte Fenster herunter. »Motorrad ... Unfall ... Aufheben ...«, stammle ich. Noch immer auf Autopilot deute ich auf das Motorrad. »Bitte.«

Der Mann schaut mich mit zusammengekniffenen Augenbrauen an. Mehrmals muss ich auf Cleo zeigen und antäuschen, wie ich sie aufhebe, bevor er endlich den Motor abstellt, aussteigt und sie mit mir wieder in die Vertikale bringt.

»Spasiba«, sage ich, das russische Wort für »danke« und eines der wenigen, an das ich mich erinnere.

»Fahr vorsichtig«, antwortet er in perfektem Englisch, steigt ein, fährt die Scheibe hoch und lässt mich in einer großen Staubwolke zurück. Fassungslos schaue ich ihm nach.

Als ich das Motorrad inspiziere, fühle ich mich noch machtloser: Die Windschutzscheibe ist ganz abgebrochen, der Kupplungs- und der Bremshebel jeweils zur Hälfte, außerdem ein Spiegel und die vorderen Blinker. Das ganze Cockpit ist verzogen und sieht so verwüstet aus, als hätte sich ein Elefant beim Trampolinspringen auf den Lenker fallen lassen. Die abgebrochenen Teile liegen in einem Umkreis von zwanzig Metern verstreut. Am schlimmsten ist jedoch, dass der Lenker verbogen ist. Um geradeaus zu fahren, müsste ich ihn fast vollständig nach rechts einschlagen. Halbherzig versuche ich ihn zurückzubiegen. Ein stechender Schmerz fährt mir durch die Schulter, und ich gebe auf. Ich schwinge ein Bein über den Sitz. Cleo springt an, als wäre nichts passiert. Langsam will ich losfahren und gebe Gas. Erst ein wenig und als nichts passiert, etwas mehr. Der Motor heult, der Reifen dreht. Aber wir bewegen uns nicht von der Stelle. Wie erstarrt stehe ich keuchend da. Ich spüre, wie sich meine Brust hebt und senkt, spüre die heiße Wüstenluft. Dann atme ich tief ein, halte die Luft an, bis ich den abgestandenen Sauerstoff mit einem Schnauben in die Freiheit entlassen muss, und balle die Fäuste. Das Hinterrad hat sich bis zur Hälfte im Sand eingegraben, und ich kann das Motorrad aus eigener Kraft gar nirgends mehr hinbewegen. Tränen der Ohnmacht steigen mir in die Augen. Ich verfluche jeden, der mir im sicheren Deutschland eingetrichtert hatte, dass ich nur mein Motorrad selbst aufheben können müsse, dann sei ich für alles gewappnet. Im Moment habe ich nicht einmal mehr die Kraft, meine Tasche vom Gepäckträger zu hieven. »Das Adrenalin wird dir die nötigen Kräfte verleihen«, sagten sie. Aber mein Adrenalin ist entweder mit etwas anderem beschäftigt oder schlicht und einfach verbraucht. Kurz lache ich auf, als ich daran denke, dass es mir vor ein paar Stunden noch schien, als wäre ein unendlicher Heuschreckenschwarm das Schlimmste, was mir passieren könne.

Eine Stunde später sitze ich noch immer unverändert an Ort und Stelle. Eine Bewegung reißt mich aus meiner Lethargie. Ein Auto, das gerade wieder hinter einer Düne verschwindet. Ich bete zu allen Göttern, die mir einfallen, dass es keine Fata Morgana ist. Aber tatsächlich: Kurz darauf klappert ein alter Lada Niva auf mich zu. Ein kleiner Mann, der ungefähr genauso breit wie hoch ist, springt aus dem Wagen, nimmt mein Motorrad unter die Lupe und lacht, als ich auf den eingegrabenen Hinterreifen zeige. Gemeinsam schaffen wir es, das Motorrad aus dem Sandloch zu ziehen.

»Spasiba«, sage ich mal wieder.

Er lacht erneut und zeigt auf sich: »Dima.«

Mit meiner vor Erschöpfung zitternden Hand zeige ich auf mich: »Lea.« Und dann, noch einmal: »Spasiba.«

Ich warte darauf, dass Dima einsteigt und mich wie sein Landsmann in einer Staubwolke sitzen lässt. Doch er macht gar keine Anstalten wegzufahren; stattdessen hupt er und wedelt mit der Hand. Ich fahre langsam los. Dima tuckert gemütlich hinter mir her. Aus einer Minute werden fünf, aus zwei Kilometer nzehn. Ein paarmal vergrabe ich mich beinahe wieder im Sand, doch wann immer ich ins Stocken komme, springt Dima aus dem Auto und gibt mir einen Schubs. Verbissen schaue ich nach vorne an den Horizont und versuche, weder über den Untergrund noch über mein geschundenes Motorrad nachzudenken. Ich weiß nicht, wie lange wir in dieser Prozession fahren – ich mit versteinerter, angestrengter Miene voraus, Dima mit seinem klappernden Lada in angemessener Lautstärke hinterher. Plötzlich sehe ich etwas vor mir. Es ist grau. Es ist flach. Es ist Asphalt. Cleo schlingert ein letztes Mal im Sand, dann habe ich den harten, sicheren Untergrund unter den Reifen. Immer stärker wird der Druck auf meiner Brust, dann rollen mir unter meinem Helm hemmungslos die Tränen über das Gesicht. Ich fahre an den Straßenrand und warte, bis Dima mit seinem klapprigen Lada neben mir hält.

»Spasiba, spasiba, spasiba«, stammle ich.

Besorgt schaut mich Dima an. Doch als ich ihn zwischen den ganzen Tränen erleichtert anstrahle, nickt er zufrieden. Dann drückt er mir den Arm und lächelt mir aufmunternd zu. Als ich losfahre, sehe ich, wie er mir im Rückspiegel nachwinkt. Er wird immer kleiner, bis er nach einer Kurve ganz verschwindet.

»Ach du Scheiße, was ist denn mit dir passiert?«, ruft der Hostelbesitzer in Astrachan, als er mir öffnet. »Nicht gut«, stellt er

nüchtern fest, »gar nicht gut. Aber ich kenne da jemanden ...«
Er blickt auf Cleo.

»Ich muss ... mich hinlegen«, sage ich kraftlos.

Der Besitzer des Hostels scheint zu verstehen und zeigt
mir sofort den Weg in das Zehn-Bett-Frauen-Zimmer. Mir
ist schwindlig, und zu meiner Erschöpfung gesellt sich starke
Übelkeit. Ich verbinde noch mein Handy mit dem Internet und
sende meinen Eltern eine Nachricht, dass ich wohlauf angekommen bin. Dann liege ich mit offenen Augen da und starre
auf das Stockbett über mir. Das Holz hat eine Maserung, die
auf der rechten Seite wie von einem Strudel in einem Punkt
aufgesogen wird. Direkt daneben steht in kyrillischen Buchstaben: »Стерпится, слюбится«. In meinem ersten Studien-
jahr hatte ich hoch motiviert beschlossen, Russisch zu lernen,
da mir der Klang der Sprache gefiel. Das gerollte R und die
vielen S- und Sch-Laute – von wegen rau und kratzig. Leider
war ich nie über das Lesen der kyrillischen Lettern hinausge-
kommen. Denn das war für mich genug Gehirnyoga. Ein um-
gedrehtes N wird ausgesprochen wie ein I, B wird zum V, H
klingt wie unser N, und nicht mal dem P kann man noch vertrauen, das ist nämlich ausgesprochen ein R. Ich setze die mir
fremden Zeichen langsam zusammen, bis ich sie lesen kann.
»Sterpitsja, sljubitsja«. Ich wiederhole den Satz, um ihn nicht
zu vergessen. Mit meinem neuen russischen Mantra versuche
ich die nagenden Zweifel in mir zu übertönen. Was, wenn ich
jetzt hier scheitern würde? Wenn ein Moment der Unachtsamkeit das Ende bedeutete? Was, wenn eine Weltreise mit dem
Motorrad wirklich nichts für mich ist? Hat Jacob recht behalten? Habe ich meine eigene Courage überschätzt und die An-
forderungen des Alleinreisens unterschätzt? Es heißt, dass jede
Mutgeschichte letztendlich auch eine Geschichte des Schei-
terns ist – denn wer etwas ausprobiert, kann auch scheitern.

Und wer scheitert, braucht erst recht Mut – um neu anzufangen. Aber wann müssen wir mutig sein, weil Scheitern nur eine Etappe auf dem Weg zum Ziel ist – und wann vernünftig, weil wir uns selbst überschätzt haben?

Ich schlafe fast 24 Stunden am Stück. Als ich endlich aufwache, kann ich gar nicht so schnell aufspringen, wie mein Körper meinen letzten Mageninhalt loswerden will. Gerade noch schaffe ich es zur Toilette im Gemeinschaftsbad und übergebe mich. Mein Kopf dröhnt noch immer. Total erledigt kricche ich zurück ins Zimmer. Eine Nachricht leuchtet neben dem Bett auf meinem Handy.

»Hey Baby! Wann sehen wir uns wieder?«

»Jacob, erst mal gar nicht.«

»Warum bist du so verstimmt?«

»Bin gestürzt.«

»Hast du was?«

»Weiß nicht, Kopfschmerzen und Übelkeit.«

»Gehirnerschütterung! Hatte ich mal, als ich beim Polo vom Pferd gefallen bin. Da hilft nur liegen bleiben und entspannt abwarten.«

Ich schicke ihm nur ein Daumen-hoch-Emoji zurück, weil ich so gar nicht entspannt bin. Da leuchtet mein Handy erneut.

»Wir haben doch gesagt, wir treffen uns bald mal wieder. Wo?«

Im Moment fühle ich mich viel zu schlecht, um mir auch nur vorstellen zu können, irgendjemanden zu treffen. »Ein andermal.«

»Wann?«

»Bangkok.«

Bangkok ist für mich Lichtjahre entfernt. So weit, dass ich mir jetzt noch keine Gedanken darüber machen muss, dass ich »Ja, vielleicht« gesagt habe, obwohl ich eigentlich »Nein« meine.

»Okay, abgemacht.«

Plötzlich sind meine Augen ganz schwer. Das schwarze Tuch des Schlafes legt sich sanft über mich, bevor ich auch nur über seinen Vorschlag nachdenken oder ihm widersprechen kann.

»Krack, krack, krack!« Es klopft an der Tür. Ich antworte nicht, stelle mich tot. Das hat doch zu Hause auch immer funktioniert, einfach nicht öffnen, und irgendwann würden mein grantiger Hausmeister, die Zeugen Jehovas oder der Mann von der GEZ wieder verschwinden. »Krack, krack, krack!« Ich ziehe mir das Kissen über die Ohren und halte den Atem an, als würde das die Eindringlinge vertreiben. Ganz ohne mein Zutun fliegt die Tür auf und knallt an das Stockbett dahinter. Mit einem Auge blinzle ich unter dem Kissen hervor und sehe, wie ein muskulöser Mann mit ausgeprägter Kinnpartie und ein strahlender Asiate nebeneinander hereinspazieren, als würde ihnen das Zimmer gehören. Kurz glaube ich zu träumen. Doch dann fängt der zierliche Mann an zu sprechen.

»Das ist Schenja, und ich bin Zhaandossssss.« Das »s« am Ende zischt er so hingebungsvoll, als würde er sich selbst an seinem Namen verbrennen. »Schenja ist Motorradfahrer und will mit dir über dein Motorrad sprechen.«

»Will er es verschrotten oder ausschlachten? Das kann er knicken! Cleo wird nicht zur Organspenderin für die russische Motorradmafia!«, knurre ich unter meinem Kissen hervor.

Zhandos schaut mich irritiert an und fährt dann ungerührt fort, als hätte er mich nicht gehört.

»Schenja fragt, ob er dir beim Reparieren helfen soll. Er spricht zwar Englisch, aber traut sich nicht zu reden. Na ja, russische Männer halt. Also werde ich übersetzen.«

Mich übermannt die Neugierde, und ich krieche unter dem Kissen hervor und schaue die beiden interessiert an.

»Gehört ihr zusammen?«

Zhandos lacht auf und schaut mich dann beleidigt an. »Nein. Ich komme aus Kasachstan, aus der Stadt Almaty!«

Als würde das alles erklären. »Ähm, ja, alles klar, Kasachstan, verstehe«, antworte ich, obwohl ich natürlich überhaupt nichts verstehe. »Da will ich eigentlich als Nächstes hin. Wenn nicht mein Motorrad ...«, ich verstumme.

»Was ist denn nun mit deinem Motorrad?«, fragt Zhandos leicht genervt.

»Ja ... danke ... es wäre toll, wenn er mir helfen könnte. Aber vielleicht ein bisschen später?« Zhandos übersetzt, und Schenja nickt und schaut mich mit ernstem Blick von oben an, ohne etwas zu sagen. Überhaupt sagt Schenja sehr wenig. Das gilt nicht für Zhandos.

»Nicht später. Jetzt!«, ruft er bestimmt. Zhandos wendet sich bereits zum Gehen.

»Zhandos, Moment, kannst du noch etwas für mich übersetzen?«, rufe ich ihm hinterher und deute auf den Schriftzug über mir.

»Стерпится, слюбится ... Also wörtlich bedeutet es so was wie ... ›Wer Ausdauer hat, verliebt sich‹. Es ist ein russisches Sprichwort. Sinngemäß bedeutet es: ›Mit der Zeit kommt die Liebe‹.«

Irgendwie passt das. An der Seite von Zhandos und Schenja verlasse ich zum ersten Mal seit zwei Tagen das Haus.

Hohe Backsteinmauern umgeben den grünen Hof des Hostels, in dem wir Cleo aufbocken. Fein säuberlich drapiert Schenja seine Werkzeuge neben ihr. Ich tue es ihm gleich. Warum ist mein Werkzeug so viel dreckiger als seines, obwohl ich es bisher kaum benutzt habe?

Es ist noch immer warm, obwohl es langsam Abend wird,

aber es ist eine wohlige Wärme und keine glühende Hitze, die jede Bewegung schwer macht, wie die in der Steppe. Sogar Vögel zwitschern – der Beweis, dass es hier auch anderes Leben gibt als nur Heuschrecken.

Ich habe keine Angst vor Schraubenschlüsseln und Schraubendrehern und traue mir nach ein paar Wochen dieser Reise durchaus zu, die meisten Dinge an meinem Motorrad zu warten und zu richten. Aber das hier ist eine andere Hausnummer. Schenja zerrt im Versuch, die gebrochenen und zusammengestauchten Teile auseinanderzubekommen, mit so viel Gewalt an der Frontpartie herum, dass mir sofort übel wird. Ich versuche mich mit »Schlimmer kann es sowieso nicht werden« zu beruhigen. Aber dann zückt er eine Bohrmaschine, um Löcher in die gebrochene Windschutzscheibe zu bohren, damit wir sie anschließend mit Kabelbindern am Heck befestigen können. Ich schlage meine Hände vors Gesicht. Es ist, als würde er mir selbst Schmerzen zufügen. Von wegen man macht sich mit so einer Reise los von materiellen Dingen! Aber immerhin weiß ich nach gelungener Operation: Wo mir sonst nichts heilig ist, sind es jetzt zumindest die Kabelbinder in meiner Werkzeugtasche.

Zhandos verfolgt das Spektakel aus gebührender Entfernung, um nicht schmutzig zu werden. Er lacht, als Schenja sein T-Shirt auszieht. Ich habe inzwischen auch nicht viel mehr als drei Shirts dabei – man wird also ein bisschen knausrig mit seiner Kleidung. Als es dunkel wird, setzen Schenja und ich unsere Stirnlampen auf, der Betreiber des Hostels gesellt sich mit einem Bier zu uns und erzählt von seinem Astrachan.

Zwischen den endlosen Steppen und Wüsten strömt die Wolga durch Astrachan gemütlich in Richtung Kaspisches Meer. Hier verschwimmt die Grenze von Europa und Asien: Reiterheere der Chasaren und Mongolen zogen hier einst vorbei, Perser und Inder unterhielten eigene Kaufmannskontore, und sie alle haben ihre Spuren hinterlassen. Es gibt eine prächtige weiße Kreml-Kathedrale, die Peter dem Großen als schönste Kirche seines Zarenreichs galt, aber eben auch ein muslimisches Tatarenviertel mit bunten Moscheen. Alle leben friedlich nebeneinander. Reich wurde die Stadt durch ihr »schwarzes Gold«, den Kaviar. Leider sind die Störe im Wolgadelta durch Wilderer nahezu ausgerottet, und die Delikatesse wird inzwischen vor allem von Farmern hergestellt, die die Fische melken, statt ihnen die Bäuche aufzuschlitzen. Trotzdem ist der Kaviar auch hier ein teures Vergnügen, und der Besitzer des Hostels bietet uns stattdessen Wassermelone an, als wir eine kleine Pause machen. Sie gedeiht hier im feuchtheißen Klima und macht Astrachan zu *dem* russischen Wassermelonenlieferanten. Palmen, Wassermelone und Sonnenschein – irgendwie habe ich mir Russland ganz anders vorgestellt.

Während ich die Melone esse, schaue ich Zhandos an, der neben Schenja sitzt.

»Will Schenja auch nach Kasachstan?« Zhandos nickt. Dann sagt er etwas, und Schenja antwortet in seinem langsamen, tiefen Bass.

»Er fragt, ob ihr einen Teil des Weges gemeinsam fahren wollt. Er möchte bis nach Tadschikistan.«

»Ja, ich auch! Und ich will mir auf dem Weg in Usbekistan unbedingt die Wüstenstadt Xiva ansehen.«

Schenja nickt kurz, dreht sich zu Zhandos, seufzt und wendet sich dann direkt mir zu.

Mit starkem russischem Akzent sagt er: »Wir fahren zusammen durch Kasachstan bis nach Usbekistan. Dann trennen wir uns. Ich muss auf kürzestem Weg nach Tadschikistan. Meine Bremsen sind abgenutzt, und ich habe dort Ersatzteile hingeschickt.« Dann nickt er noch einmal bestätigend, als wäre für ihn alles beschlossene Sache, über die man nicht weiter diskutieren müsse.

Wir sind hier in Astrachan nur wenige Fahrstunden von der kasachischen Grenze entfernt. Sämtliches Wissen über Kasachstan beziehe ich aus dem Film *Borat*, in dem der britische Komiker Sacha Baron Cohen einen kasachischen Fernsehreporter spielt, der sein Heimatdorf Kuzcek verlässt, um in den USA den »American Way of Life« kennenzulernen. Keine der Szenen wurde wirklich in Kasachstan gedreht, sondern in Rumänien. Ich denke darüber nach, ob Zhandos (bis auf seinen Hut mit den Plastikblumen) wohl wie ein typischer Kasache aussieht. Im selben Moment wird mir klar, dass auch ich im *Borat*-Vorurteil gefangen bin, obwohl ich eigentlich weiß, wie wenig es der Realität entspricht. Schon jetzt vermute ich: Zentralasien bestätigt keines dieser Vorurteile. Währenddessen warnt mich Zhandos vor der rauen Mentalität, auf die ich in den nächsten Ländern stoßen würde?

»Das liegt daran, dass wir bis vor wenigen Jahrzehnten ein nomadisches Volk waren. Wir wissen zu überleben. Nomadentum bedeutet Autonomie. Das ist ein großer Unterschied zu anderen asiatischen Ländern. Nomadentum ist kein Urlaub unter Palmen am Meer. Aber natürlich stehen wir auch seit fast drei Jahrhunderten unter russischem Einfluss. Das können wir nicht leugnen und auch nicht verstecken. Und wahrscheinlich macht uns das auch speziell.«

»Warum besuchst du Astrachan? Machst du Urlaub?«

»Ich habe morgen ein Date!«

»3400 Kilometer von Almaty bis hierher für ein Date?«

»Ja, bin alles mit dem Bus gefahren. Mit der Zeit kommt die Liebe.«

Ich muss lachen. Dann werde ich wieder ernst. »Also hast du den Typen schon mal getroffen?«

»Nein, nur im Internet.«

»Das ist aber mutig.«

»Wieso?«

»Na wenn es schiefgeht, dann bist du den ganzen Weg umsonst gefahren.«

»Stimmt, aber das ist doch nichts verglichen mit einem Motorradsturz in der Wüste.«

Ich lächele etwas verkrampft. Stürzen? Wiederaufstehen? Gerade scheint mir das gar nicht mutig – nur wie ein Mangel an anderen Möglichkeiten. Die Fähigkeit, in einer riskanten Situation seine Angst zu überwinden – das war doch nicht mehr als eine einzige logische Konsequenz, weil man sowieso nichts anderes tun kann. Wie mutig konnte man schon sein, wenn man auf die Hilfe anderer angewiesen war? Aber Hilfe annehmen oder noch schlimmer auf Hilfe angewiesen sein war noch nie eine meiner Stärken. Vielleicht, weil ich mich immer gegen Hilfe gewehrt habe. Unabhängigkeit war das einzige heilige Gebot in meinem Leben. Und fremde Menschen in mein eigenes Leben treten zu lassen, wenn ich nicht selbst die Regeln bestimmte, war unvereinbar mit den Zäunen, die ich mir und meiner vorgeblichen Unabhängigkeit gebaut hatte – aus Angst, von irgendeiner Abhängigkeit enttäuscht zu werden. Ich blicke Zhandos und Schenja an und bin plötzlich heilfroh, dass ich hier mit ihnen sitze und sie mich dazu gezwungen haben, über meinen Schatten zu springen. Vielleicht bedeutet Mut nicht, dass man keine Angst haben darf, sondern dass man es trotzdem wagt.

Zhandos' Stimme holt mich in die Gegenwart.

»Was habe ich denn für eine Wahl? In Kasachstan ist die Community nicht groß. Aber weg will ich auch nicht. Jemand muss doch dableiben, wir können nicht alle das Land verlassen.« Er macht eine Pause und zwinkert Schenja vielsagend zu. Der hält pikiert die Bierflasche vor die Brust.

»Siebzig Prozent der Bevölkerung in Kasachstan sind muslimisch, etwas mehr als zwanzig Prozent christlich orthodox. Am

Markt hängt Schweine- neben Rindfleisch, neben Huhn, neben Hammel. Wir waren schon so vieles – unter der Sowjetunion sogar schon Atheisten. Wegen Religion macht niemand einen Aufstand. Aber wegen Homosexualität schon.«

»Gibt es eine politische Partei, die das Anliegen von Homosexuellen vertritt?«

»Nein, es gibt ja nicht mal eine Opposition, unser Präsident Nursultan Nasarbajew wird jedes Mal mit fünfundneunzig Prozent der Stimmen gewählt.«

»Das geht doch sicher nicht mit rechten Dingen zu.«

»Natürlich nicht. Es wird fröhlich korrumpiert, die Ressourcen des Landes werden von drei verschiedenen Clans beherrscht. Nasarbajew vermittelt zwischen ihnen, er hält sie im Gleichgewicht.«

»Das ist doch keine Demokratie!«

Doch mein neuer Freund lacht nur. »Wir haben Angst, was passiert, wenn Nasarbajew geht, nicht davor, was passiert, solange er da ist. Was will ich mit einer Demokratie, wenn dafür meine Familie sterben muss?«

Nach unserer Pause schieben wir den Lenker zwischen zwei Steinplatten und versuchen, ihn gerade zu biegen. Zu unserem Erstaunen gelingt das ziemlich gut. Man merkt zwar noch eine leichte Biegung auf der rechten Seite, aber ansonsten zeigt der Lenker wieder in die Richtung, in die das Motorrad auch fahren soll. Vor Erleichterung umarme ich Schenja. Der lässt es stoisch über sich ergehen.

»Spasiba!«, sage ich aus tiefstem Herzen und bin überwältigt vor Dankbarkeit. »Tut mir leid, dass ich so eine Last für euch war.«

Zhandos macht eine wegwerfende Handbewegung und übersetzt für Schenja, als hätte er nicht verstanden. Der sagt natürlich nichts, setzt dafür aber ein schmales Lächeln auf und schüttelt den Kopf.

»Belastung. So ein Quatsch. Ich hätte sonst bis zum Abend warten müssen, bevor ich Schenjas Oberkörper zu Gesicht bekommen hätte!«, ruft Zhandos fröhlich.

Warum ist es nur so schwer, sich von dem Gedanken zu befreien, eine Belastung für andere zu sein, nur weil man auf ihre Hilfe angewiesen ist? Ist das der heilige Individualismus, für den ich mich entschieden habe? Für keinen von uns dreien wäre der Tag schöner gewesen, wenn er ihn allein in Astrachan verbracht hätte. Ich habe am Ende des Abends nicht nur ein heiles Motorrad, sondern auch zwei neue Freunde.

Leidenschaft

WIE WEIT WÜRDEST DU FÜR DIE DINGE GEHEN,
DIE DU GERN HAST? WAS WÜRDE PASSIEREN,
WENN MAN SIE DIR NIMMT? WÜRDEST DU BLEIBEN
UND VERZICHTEN – ODER WÜRDEST DU
DICH AUF DEN WEG ZU EINEM ORT MACHEN,
AN DEM VIELLEICHT ALLES BESSER IST?

Das Leben ist eine Karawanserei

TADSCHIKISTAN, PAMIR HIGHWAY

KILOMETER: 9900

Von außen ist das Gebäude unscheinbar. Ein Betonklotz, wie die meisten anderen Häuser in Duschanbe. Würde mein Navigationssystem nicht genau hier das Ziel verkünden, die Hausnummer nicht übereinstimmen und auf einem kleinen Schild »Green House Hostel« stehen, ich würde umdrehen. Als das Tor quietschend aufschwingt, stehe ich gebannt da. Seit Schenja und ich uns an der Grenze von Usbekistan getrennt haben, bin ich in den kargen Weiten der ewigen Steppe kaum anderen Reisenden begegnet. Jetzt dämmert mir langsam, warum: weil sich alle hier, in der tadschikischen Hauptstadt, in diesem Hostel, verstecken. Duschanbe ist das Nadelöhr Zentralasiens. Und das Green House Hostel eine Oase der Überlandreisenden, eine Karawanserei der Neuzeit. Die ersten Karawansereien entstanden im späten zehnten Jahrhundert entlang der Seidenstraße; sie waren massive Wehranlagen mit steinernen Mauern und eisenbeschlagenen Toren und boten sie den Handelskarawanen alle dreißig bis vierzig Kilometer eine sichere Unterkunft. Meist hatten sie einen großen Innenhof, den ein Gebäude mit Arkaden umgab: Dort waren Ställe für Tiere und Läden untergebracht, darüber befanden sich die Quartiere der Reisenden. Der größte Unterschied zu damals sind die Fortbewegungsmittel: im Green House Hostel Motorräder anstatt Kamele, Jeeps anstatt Karren, Fahrräder anstatt Pferde.

Ich schleppe mein Gepäck in das Hostelzimmer, in dem sich acht Betten befinden – mal wieder ein Frauenzimmer. Je muslimischer ein Land, desto strenger die Trennung der Geschlechter. Mit einem Ächzen lasse ich mein Gepäck und mich fallen.

»Hallo!«, krächzt es ein paar Sekunden später neben mir.

Ich fahre erschrocken hoch. Eine Frau rappelt sich im Bett gegenüber auf. Sie ist sehnig, hat wirres knalliges orangerotes Haar, trägt Leggings mit Tigermuster, ein Trägertop und ist bestimmt über sechzig.

»Ich bin Haya! Was tust du da, schleppen?«

»Ja, schleppen, jeden einzelnen Tag, Treppe rauf, Treppe runter!«

»Ich bin aus Israel. Wusstest du, dass das Wort ›schleppen‹ aus dem Hebräischen kommt und nicht aus dem Deutschen? ›Schleppen‹ gibt es sogar auf Englisch. ›To schlepp‹. I schlepp my suitcase every day. Du bist Deutsche, oder? Du bist so groß. Und dieser Akzent. In den Siebzigerjahren bin ich mit dem Magic Bus gefahren, und da habe ich auch geschleppt. Aber jetzt gönne ich mir einen Koffer mit Rollen. So was Guuuutes.«

»Du warst auf dem Hippietrail in Afghanistan und Pakistan?«

»Ja. Aber heute darf ich nicht mehr nach Pakistan einreisen. Die mögen uns Israelis nicht mehr. Und Afghanistan ... na ja.«

»Eine Zeit, in der man einfach durch Afghanistan reisen konnte, habe ich nie miterlebt.«

»Tja, unsere verblödeten Regierungen streiten sich wie kleine Kinder, und wir Reisenden müssen drunter leiden. Die Welt ist nicht mehr so offen, wie sie mal war, obwohl die Menschen noch immer gleich nett sind. Diese Politiker und Fundamentalisten.

Und die fundamentalen Politiker. Man weiß nicht, was schlimmer ist. Deswegen arbeite ich mit Schimpansen.«

»Mit Schimpansen?«

»Klar, die sind nicht so selbstzerstörerisch.« Hayas Blick fällt auf mein Gepäck, die Ausrüstung und den Helm.

»Aha! Du bist mit dem Motorrad unterwegs. So ein tapferes Mädchen. Ganz allein?«

»Ja, allein.«

»Bist du Single?«

»Ja ...«

»Gott sei Dank! Brauchst du einen Mann?«

»Na ja, nein ...«

»Egal, ich habe da einen Typen für dich. Kurzes Haar. Reist mit dem Motorrad. Ein bisschen Bart, dreckige Klamotten. Ein richtig harter Kerl eben, bricht sogar den Filter bei seinen Zigaretten ab und raucht sie einfach so. Wenn ich ein bisschen jünger wäre ...«

»Okay – wo steckt er?«

»Du duschst dich erst mal und machst dich hübsch. Dann zeige ich ihn dir.«

Hübsch machen bedeutet Haare kämmen. Zur Feier des Tages werfe ich mich nach der Dusche in ein Kleid – dasselbe Kleid, das ich schon an den vergangenen zwanzig Abenden anhatte.

Haya und ich setzen uns vor das Hostel zu einer Gruppe anderer Reisender. Den meisten sieht man an, dass sie nicht erst seit gestern unterwegs sind. Hier ein aufgerissenes Hosenbein, dort ein Riss im T-Shirt, und sogar mein Kleid hat schon ein kleines Loch. Am Morgen kam ich mir noch sehr abenteuerlich vor, auf meinem Motorrad hier in diesem fremden Tadschikistan. Aber das Paar neben mir ist bereits seit vier Jahren mit den Fahrrädern unterwegs – mit meinen zwei Monaten bin ich das Greenhorn der Reisenden. Alle sind wegen des sogenannten

Pamir Highways hier, und alle, die ihn schon hinter sich haben, können ihre eigenen Geschichten erzählen: platte Reifen im Nirgendwo, Höhenkrankheit auf Pässen über 4500 Metern, Lebensmittelvergiftungen. Aber alle haben sie ein Leuchten in den Augen. Wir anderen, die das Pamirgebirge noch vor uns haben, hängen an ihren Lippen, als würden sie die Erlösung der Welt predigen. Jeder von uns will seine eigene Pamirgeschichte erleben. Der berühmt-berüchtigte Highway führt vorbei an 7500 Meter hohen Berggipfeln, entlang der afghanischen Grenze, nur einen Steinwurf vom Hindukusch entfernt. »Highway heißt die Route nur, weil sie so hoch liegt«, pflegen die Einheimischen zu scherzen. Glaubt man den anderen Reisenden, liegt eins der letzten Abenteuer jenseits von Elektrizität, fließend warmem Wasser, Internet und Handyempfang vor uns.

»Und wo ist jetzt der sexy Typ?«, bohre ich bei Haya nach.

»Warte, der taucht schon irgendwann auf.«

Eine Viertelstunde später krallen sich ihre pink lackierten Finger in meinen Unterarm: »Lea, da ist er!«

Ein Motorradfahrer kommt durch das Tor hereingerollt. Ja, recht stattlich ... aber ... Moment!

»O Mann, Haya!«, rufe ich lachend.

Dann gehe ich auf den Motorradfahrer zu und falle ihm um den Hals. Haya jubelt und applaudiert, als hätte ich bei der Dartweltmeisterschaft den entscheidenden Pfeil in der roten Mitte versenkt.

»Strastwutje, Schenja!«, sage ich lachend.

Schenja lächelt zurück – das freundlichste Lächeln, das ich je auf seinen Lippen gesehen habe. Auch ich lächle. Alle Wege führen in Zentralasien garantiert nicht nach Rom, aber anscheinend nach Duschanbe.

Bereits vor meiner Abreise in Deutschland habe ich ein Überlebenspaket für Cleo geschnürt und auf gut Glück an einen Motorradklub in Duschanbe geschickt, von dem ich eine E-Mail-Adresse gefunden hatte. Ersatzteile für mein Monster von Motorrad gibt es in Zentralasien nicht.

»Du bist ja eine Frau! Hättest du das gleich gesagt! Dann hätte ich mir ein bisschen mehr Mühe mit meinen E-Mails gegeben«, werde ich von Farkhod, dem Vorsitzenden des Klubs, begrüßt. Er rümpft die Nase und lacht wiehernd.

»Diese ganzen stinkenden Motorradjungs. Die brauchen ein paar harte Ansagen! Aber hier werkeln die Jungs aus Spaß an der Freude. Wir sind ein Klub und keine Werkstatt.«

Ich nicke brav. Farkhod springt von seiner zerfledderten Couch im Inneren des großen Raumes auf, der zugleich Schrauberparadies und Klubtreffpunkt zu sein scheint. An der Wand hängen drei Poster mit Totenköpfen, aus Lautsprechern neben uns dröhnt stur und laut Trance-Techno. Vertrauensvoll tritt er ein bisschen näher an mich heran, als würde er mir gleich ein Geheimnis verraten.

»Aber wir kennen uns trotzdem besser aus als alle anderen! Weil es hier keine anderen gibt!«, lacht er wiehernd. Dann nimmt er Cleo, die ich vor dem Gebäude geparkt habe, in Augenschein.

»Cool! Eine Triumph Tiger! Sieht man hier nicht oft. Immer nur die langweiligen BMWs!«

»Du kannst gern mal mit ihr fahren, wenn du magst.«

Das lässt er sich nicht zweimal sagen. Eine Viertelstunde später kommt er zurück und schaut mich irritiert an.

»Also ... macht ja schon Spaß ... Aber ist dir klar, dass dein Lenker total schief ist?«

Ich selbst habe mich inzwischen so an mein behelfsmäßig gerade gebogenes Cockpit gewöhnt, dass es mir kaum mehr auffällt.

»Igor!«, ruft er ins Innere des Gebäudes. Dann etwas auf Tadschikisch, das ich nicht verstehe. Die tadschikische Sprache ist eigentlich eine Variante des Persischen, allerdings werden keine persischen Schriftzeichen verwendet, sondern kyrillische.

Als ich aufschaue, muss ich schlucken. Vor mir steht genau der sexy Typ, den ich mir nach Hayas Beschreibungen vorgestellt hatte. Er ist fast mehr Klischee, als ich ertragen kann: Unter seinem blauen Latzhosenoverall sehe ich seinen nackten Oberkörper.

»Igor«, knurrt er grimmig und gibt mir die Hand.

Farkhod zuckt mit den Schultern, als er an mir vorbeiläuft.

»Igor ist Russe ...«, sagt er entschuldigend.

Ich starre Igor unverhohlen an. Seine Nase ist ein bisschen zu platt und breit, seine Ohren weit abstehend, die Augen ein wenig zu klein und seine Hände dreckig vom Öl und Schmutz der Motorräder. Ich finde ihn so attraktiv, dass ich erstarrt stehen bleibe. Doch Igor würdigt mich keines Blickes. Er zündet sich eine Zigarette an, bläht wie ein Rottweiler seine zu großen Nasenflügel, nimmt Fährte auf, bellt Farkhod zwei Worte zu und stürzt sich dann auf Cleo. Doch anstatt wild am Lenker zu ziehen, wie Schenja und ich es in Russland getan hatten, arbeitet sich Igor millimeterweise vor, als würde er ein Musikinstrument stimmen, ein virtuoses Spiel mit Brechstangen, Schraubendrehern und -schlüsseln. Irgendwann wendet sich Farkhod an mich.

»Igor, ein paar Touristen und ich starten morgen zu einer Tour auf dem Pamir Highway. Es hat so viel geregnet in letzter Zeit, dass es einen Fluss gibt, den du allein wahrscheinlich nicht überqueren kannst. Schließ dich uns an.«

»Wie groß ist die Gruppe?«

»Drei Guides auf Motorrädern, acht Touristen und ein Begleitfahrzeug mit Ersatzfahrer.«

»Puh, das sind aber ganz schön viele.«

»Je mehr, desto lustiger.«

»Danke, eher nein.« Der einzige Grund, aus dem ich es mir anders überlegen könnte, ist leider nur von Cleo gefesselt.

Am Abend setzt sich Schenja im Hostel zu Haya und mir.

»Wann brichst du morgen auf?«, fragt er stockend.

»Um sieben. Und du?«

»Sehr früh ...« Er zögert. Aber bevor er noch etwas anderes sagen kann, klopft ihm Haya auf die Schulter.

»Ach, wenn ich ein bisschen jünger wäre!«, seufzt sie und schaut ihn von der Seite an, als hätte sie nie Schöneres gesehen.

»Mann, Haya, Schenja hat eine Frau. Das hat er mir in Kasachstan erzählt. Aber die steht nicht so auf Abenteuer. Deswegen muss er allein los.«

»Ach, eine Frau. Lea, du musst noch viel lernen. Eine andere Frau, das ist für mich ein Grund, aber kein Hindernis. Ich bin bereit für jedes Abenteuer mit Schenja ...« Sie rückt Schenja noch näher auf die Pelle.

»Haya, dir ist schon klar, dass er dich wegen sexueller Nötigung verklagen kann, wenn du so weitermachst?«

»Spielverderberin!« Spöttisch zieht sie eine orange gefärbte Augenbraue nach oben.

Schenja rückt ein bisschen von ihr weg. Ich betrachte meinen schweigsamen Gefährten, der mich in Astrachan gerettet und mir in den gemeinsamen Tagen bis Usbekistan mit seiner ruhigen Art genug Raum gelassen hatte, um mein Selbstbewusstsein auf dem Motorrad wiederzufinden. Er ist so ernst, so nachdenklich, dass ich oft das Gefühl habe, dass schon die pure Anwesenheit anderer Menschen ihn irritiert und beim Nachdenken stört. Wenn er lächelt, dann tut er das etwas schief und unsicher, als müsste er es erst üben oder als wäre es unangebracht.

Während Haya auf Schenja einredet und er mich mit einem bittenden Blick ansieht, denke ich darüber nach, dass das Alleinreisen jedem von uns die Chance gibt, zu sein, wer immer wir sein wollen. Unser Äußeres können wir nicht verändern, aber wir können unsere Geschichte hinter uns lassen und die Rolle, die wir in unserem bisherigen Leben gespielt haben. Der nächste Ort, an den wir kommen, und die Menschen, die wir dort treffen, wissen nicht, ob das Leben gut oder schlecht zu uns war, ob wir vertrauen oder ob wir misstrauen, ob wir an eine Religion glauben oder nur an uns selbst. Es gibt keine Erwartungen. Und trotzdem scheint es, als hätte die Eintönigkeit der letzten Tage nur die Essenz von allem zurückgelassen – auch die von Schenja und mir.

Die Reisegruppe sitzt mir wie Bluthunde im Genick, nur dass ich anstatt eines Bellens das böllernde Knattern ihrer kleinen, agilen, leichten Zweitakter-Enduro-Motorräder höre. Seit dem Vormittag versuche ich sie auf den schmalen Bergpässen abzuhängen, aber die unbefestigten Straßen sind schlecht und durch den Regen so glitschig und ausgespült, dass sie immer wieder aufholen. Ich will das Abenteuer Pamir für mich haben, meine eigene Heldengeschichte erleben und sie nicht mit zehn Männern teilen. Doch mittags fängt es stärker an zu regnen, sodass ich irgendwann aufgebe und mich bei ihnen einreihe. Alles ist grau in grau, der bedrohliche Regenhimmel und die schroffen Felsen, die steil neben der Straße aufragen.

Nach drei weiteren Stunden sind wir alle matschüberzogen, und Nässe wie klamme Kälte kriechen durch die Ritzen unserer Regenkleidung. Dann öffnen sich die Schleusen des Himmels. Unsere Sicht ist auf wenige Zentimeter beschränkt, und das Wasser schießt in jeder Kurve über die Hunderte Meter abfallenden Klippen. Immer wieder stürzt einer der Fahrer.

»Es reicht!«, ruft Farkhod, als wir in das erste kleine Dorf schlittern, das ich seit Stunden gesehen habe. »Vor uns liegt ein hoher Pass. Reines Selbstmordkommando bei dem Regen!«

Im selben Moment wird der trübe Himmel von einem gleißenden Blitz zerrissen, der alles um uns herum unheimlich erleuchtet. In einer kleinen Seitenstraße mit verfallenen einstöckigen Häusern, die ich allein übersehen hätte, kommen wir vor dem großen Tor einer Moschee zum Stehen. Unzählige Badelatschen stehen vor dem Eingang, das Dorf hat sich vermutlich gerade zum abendlichen Gebet eingefunden. Die Rufe des Muezzins zerreißen gemeinsam mit drohendem Donnergrollen das Grundrauschen des Regens. Obwohl es spät und dunkel ist, dürfen wir unsere Motorräder im Innenhof der Moschee parken und finden Unterschlupf. Was hätte wohl die katholische Kirche getan, wenn unmittelbar vor der heiligen Messe bei strömendem Regen eine Gruppe von vierzehn dreckverschmierten Muslimen inklusive ihrer Motorräder um Einlass gebeten hätte? Irgendwie werde ich das Gefühl nicht los, dass selbst mir als getaufter Christin die Tür vor der Nase zugeschlagen worden wäre.

So schnell wie möglich versucht jeder, sich selbst und das Gepäck ins Trockene zu bringen. Ich stehe unentschlossen an meinem Motorrad. Igor packt als Letzter seine Sachen und schaut mich skeptisch an.

»Schenja ... mein Freund ... er ist noch da draußen.«

»No English.«

Igor mustert mich mit verschränkten Armen, als wäre ich ihm mit meinen verdreckten Stiefeln auf den Fuß getreten. Es donnert so laut, dass ich zusammenfahre.

»Aber er weiß nicht, dass die Straße vor uns im Regen gefährlich ist! Und die Moschee hier findet er nie.«

Igor starrt mich weiter an, ohne eine Miene zu verziehen. Ich zucke mit den Schultern und schwinge ein Bein über Cleo.

»Nein, gefährlich!«, sagt Igor, als er meine Absichten erkennt. Ich schüttele widerwillig den Kopf und starte den Motor. Als ich das Tor passiere, höre ich, wie ein anderes Motorrad hinter mir anspringt. Das Licht von Igors Scheinwerfern verfolgt mich flackernd in der grauen Dämmerung, bis uns ein paar Kilometer vor dem Dorf Schenjas Lichter entgegenstrahlen. Ich frage mich, ob wir genauso schlimm aussehen: Er ist bis zur Nasenspitze mit Schlamm bedeckt und muss mindestens ein Mal gestürzt sein.

»Schenja, hierher!«, brülle ich und schlittere durch den Matsch auf ihn zu.

Als er erkennt, wer vor ihm steht, reißt er mich mit einer erleichterten Umarmung an sich, dass unsere Helme aneinanderkrachen. Er deutet auf sein Motorrad, das sich anscheinend genauso im Schlamm vergraben hat wie Cleo in Russland im Sand.

»Passiert den Besten!«, sage ich und hieve das Motorrad mit Schenja aus dem Schlammloch.

Über meine Schulter sehe ich Igor. Er starrt uns an. Als er sieht, dass wir das Motorrad aus dem Schlamm gezerrt haben, wendet er und gibt Gas, sodass sein Hinterreifen im Schlamm durchdreht.

Im Laufe des Abends freunde ich mich langsam mit der Gruppe an. Auch wenn die meisten der Herren über fünfzig sind, ist es eine lustige bunte Mischung: Michael aus Amerika, der es mit 72 noch einmal wissen möchte, bevor er zu alt für solche Abenteuer wird, Andy aus England, der eigentlich lieber auf Asphalt fährt, aber seinen dauerstrahlenden Polizeikollegen Adam begleitet, und Marley, der die Reise mit seiner Agentur organisiert und mich jetzt fröhlich mit ihren Lebensmitteln und Wasservorräten mit versorgt. Trotzdem nehme ich mir vor, am nächsten Morgen allein weiterzufahren. Dann würde es heißen: Pamir und ich, Auge um Auge, Reifen um Stein.

Vor den anderen breche ich auf und versuche, den ersten großen Bergpass zu bezwingen, vor dem mich Farkhod am Tag zuvor gewarnt hatte. Plötzlich blockiert das Hinterrad. Beinahe gehe ich im Schlamm baden, aber das Motorrad bleibt trotz Kampfgewichts stehen. Dafür will es sich auch mithilfe von Stoßgebeten und lautem Fluchen nicht mehr bewegen lassen. Irgendwas stimmt ganz und gar nicht. Im knöcheltiefen Matsch finde ich nicht genug Halt, um Cleo auch nur einen Zentimeter vorwärtszuschieben. Also tue ich wie immer das Einzige, was mir in dieser Situation plausibel scheint: Ich warte. Und ich bin dabei sogar ziemlich entspannt, denn diesmal würde Hilfe kommen. Eine halbe Stunde später schallt in den Kurven unter mir diesmal die knatternde Melodie mehrerer Motorräder durch das Tal. Bevor ich mich versehe, macht sich Igor mit grimmigem Blick und fast roher Gewalt über Cleo her. Er entfernt ein paar große Felsstücke, die sich mit dem Schlamm vor meine Reifen und zwischen die Kette gefressen haben.

»Lea, du bleibst jetzt bei uns!«, sagt Farkhod bestimmt. Hinter ihm steht Schenja, der schon gestern beschlossen hat, bei der Gruppe zu bleiben. Er schaut mich streng an und nickt.

»Jaja, alles klar, wenn's sein muss«, sage ich leicht verstimmt. »Aber nur, bis die Witterung besser ist.«

Farkhod dreht sich zu Igor.

»Und du bleibst am Ende der Gruppe und passt auf, dass wir niemanden verlieren.«

Igor nickt grimmig.

Der Bergpass ist eine tückische Rutschbahn aus Schlamm. Die Motorradfahrer purzeln nur so von ihren Maschinen, die Spreu trennt sich vom Weizen, und ich gehöre definitiv zu Ersterer. Mit meinem großen, schweren Reisemotorrad bin ich mit Abstand die Langsamste – viermal stürze ich kopfüber in den Schlamm. Ein ums andere Mal muss Igor stehen bleiben und mir helfen, die 260 Kilogramm wieder aufzustellen. Ich bin so erschöpft, dass ich Cleo beim fünften Mal gar nicht mehr zu halten versuche, sondern sie nur spritzend in den Dreck fallen lasse. Igor fährt neben mich. Er steigt ab und sagt etwas auf Russisch. Als ich nicht reagiere, geht er auf mich zu und zieht mich am Arm vom Motorrad.

»He! Vorsicht!«, beschwere ich mich, als ich hinter ihm herstolpere.

Wir kommen vor seinem Motorrad zum Stehen. Er zeigt darauf und schaut mich fragend an. Für einen kurzen Moment ist sein Blick nicht hart, sondern mitfühlend.

»Motorrad tauschen?«

Er nickt. Dann schwingt er sich auf die große, voll bepackte Cleo, die im Schlamm so viel schwerer zu handhaben ist als sein kleines, agiles Motorrad. Er schwitzt jetzt genauso wie ich, und es dauert nicht lange, bis auch er zum ersten Mal stürzt. Dafür, dass er eigentlich kein Englisch spricht, benutzt er das Wort »fuck« ziemlich oft. Bis wir endlich auf dem Gipfel sind, stürzt er fünf weitere Male. Immer wenn ich neben ihm zum Stehen komme und er mich ansieht, ist sein Blick wieder hart und grimmig. Verdammt, er hasst mich, denke ich. Und schreibe an dieser Stelle des Pamir Highways den sexy Russen endgültig ab.

Das Ziel der Tagesetappe ist das Dorf Qal'ai Khumb, das mit knapp 2000 Einwohnern eines der größeren auf der Route ist und das ich gemeinsam mit Igor erst lange nach allen anderen erreiche. Nur die tadschikischen Guides und Schenja sitzen auf dem Teppich einer Terrasse. Auf der anderen Seite des Flusses sehe ich zum ersten Mal, nur einen Steinwurf entfernt, die afghanischen Berge. Da ist es also, das gefürchtete Afghanistan, von dem man nur hört, wenn mal wieder eine Bombe explodiert oder einer der stationierten Soldaten ums Leben kommt. Ehrfürchtig beobachte ich, wie einzelne Sonnenstrahlen durch die Wolkendecke brechen und über die dunklen kahlen Felsen wandern, die schroff in den Himmel ragen. Wie das Licht schleichend alles verändert, von einem schattigen Grau zu einem satten, warmen Braun. Einen großen Unterschied zu den Bergen Tadschikistans kann ich zwar nicht ausmachen – trotzdem lasse ich mich von Farkhod dazu überreden, zur Feier des Anblicks um drei Uhr nachmittags mein erstes tadschikisches Bier mit ihm, den anderen Motorradguides und Schenja zu trinken.

»Wo sind die anderen?«, frage ich.

»Die machen schon ihr Touristenprogramm. Ruinen besichtigen. Und sie schlafen in einer anderen Unterkunft. Die Touristen wollen, wann immer es geht, Einzelzimmer, obwohl es die traditionell hier im Pamirgebirge gar nicht gibt. Willst du zu ihnen?«

»Nein, Bier ist gut.«

»Finde ich auch. Bier ist besser als alte Steine.«

»Bier und Musik«, sagt Schenja zustimmend und schaltet einen batteriebetriebenen Lautsprecher an, den Igor aus seinem Gepäck zieht. Gitarren und Geschrei ertönen in einer Lautstärke, die uns alle zusammenfahren lässt.

»Schenja, das ist keine Musik, das ist Metal!«, schreit Farkhod über den Lärm hinweg.

Schenjas Gesicht verzieht sich zu seinem minimalistischen Grinsen, und er dreht die Lautstärke noch ein bisschen weiter nach oben.

WLAN oder heißes Wasser gibt es natürlich keines, dafür schüttet mir der 65-jährige Kasim, der die Gruppe als Ersatzfahrer begleitet und von dem eine fast spirituelle Ruhe ausgeht, einen grünlichen Tabak in die Hand.

»Nasvai«, erklärt er. Skeptisch betrachte ich die Krümel in meiner Hand. Allein mit zwei Russen, zwei tadschikischen Männern, die ich kaum kenne, und irgendeinem Rauschmittel in der Hand – ich hatte schon mal bessere Ideen. Aber wenigstens ist Schenja hier, der hat mich schließlich bereits einmal in Astrachan gerettet. Wenn ich ehrlich bin, habe ich die Verantwortung für mich und mein Leben schon in den letzten beiden Tagen abgegeben. Also zögere ich nur kurz und folge dann Kasims Anweisungen, klemme mir das bröselige Zeug zwischen Zähne und Unterlippe, bis es schäumt und ich es zwei Minuten später in Richtung Afghanistan in den Fluss spucke. Danach fühle ich mich zwanzig Minuten lang wie auf Wolken.

Eigentlich ist das hier gar nicht so übel, denke ich im Glück des Rausches. Aber auch nachdem die Wirkung schon lange nachgelassen hat, lächle ich noch vor mich hin. Die Hochstimmung gibt mir genug Selbstvertrauen, um über meinen eigenen Schatten zu springen.

»Darf ich noch ein bisschen bei euch bleiben?«, frage ich Farkhod und beobachte heimlich Igor. Der schaut auf, verzieht aber keine Miene. So oder so komme ich mir mit meinen Bemühungen, dieser doch sehr netten Gruppe zu entkommen, langsam lächerlich vor. Farkhod lacht nur wiehernd und hält mir seine Hand zum Highfive hin.

Ich drehe mich zu Schenja: »Bleibst du auch?«

Er schaut mich unergründlich an und lächelt. Dann nickt er. Aus dem Augenwinkel sehe ich, dass Igor uns mustert. Als er bemerkt, dass ich ihn ansehe, schaut er sofort zu Boden, nimmt sich eine Zigarette und stapft davon.

Am späten Abend erreicht ein weiterer Gast unsere Unterkunft. Glückselig darüber, dass endlich jemand fließend Englisch spricht, durchlöchere ich ihn sofort mit Fragen.

»Woher kommst du?«

»Aus Amerika.«

»Wie lange bist du schon unterwegs?«

»Seit zwei Jahren.«

»Wahnsinn, hast du gar kein Heimweh?«

»Nein, ich kann nicht mehr zurück. Die Leute zu Hause verstehen nicht. Nur wir Langzeitreisende können verstehen.«

Ich lächle. Also gehöre ich nun offiziell zur Riege der »Langzeitreisenden«. Auch wenn es albern ist, macht es mich ein bisschen stolz, jetzt sofort als eine dieser Reisenden erkannt zu werden und auf Augenhöhe mitreden zu können.

»Ja, wir Langzeitreisenden ...«, sage ich deswegen vage und nicke wissend, einfach nur, um es einmal selbst auszusprechen.

Doch dann denke ich über seine Worte nach. Nur wir Langzeitreisende können verstehen? Haben wir die Weisheit plötzlich im Tagesabo, nur weil wir schon so lange auf Reisen sind? Arrogante Angeber, diese Langzeitreisenden, denke ich, über mich selbst beschämt, dann mache ich mich auf den Weg ins Bett.

Die Luft ist ein bisschen staubig, wie in Antiquitätenläden, nur dass es im ganzen Raum kein einziges Möbelstück gibt. Unser Nachtlager besteht lediglich aus fünf Matten auf dem Boden in einem von Perserteppichen verkleideten Raum – und trotzdem strahlt die ganze Unterkunft eine größere Gemütlichkeit aus als jedes Fünfsternehotel.

Kasim ist anscheinend für die Gutenachtgeschichten zuständig und versucht halb auf Englisch und Tadschikisch, halb in Zeichensprache eine Fabel für uns aufzubereiten.

»Eule ... flattert mit Flügeln, und sie fliegt weit! Sie sucht nach Wald! Sucht nach Baum zum Leben! Uhu, uhu!« Mit ausgestreckten Armen springt er im Zimmer umher und ahmt einen Vogel nach. Schenja und ich liegen auf unseren Matten und kringeln uns vor Lachen.

»Vorsicht! Nicht lustig!«, ruft Kasim. Das bringt uns nur noch mehr zum Kichern. »Dann sieht Eule großen Wald. Tausend Bäume. Eule ist froh, Eule ist aufgeregt, Eule sieht größten Baum und will dort ein Haus bauen.« Jetzt springt er ein paarmal über unsere Matten und deutet einen Tiefflug an. Dann bleibt er neben mir stehen. »Aber dann ist da ein anderer Baum direkt vor Eule. Eule übersieht Baum, weil Eule nur Augen für großen Baum hat. Eule fliegt mit Kopf gegen kleinen Baum.« Er klatscht sich mit einer Hand an die Stirn. »Dann ist Eule tot.«

Schenja und ich schauen ihn bedröppelt an.

Kasim guckt bedeutsam zurück und nickt: »Kleine Eule hat auf die falschen Dinge geachtet.«

»Kasim, hör endlich auf, deine Kindergeschichten zu erzählen!«, ruft Farkhod durch die offene Tür. Igor und er halten gerade ihre Motorradstiefel unter einen Wasserschlauch im Vorraum unseres Zimmers. »Lea, willst du deine Stiefel nicht putzen? Sieht ja aus wie Sau!«

Ich schüttele verständnislos den Kopf. »Nee, die werden doch morgen eh wieder dreckig.«

Igor wirft mir einen undurchschaubaren Blick zu, schnappt sich meine dreckverkrusteten Stiefel und putzt sie, bis sie fast wieder aussehen wie neu. Dann stellt er sie direkt neben seine Stiefel vor unserer Tür.

»Danke«, sage ich.

Aber er antwortet mir nicht und würdigt mich keines weiteren Blickes.

Erschöpft knie ich über einem Loch im Boden, das bis auf einen Spalt in der Mitte von Holzplanken umgeben ist. Es stinkt bestialisch. Ich hatte sie schon fast vergessen, all die Warnungen der Reisenden, die sich in Zentralasien bereits die schlimmsten Lebensmittelvergiftungen zugezogen hatten. Am frühen Morgen des übernächsten Tages erinnert mich mein Magen schmerzhaft daran. Kurze Zeit später sehe ich mein kaum verdautes Essen vom Tag zuvor. Für einen Moment geht es mir besser, bevor Übelkeit und Kälteschauer wiederkommen. Ich schleppe mich vom Plumpsklo zurück Richtung Unterkünfte, da begegnet mir Marley.

»Ich kann nicht mit euch fahren.«

»Wozu haben wir denn Kasim dabei? Du kannst dich im Jeep auskurieren, und er fährt dein Motorrad.«

»Aber ...«

»Nichts da. Pack zusammen, mach schon, die anderen warten!«

Ich bin zu schwach, um mich seinen Anweisungen zu widersetzen. Die anderen Motorradfahrer helfen mir beim Zusammenpacken – trotzdem rinnt mir kalter Schweiß über die Stirn, als ich endlich aus der Unterkunft wanke. Schenja kommt mir entgegen und hält mir eine Tablette hin.

»Danke«, möchte ich sagen, doch bevor ich das Wort beende, muss ich mich zur Seite drehen. Ich erbreche mich direkt neben seine Füße.

»Entschuldige«, murmele ich beschämt, als ich wieder einatmen kann. Er zuckt nur mit den Schultern und drückt mir die Tablette in die Hand.

»Gegen Übelkeit«, sagt er. Ich schaue ihn dankbar an. Dann beuge ich mich in mein Elend vertieft über den Straßengraben. Plötzlich merke ich, dass jemand neben mir steht. Aber es ist nicht Schenja, es ist Igor. Ohne etwas zu sagen, hält er mir seine Wasserflasche entgegen, als ich endlich Luft holen kann. Ich nehme sie dankbar an, spüle mir den Mund aus und hänge kurz der Möglichkeit eines romantischen Moments nach. Aber der Geschmack des Erbrochenen holt mich schnell in die Realität zurück. Niemand kann stürzende, kotzende Frauen attraktiv finden.

Ich verbringe den Tag damit, angestrengt zu versuchen, alle Flüssigkeiten bei mir zu behalten, zumindest, während ich im Jeep sitze. Die meiste Zeit bin ich so erschöpft, dass ich trotz des schlimmen Geruckels auf den abgelegenen Schotterpisten einfach schlafe. Hundert Kilometer, zwei platte Reifen und acht Stunden später kommt unsere Karawane plötzlich zum Stehen, ruckartig öffne ich die Augen. Der Schreck fährt mir in die Glieder: Cleo liegt meterweit neben der Straße in der Böschung. Kasim humpelt uns entgegen.

»Bin gestürzt ... Sand ... zu schnell gefahren ... schnelles Motorrad.«

»Geht es dir gut?«, rufe ich entsetzt.

Er nickt mit seinem gütigen und weisen Kasim-Lächeln. Aber sein Gesicht ist angespannt, als hätte er große Schmerzen. Alle packen mit an und zerren Cleo zurück auf die Straße. Sie hat den Sturz so gut wie unbeschadet überstanden.

»Kasim, du hast doch was!«, sage ich zu ihm. Er winkt nur ab und schwingt sich zurück in den Sattel. Und ich muss hinter den kargen Büschen verschwinden.

Erschöpft lasse ich mich auf den Beifahrersitz des Jeeps neben den Fahrer Kuba fallen.

»Kasim ist nur meinetwegen gestürzt – weil ich zu krank bin, um mit dem Motorrad zu fahren«, sage ich in das Ruckeln des Jeeps hinein.

Kuba, der mehr als einen Kopf kleiner ist als ich, kurze dunkle Haare und gütige rehbraune Augen hat, wirft mir einen besorgten Seitenblick zu. Sanft sagt er: »Kasim ist gestürzt, weil er zu schnell gefahren ist. Das wäre ihm irgendwann vielleicht sowieso passiert. Es ist nicht deine Schuld.«

Ich zucke frustriert mit den Schultern. »Ich hasse es hier gerade. Alles fühlt sich falsch an.«

»Das ist okay.«

Es ist, als würde mit diesen Worten eine Last von mir abfallen – mit der Erlaubnis, das Abenteuer, auf dem ich mich gerade befinde und für das ich eigentlich so dankbar bin, auch einmal nicht mögen zu dürfen.

Kuba nickt noch einmal bestimmt: »Morgen wird wieder die Sonne aufgehen, und wir werden es wieder versuchen.«

Wie bei den meisten Unterkünften im Pamirgebirge besteht die Toilette auch in dieser Nacht lediglich aus einem Loch im Boden und ist einen zweiminütigen Fußweg über raue Felsenklippen von den traditionellen runden Jurten entfernt, in denen wir schlafen. Irgendwann kann ich nicht mehr zählen, wie oft ich diesen Weg am Abgrund rauf- und runterstolpere. Trotz meiner Übelkeit versuche ich die Umgebung wahrzunehmen. Unter uns liegt – auf 3500 Metern Höhe – eine Burgruine namens Yamchun aus dem dritten bis ersten Jahrhundert vor Christus. Wie oft wohl standen genau dort Feldherren und beobachteten die durch das Tal ziehenden Angreifer? Ich schaue hinab in das grüne Hunderte Meter tiefere Wakhantal und auf den rauen afghanischen Hindukusch. Der Anblick der Berge ist nicht gefällig, sie sind nicht schön im herkömmlichen Sinne. Sie sind abweisend und wild, und es fällt mir schwer, sie zu fassen. Dann blicke ich zum Himmel. Ein paar Schneeflocken schweben langsam herab. Es ist still, nur die zotteligen Yaks vor den traditionellen nomadischen Jurten grunzen vor sich hin. Wir befinden uns inzwischen in fast vier Kilometern Höhe, nur wenige Tage von der kirgisischen Grenze entfernt. Ich fröstele, dann schlüpfe ich in das warme Innere der runden Jurte, die durch einen Ofen in ihrer Mitte erwärmt wird. Die andern Teilnehmer der Reise schlafen in einer Art Luxuszelt auf Feldbetten; für mich und die Guides sind in einer kleineren Jurte Schaffelle auf dem Boden ausgerollt. Ich liege als Einzige schon jetzt unter den dicken Decken, bekomme aber immer wieder Besuch: erst von der Hausherrin in einem leopardengemusterten langärmligen Kleid mit einem übel riechenden Tee, dann von Kuba mit Kohletabletten. Marley bringt mir Elektrolytebrausepulver, das der Dehydration vorbeugen soll, Farkhod lacht nur wiehernd.

»Hau ab, mach dich über jemand anderen lustig!«, rufe ich ihm mit letzter Kraft hinterher, als er sich aus der Jurte trollt.

Kasim kommt herein und drückt mir ein Kraut in die Hand, das ich davor noch nie gesehen habe.

»Du musst die Pflanze kauen«, sagt er und legt mir kurz eine Hand auf die Stirn. Als er sich umdreht und aus der Jurte geht, merke ich, dass er stark humpelt.

»Kasim!«, krächze ich. »Was ist mit deinem Fuß?«

Sein Knöchel ist behelfsmäßig mit einer Plastiktüte als Verband umwickelt. Darunter schaut ein Büschel Kräuterstiele und eine braune Paste hervor. Er winkt ab: »Heute war ich Eule und bin gegen den Baum geflogen.«

Auch Schenja stattet mir einen Besuch ab. Er setzt sich einfach neben mich auf den Boden und drückt mir die Hand.

»Schenja, mir geht es so schlecht, ich glaube, ich will sterben!«, sage ich theatralisch zwischen einem der Bauchkrämpfe, die mich jetzt schütteln. Der Vorteil einer großen Gruppe Mitreisender liegt auf der Hand: Irgendjemand findet sich immer, der einen zumindest ein bisschen bemitleidet. Und bei Schenja habe ich mir gute Chancen ausgerechnet.

Aber er schüttelt bestimmt den Kopf: »Nicht sterben.«

Kurz nachdem Schenja aus der Jurte schlüpft, wird die Plane wieder zur Seite geschoben. Es ist Igor. In der Hand hat er ein kleines Schnapsglas. »Wodka.« Im Gegensatz zu Schenja macht er keine Anstalten, sich hinzusetzen. Ich rapple mich ein wenig auf, nehme ihm das Glas vorsichtig aus der Hand und rieche daran. Der beißende Geruch hochprozentigen Alkohols. Ergeben stürze ich ihn hinunter.

»Schenja ... netter Mann«, sagt er.

Misstrauisch schaue ich ihn an. Seit wann spricht Igor? Oder viel eher: Seit wann spricht er mit mir?

»Ja, Schenja ist sehr nett. Und ein guter Freund.«

»Freund?«

»Ja, so wie Farkhod und Kasim.«

»Ich auch nett?«

Ich zucke mit den Schultern. »Geht so.«

Igors breiter Mund verzieht sich zu einem Lächeln, dabei legt sich seine Stirn unter den millimeterkurzen Haaren in Falten.

»Ich bin jetzt nett.« Dann lässt er sich neben mich fallen und legt ganz selbstverständlich seine Hand auf meine. »Und du ... bist bald gesund.« Er deutet auf das kleine leere Schnapsglas. Dann lacht er und drückt meine Hand.

Ich bin so verdattert, dass ich einfach zurückdrücke.

Hinter uns raschelt es, und jemand schlägt die Plane vor dem Eingang der Jurte nach oben. Ein kalter Luftzug fährt herein. Wie zwei Teenager, die beim Fummeln ertappt werden, zucken Igor und ich auseinander. Schenja steckt seinen Kopf in die Jurte. Sein Mund ist ein dünner Strich, seine Kiefer malmen, und er kneift seine Augen zusammen, als er Igor neben mir sitzen sieht.

»Dawei, dawei!«, sagt er bestimmt und fixiert Igor mit kaltem Blick.

Der schaut mich ein letztes Mal mit seinen bernsteinfarbenen Augen an, zuckt mit den Schultern und folgt Schenja aus der Jurte.

Das Fahren auf ruckeligen Schotterpisten mit dem Motorrad wirkt sich durchaus positiv auf einen von Durchfall geplagten Körper aus. Als würde alles wieder dahin gerückt, wo es hingehört. Fast unbemerkt verlässt mich die Krankheit, und ein anderes, zartes Gefühl, das ich in seiner Reinheit schon lange nicht mehr gespürt habe, tritt an ihre Stelle. Ich bin glücklich. So verzweifelt glücklich, wie man nur sein kann, wenn man weiß, dass man das Glück genießen muss, weil es nicht ewig anhalten wird. Noch drei Tage sind es bis in die kirgisische Stadt Osch, noch drei Tage, bis sich mein Weg endgültig von dem der Gruppe trennt. Igor und ich entwickeln immer neue Rituale, die uns unauffällig und unbemerkt etwas mehr Zeit miteinander schenken: Wir fahren am Ende der Karawane, lassen uns zurückfallen, nur um dann nebeneinanderzufahren, einander verklärt anzulächeln und uns ab und zu an den behandschuhten Händen zu fassen. Abends legen wir uns jetzt auf die Schaffelle oder Matratzen, die nebeneinanderliegen. Kasim mit seinem sechsten Sinn ist der Einzige, der etwas zu ahnen scheint; sein Fuß ist inzwischen auf die doppelte Größe angeschwollen, und er kann kaum mehr laufen – Ärzte oder Krankenhäuser gibt es auf dem Pamir Highway nicht, und niemand kann herausfinden, was mit seinem Fuß ist, bis wir Osch erreichen. Trotz seiner offensichtlichen Schmerzen wählt er abends aber nie ein günstig gelegenes Bett, sondern legt sich immer direkt neben Igor und dreht uns dann demonstrativ den Rücken zu – als wolle er uns vor allen Blicken beschützen. Wir reisen zwar in einer aufgeklärten Gruppe, befinden uns aber noch immer in einem muslimischen Land. Igor und ich halten uns nachts unschuldig an den Händen und hören dem anderen beim Atmen zu – aber selbst diese geringe Berührung lässt hier mein Herz rasen.

Zum Mittagessen halten wir vor einem kleinen Haus, hinter dem der Fluss rauscht und eine Terrasse im Schatten dürrer Bäume liegt. Ich will den anderen gerade ins Gebäudeinnere folgen, doch Igor schüttelt kaum merklich den Kopf. Dann nimmt er einen Schraubenschlüssel aus seiner Werkzeugkiste, beugt sich über Cleo und beginnt zu arbeiten, obwohl es gar nichts zu schrauben gibt. Farkhod schaut mich auffordernd an und wartet darauf, dass ich mit ihm komme. »Geh doch schon mal vor, ich möchte gern zusehen, wie Igor mein Motorrad repariert.«

»Du gehst noch unter die Mechaniker, wenn du so weitermachst!« Farkhod lacht wie immer wiehernd und schüttelt den Kopf, als wäre ich jetzt total durchgedreht.

Ich knie mich neben Igor hinter das Motorrad. Er streicht mir über den Arm und nimmt meine Hand. Ich ertaste seine Schwielen, die raue Innenseite seiner Finger; ich bin ihm so nah, dass ich ihn riechen kann. Benzin, Motorrad und sein eigener Geruch – zumal wir alle seit Tagen keine ordentliche Dusche gesehen haben. Sein Gesicht ist direkt vor mir, als würde er mit seinen bernsteinfarbenen Augen etwas suchen. Seine Mundwinkel bewegen sich kaum merklich nach oben. Er kommt mir noch näher, bis sich unsere Lippen berühren, und die Welt um uns hört kurz auf zu sein. Es ist, als wären wir in einen warmen Nebel gehüllt, in dem es nur uns gibt. Doch plötzlich reißt ihn etwas von mir weg. Ich öffne verdutzt die Augen. Über mir steht Schenja und hat Igor am Kragen. Die beiden werfen einander Blicke zu, die töten könnten. Wenn ich nichts tue, hat gleich einer von beiden eine Faust im Gesicht.

»Schenja, spinnst du, was soll das, lass ihn los!«

»Nein.«

»Sofort!«

Schenja blickt kurz irritiert zu mir, als wäre ich eine lästige Fliege, die ihn bei etwas Wichtigem stört.

»Nein ... ich beschütze dich.«

Igor nutzt den Moment der Unaufmerksamkeit und dreht sich so schnell aus Schenjas Griff, dass ich kaum verstehe, was überhaupt vor sich geht, und schon hat er seine Hände an Schenjas Hals.

»Igor, loslassen! Spinnt ihr jetzt beide?!« Ich schiebe mich energisch zwischen die zwei Streithähne und schaue erst Igor und dann Schenja strafend an. Langsam wird mir klar, dass Schenja mir gerade ganz schön die Tour vermasselt hat.

»Schenja, was ist los mit dir?« Ich beäuge ihn skeptisch. »Bist du eifersüchtig?«

Er schüttelt den Kopf.

»Nein, ich ... will dich nur beschützen. Ich habe Frau. Bin nicht eifersüchtig.«

»Igor hat mir nichts getan.«

Schenja schaut über mich hinweg Igor an, dann beginnt er auf Russisch auf ihn einzureden. Seit ich ihn kenne, habe ich ihn noch nie so viel reden gehört. Er wirft Igor die Worte nur so an den Kopf. Der erwidert nichts, aber das Leuchten in seinen Augen erlischt, und sein Strahlen von vorhin ist wie weggewischt. Ich mache einen Schritt auf Schenja zu und baue mich vor ihm auf.

»Schenja, Schluss jetzt. Es ist alles gut. Lass Igor in Ruhe. Und mich auch.« Ich nehme Igor an die Hand und zerre ihn hinter mir her. Hauptsache, weg von allem, was die zarten Bande durchtrennen könnte, die sich gerade zwischen uns entwickelt haben.

Gemeinsam überqueren wir die Grenze von Tadschikistan und Kirgistan, die Grenzbeamten werden mit ein bisschen Kleingeld und zehn Flaschen Wodka bestochen, damit alles etwas schneller geht.

»Dreh dich um, schau zurück!«, ruft Farkhod mir zu, als wir

den einsamen tadschikischen Grenzposten hinter uns lassen. Ohne zu zögern, gehorche ich ihm sofort.

»Was siehst du?«

»Berge.«

Hinter uns erstreckt sich die raue, felsige Mondlandschaft Tadschikistans in ihrer fast surreal schönen Unwirtlichkeit.

»Und jetzt ... schau wieder nach vorn: Was siehst du?«

Ich blicke auf weite grüne Hügel. Kirgistan, das Land der Nomaden. Schon die Nationalflagge ist eine Ode an sein wanderndes Volk: roter Hintergrund, darauf ein gelber Kreis, durchbrochen von Linien und umgeben von gelben Sonnenstrahlen. Als ich Farkhod nach dieser merkwürdigen Sonne frage, erklärt er mir, dass die Strahlen für die vierzig Stämme stehen, von denen alle Kirgisen abstammten. Der gelbe, mit roten Linien durchbrochene Kreis dagegen ist ein Anblick, den ich bereits kenne: der Blick nach oben, die verstrebte Decke einer Jurte.

»Was siehst du vor uns?«, wiederholt Farkhod seine Frage.

»Berge.«

Doch diesmal scheint ihn meine Antwort nicht zufriedenzustellen. »Und was noch?«

Das Gras zu unseren Füßen biegt sich in einer leichten Brise, als würde es sich verneigen, über uns zieht ein Falke, dem der Himmel zu gehören scheint.

»Viele grüne Berge. Mit sehr ordentlichen Häusern.«

Farkhod klopft mir auf den Rücken, als hätte ich gerade die alles entscheidende Frage bei »Wer wird Millionär?« beantwortet, lacht sein wieherndes Lachen und hüpft begeistert von einem Bein aufs andere. »Genau. Hinter uns Tadschikistan. Vor uns Kirgistan. Hinter uns hohe raue Felsen, vor uns grüne Wiesen. Hinter uns trockene unwirtliche Landschaft, vor uns fruchtbares Weideland. Hinter uns Hölle, vor uns Himmel. Eine kleine Grenze, aber eine andere Welt!«

Ich muss lachen. Das spornt Farkhod erst recht an.

»Schau mal, in Kirgistan springen sogar die Pferde mit einem glücklichen Lächeln über die Wiesen. Und haben nichts anderes zu tun als fressen und scheißen. Und dann machen die Kirgisen aus der Scheiße quasi Gold und benutzen sie, um ihre Jurten zu heizen. Ach nein, das ist ja Yakscheiße, nicht Pferdescheiße.«

Während Farkhod mit jeder Menge Halbwahrheiten über die Unterschiede von Tadschikistan und Kirgistan philosophiert und dabei fragwürdige Metaphern in den Mund nimmt, schiebt sich Igor an meine Seite. Wir blicken beide auf das Land vor uns. Schulter an Schulter, Arm an Arm, viel näher, als wir der guten Sitte halber eigentlich stehen sollten. Ich drehe meinen Kopf leicht zu ihm, und unsere Blicke kreuzen sich; in der frühen Abendsonne leuchten seine Augen. Gewaltsam reiße ich mich von seinem Blick los und schaue auf die Landschaft. Ein neues Land, ein neues Abenteuer. Aber auch ein Abschied.

»Kirgistan ... bald werdet ihr mich verlassen«, sage ich in die Weite.

Natürlich denkt Farkhod, dass meine Worte ihm gelten, und als er antwortet, höre ich ihm nur mit halbem Ohr zu. Denn obwohl Igor kaum Englisch spricht, hat er mich besser verstanden. Vorsichtig umgreift er mit seiner Hand meinen Unterarm. Ich schaue zu ihm, und unsere Blicke bohren sich ineinander. Nach fünfzehn schmerzvollen Sekunden, die sich anfühlen wie Stunden, senkt Igor seinen Blick. Er dreht sich abrupt um und lässt meinen Arm los. Die Stellen auf meiner langärmligen Funktionsunterwäsche, die er mit seinen Fingern berührt hat, fühlen sich ohne seine Wärme so kalt an, dass mir ein Schauer über den Rücken läuft. Ohne sich umzudrehen, geht Igor zu meinem Motorrad. Dort prüft er scheinbar hoch konzentriert alle Teile, die bei den unzähligen Stürzen zu Schaden gekommen sein könnten, und stapft, als er nichts findet, schulterzuckend zu den anderen Motorrädern, um sie nicht weniger angestrengt unter die Lupe zu nehmen. Dieser Mann, der mein Motorrad jeden noch so steilen Berg über rutschigen Schlamm an klaffenden Abgründen entlangfahren würde, der mir mit einem Lächeln im Gesicht eine Wasserflasche reicht, während ich mich gerade in einen Straßengraben übergebe, der, ohne mit der Wimper zu zucken, auf seine russischen Wurzeln eine Flasche Wodka trinkt, kann die Aussicht, dass sich unsere Wege bald trennen, wohl ebenso wenig ertragen wie ich.

Es herrschen vierzig Grad. Von den glücklich springenden Pferden ist hier im Talkessel der kirgisischen Stadt Osch nichts zu sehen. Lada Nivas, die in Deutschland schon vor zwanzig Jahren durch den TÜV gefallen wären, rattern über die Straßen, Autos hupen uns im dichten Stadtverkehr aggressiv an, Straßenköter versuchen sich in meinen Stiefeln zu verbeißen, und vor mir schleppt ein Typ in aller Seelenruhe ein Stück rotes rohes Fleisch über die Straße. Unverpackt, einfach kiloweise Kadaver, über die Schulter geworfen. Ich kann sehen, wie sich kleine Fliegen darauf niederlassen. Mein Magen beginnt sofort beunruhigt zu grollen, wenn ich daran denke, dass das unser Abendessen sein könnte. Als ich meinen Blick abwende, habe ich fast den Anschluss an meine Gruppe verloren. Also gebe ich Gas und flitze gerade noch über die gelbe Ampel. Direkt neben mir quietschen ein paar Autoreifen. Dann durchdringendes Hupen. Was habe ich denn jetzt schon wieder falsch gemacht? Irgendwie tickt die Zeit hier im Stadtverkehr anders, und ich habe verpasst, meine Uhr umzustellen. Eine gelbe Ampel heißt hier definitiv anhalten – denn in derselben Sekunde springt die Ampel des Querverkehrs auf Grün.

Eine halbe Stunde später stehen wir vor einem hohen Tor, das nicht sehr einladend wirkt. Es ist nicht nur ziemlich hoch, sondern auch ziemlich verschlossen, und dahinter knurrt ein Hund. Ich bin flankiert von Schenja und Igor. Die beiden reden nicht mehr miteinander, aber keiner von ihnen lässt mich so richtig aus den Augen. Noch immer weiß ich nicht genau, was mit Schenja los ist. Entweder ist er doch eifersüchtig oder einer selbst er- nannten Sittenpolizei beigetreten – beides finde ich bedenklich. Meine kurze Freude über die Ankunft in Osch ist nun verflogen. Schlagartig wird mir klar, dass es unsere letzten gemeinsamen Stunden in dieser Konstellation sind. Das letzte Nachtquartier, das wir zusammen beziehen. Schenja fährt von hier aus zurück nach Russland, die restliche Gruppe zurück nach Duschanbe.

Im Tor öffnet sich eine kleinere Tür, und heraus tritt ein Mann mit blonden kurzen Haaren. Er begrüßt die Jungs wie alte Freunde, mir schüttelt er die Hand und stellt sich als »Stas« vor. Man merkt, dass wir nun in einer liberaleren Stadt sind, denn der Handschlag ist mehr Körperkontakt, als ich mit irgendeinem unserer Gastgeber in den letzten Wochen ausgetauscht hatte. Fremde Frauen berührt man normalerweise nicht. Dann öffnet er das Tor, und wir knattern einer nach dem anderen mit un- seren Motorrädern hinein. Drinnen gibt es für mich ausnahms- weise keine erstaunten Blicke. Stattdessen schließt mich eine kleine, dunkelhaarige Gestalt im knallpinken Kleid in die Arme.

»Ich bin Nastija, und du?«

»Lea.«

»Und mit denen bist du gereist?«, fragt sie und klingt zu- gleich schüchtern, bewundernd und ein bisschen spöttisch, als sie mich und meine dreckigen Reisekameraden mustert. Sie ist hochschwanger, um ihre Beine springt der Hund, der zuvor wie eine Bestie klang: ein glänzender Golden Retriever, der jetzt vor Freude über die ganzen Gäste beinahe einen Herzinfarkt be- kommt und zwischen seinen Luftsprüngen trocken hustet und nach Atem ringt. In den von Straßenkötern regierten kargen, lehmigen, trockenen Straßen von Osch wirkt er wie ein Relikt aus einer anderen Welt – einer Welt, in der ich bis vor Kurzem noch zu Hause war und in der ordentliche Reihenhaussiedlungen mit glänzenden Autos und Golden Retrievern mit Halsbändern wirklich existieren. Doch von hier aus erscheint sie wie ein anderes Universum. Und so starre ich Emma, wie die Hundedame heißt, weiterhin an wie ein kleines Alien.

»Irgendwann möchte ich auch lernen, wie man Motorrad fährt«, unterbricht Nastija meine Gedanken und begutachtet Cleo mit leuchtenden Augen.

»Warum lässt du es dir nicht von den Jungs oder Stas beibringen?«, frage ich.

Sie zeigt auf ihren Bauch und lächelt.

»Ich habe schon den Führerschein.«

»Du hast den Führerschein, aber weißt nicht, wie man Motorrad fährt?«

»Der Führerschein kostet hier zwanzig Dollar. Zehn Dollar Schmiergeld, um die theoretische Prüfung zu bestehen, zehn für die praktische. Und den Motorradführerschein gibt es umsonst dazu.«

»Nicht dein Ernst!«

»Doch, aber ich habe meine theoretische Prüfung sogar selbst geschrieben!«

Das wiederum erklärt das doch eher spezielle Fahrverhalten des ein oder anderen Verkehrsteilnehmers hier. Ich zucke mit den Schultern und bin ein bisschen neidisch. Dass allein mein Motorradführerschein in Deutschland fast 2000 Euro gekostet hat, erzähle ich nicht; überhaupt kommt mir das nun unverhältnismäßig vor. Ich nehme mir vor, ab heute »Führerschein im Lotto gewonnen« mit »Führerschein in Kirgistan gekauft« in meinem Sprachschatz auszutauschen.

Die Zimmer haben alle eine Tür zum gemütlichen grünen Innenhof. Natürlich liegt Igors Unterkunft direkt neben meiner. Außerdem gibt es WLAN. Wirklich funktionierendes WLAN, das meine Nachrichtendienste zum Blinken bringt, Internetseiten öffnen kann und eine schon fast vergessene Verbindung zu meinem alten Leben herstellt. Ich verschiebe das Beantworten der meisten Nachrichten und öffne nur den Chat mit Jacob.

»Baby, ich komme dich in Bangkok besuchen! Es ist alles organisiert!«

»Freust du dich gar nicht?«

»Hallo? Was ist denn das bitte für ein rückständiges Land, in dem es wirklich nirgends WLAN gibt?«

»Baby, du ignorierst mich doch nicht absichtlich?«

»Danke der Nachfrage, mir geht es gut«, tippe ich. Und: »Bin wieder zurück in der Zivilisation.« Senden. Dann nehme ich zum ersten Mal seit fast zwei Wochen eine warme Dusche.

Ich kann mit Abschieden nicht umgehen, deswegen bitte ich alle, so zu tun, als wäre es kein letztes Abendmahl, sondern ein ganz normales Essen. Kasims Fuß ist gebrochen, was er uns kichernd in der einzigen Pizzeria der Stadt sagt. Die Schiene besteht aus zwei Holzteilen und sieht nicht sehr vertrauenswürdig aus, aber Kasim ist bester Laune, kringelt sich vor Lachen und erzählt schon wieder eine Eulengeschichte.

»Sie haben ihm starke Schmerzmittel verabreicht«, flüstert Farkhod mir zu.

Rechts von mir sitzt Igor, dessen Knie meines unter dem Tisch ununterbrochen berührt, links Schenja. Niemand von uns ist so recht in Feierlaune. Einzig Andy kippt aus Gründen, die nur er kennt, einen halben Liter Wodka auf ex in sich hinein und ist innerhalb kürzester Zeit so betrunken, dass ich ihn später stützen muss. Ich nippe am vielleicht schlechtesten Wein meines Lebens, der so süß ist, dass er meinen Magen verklebt und mir ein bisschen schlecht wird. Kirgistan ist kein Weinland. Jeder unterhält sich über irgendwas, aber niemand darüber, dass ab morgen alles anders ist, dass jeder von uns zurück in sein eigenes Leben fährt.

»Ende«, flüstert es da neben mir.

Ich schaue Schenja an. Dann nicke ich langsam. »Ja, es ist vorbei.«

»Entschuldigung.«

»Wie bitte?«

»Entschuldigung. Du kannst auf dich selbst aufpassen. Mutiges Mädchen. Wollte dich nur beschützen.«

»Aber wovor, Schenja? Es gibt nichts, vor dem du mich hier beschützen musst.«

Er tippt sich mit seiner Hand dahin, wo das Herz ist. »Jetzt ist es vorbei. Leidenschaft und Freiheit können das Herz brechen.«

»Ist das der Preis, den Leidenschaft und Freiheit fordern?«

Schenja denkt kurz nach. »Vielleicht. Aber es ist jede Minute wert, wird jede Sekunde wert sein. Pass nur auf das Herz auf, es ist die gefährlichste Verletzung.«

»Morgen wird wieder die Sonne aufgehen, und ich werde es wieder versuchen.«

In diesem Moment fängt wirklich irgendwas in mir an zu schmerzen. Ich würde meinen schweigsamen Kameraden vermissen und ihm nie vergessen, dass er mich in Astrachan gerettet hatte, als es mir am schlechtesten ging. Dass ich diesen ersten Freund, den ich auf dieser Reise gefunden hatte, womöglich so bald nicht wiedersehen würde, bricht mir das Herz, auch wenn er sich in den letzten Tagen reichlich komisch benommen hat.

»Schenja, wir sehen uns wieder, oder?«

»Natürlich. Ich bin nächsten Herbst in Europa. Zum Motorradfahren und Basejumpen.«

»Dann bin ich auch zurück. Ich zeige dir die Alpen!«

»Versprochen?«

»Versprochen.«

Da weiß ich, dass zumindest dieser eine Abschied nicht für immer sein wird, und er fällt mir sofort viel leichter.

Als wir fertig gegessen haben, schaut mich die ganze Gruppe erwartend an. »Schaut doch nicht so. Wir müssen ja nicht jetzt Tschüss sagen, lasst uns das lieber morgen früh machen.« Nur Kasim umarme ich, denn der soll zurück ins Krankenhaus. »Danke für alles, du weise Eule.«

Um neun kriechen wir vollkommen erschöpft ins Bett. Doch ich kann nicht einschlafen. Es fühlt sich komisch an, in einem Einzelzimmer zu liegen, als hätte ich viel zu viel Platz, den ich gar nicht nutzen kann. Mein Herz wird immer schwerer, bis es gefühlte Tonnen wiegt und mich zu erdrücken droht. Ich kann nicht mehr liegen, also stehe ich auf, setze mich auf die Schwelle zum Innenhof und rauche eine Zigarette. Obwohl es noch immer heiß ist, fröstelt mich. Nichts wird nach diesem Abschied so sein wie zuvor. Nicht die Gruppe, die morgen ohne mich zurück nach Duschanbe, der Hauptstadt von Tadschikistan, fährt, nicht Igor, der nun ein Motorrad und eine Frau weniger zu pflegen hat.

Neben mir geht die Tür auf. Igor setzt sich wortlos auf die Stufe neben mich und nimmt meine Hand. Keiner von uns sagt etwas. Auch, weil die Sprachbarriere zwischen uns steht, aber vor allem, weil es einfach nichts zu sagen gibt. Das hier, das ist das Ende für uns. In der Dunkelheit fühle ich seine schwielige, raue Haut mehr, als dass ich sie sehe. Ich betrachte gedankenverloren die Umrisse seines kantigen Profils, das sich vor der nachtschwarzen Mauer abhebt. Nachdem die letzte Glut meiner Zigarette erloschen ist, deutet er auf sein Zimmer. Ich nicke. Er steht auf, zieht mich so nah an sich, dass ich seinen Atem spüre. Wenn es nicht so dunkel wäre, würde ich ihm direkt in die bernsteinfarbenen Augen blicken. Mir läuft ein Schauer über den Rücken. Ich mache mich von ihm los, nur um ihn in sein Zimmer auf eine Pritsche zu ziehen, die für zwei eigentlich viel zu klein ist.

Er hält mich regungslos im Arm. Wir tun beide kein Auge zu; zu stark ist die Präsenz des anderen. Und wir trauen uns kaum, uns zu bewegen. Als könnte eine falsche Drehung diesen kostbaren Moment zerstören, als könnten wir durch nur eine falsche Fingerkrümmung verscheuchen, was zwischen uns ist. Irgendwann dämmert Igor weg, ich merke, wie sich seine Umarmung löst. In meinem Kopf rasen die Gedanken, die letzten Tage laufen im Zeitraffer ab. Ich bleibe bei dem jungen Amerikaner hängen, den ich genau vor einer Woche an der tadschikisch-afghanischen Grenze kennengelernt habe.

»Ich kann nicht mehr zurück. Die Leute zu Hause verstehen nichts. Nur wir Langzeitreisende können verstehen.«

Ich denke an meine Freunde zu Hause. Auch wenn die wenigsten von ihnen eine Weltreise machen wollen, wissen sie doch, was Wanderlust und Fernweh bedeuten.

»Natürlich werden mich meine Freunde verstehen!«, hätte ich noch vor ein paar Tagen ganz bestimmt gesagt. Nun bin ich mir nicht mehr so sicher. Denn genau jetzt, während ich hier liege, glaube ich, den jungen Amerikaner zu verstehen. Wir reisen ohne Rückflugticket und Zeitlimit. An die Stelle des Alltags tritt das Reisen selbst als neue tägliche Routine. Und auch das Reisen mit dieser Gruppe, Igor und Schenja wurden innerhalb von wenigen Tagen zu meinem neuen Alltag. Aber verheerend an diesen Konstellationen ist, dass sie fragil sind. Wie kann ich den zu Hause Gebliebenen erklären, dass mein Leben nicht mehr so ist, wie es einmal war, weil ich inzwischen unzählige verschiedene Leben gelebt und wieder aufgegeben habe? Wie kann ich ihnen begreiflich machen, dass all diese Leben so anders waren als das Leben, das ich zuvor mit ihnen zu Hause geteilt habe? Wie können meine Freunde verstehen, dass ich in diesem neuen Leben vielleicht eine ganz andere Rolle gespielt habe? Wie kann ich ihnen erklären, dass fünf Tage eines neuen Lebens mehr verändern können als ein Jahr zu Hause? Wie kann ich den Schmerz beschreiben, wenn eines dieser Leben plötzlich zu Ende geht – wenn sich diese Konstellationen, die tägliche Routine waren, unwiderruflich auflösen?

Mir steigen Tränen in die Augen. Eine sammelt sich im Augenwinkel und rinnt so langsam über meine Wange, als würde sie allen Schmerz der Welt in sich tragen und trotzdem mit letztem Willen versuchen, noch einmal der Schwerkraft zu trotzen, die sie unweigerlich nach unten zieht. Ich kann nicht mehr ruhig liegen bleiben. Leise gehe ich in mein Zimmer und packe. Ich ertrage die Vorstellung nicht, am nächsten Tag der ganzen Gruppe dabei zuzusehen, wie sie aufbricht. Bevor ich in aller Frühe endgültig fahre, hauche ich Igor einen Kuss auf die Stirn.

Er schreckt hoch, öffnet die Augen und sagt wie im Traum mit seinem harten russischen Akzent: »I come back for you.«

Schnell verlasse ich das Zimmer. Ich will nicht, dass der schlaftrunkene Russe sehen kann, wie ergriffen ich bin. »I come back for you« ist der erste zumindest einigermaßen vollständige englische Satz, den ich aus seinem Mund gehört habe.

Mit der Zeit kommt die Liebe

KIRGISTAN, OSCH

KILOMETER: 10 160

Es ist die Neugier, die mich antreibt. Ihr muss ich folgen, wenn ich sonst schon auf nichts vertraue. Durch meinen abrupten Aufbruch habe ich ein paar Tage für die Erkundung von Kirgistan gewonnen, danach will ich zurück nach Osch, um von dort durch die Berge mit einer geführten Tour in drei Tagen über China nach Pakistan zu kommen. Ich besuche den berühmten Yssykköl, den zweitgrößten Gebirgssee der Erde, und seinen kleineren, abgelegenen noch magischeren Bruder Son Kul. Eingebettet in grüne Berge, gesäumt von nomadischen Jurten ist dieser Fleck der Erde noch unberührt, keine Sendemasten oder Stromleitungen, dafür Seewasser, das glasklar schimmert und durch das man die runden Steine am Grund sehen kann. Pferdeherden galoppieren entlang der Ufer, und bunte Teppiche trocknen nach dem Sommerputz draußen in der Sonne.

Am Abend vor meinem Aufbruch in Osch haben Stas und Nastija mich an einen Freund vermittelt, der am Rand der kirgisischen Hauptstadt Bishkek eine Motorradbar betreibt. Als ich nach meiner kleinen Tour über den Son Kul dort ankomme, werde ich von einem jungen Mann begrüßt. Die Freiluftbar ist überdacht und liegt an einem großen, umzäunten Hof direkt an einer sechsspurigen Straße.

»Ich bin Kia. Die Bar ist geschlossen, weil wir renovieren; mein Boss ist nicht da, aber es gibt ein Bett für dich im Gebäude dahinter!«

Kias Haare sind kurz geschoren, nur in seinem Nacken trägt er einen dünnen, langen Zopf. Er ist spindeldürr, Anfang zwanzig und sieht aus, als hätte er mehrere Tage unter freiem Himmel verbracht.

Am nächsten Morgen tappe ich schlaftrunken in die Bar. Obwohl sie schon ein paar Tage geschlossen ist, riecht es noch immer nach abgestandenem Alkohol und nach zu vielen gerauchten Zigaretten. Rauchen ist Nationalsport in Kirgistan – vielleicht auch, weil eine Schachtel umgerechnet nur fünfzig Cent kostet.

Mein erster Eindruck hat mich nicht getäuscht: Kia schläft wirklich draußen auf einer der überdachten Sitzgelegenheiten in einem Schlafsack. Ich setze mich vorsichtig neben ihn und tippe ihm mit einem Finger in die Seite. Er schreckt auf, seine Hand zuckt unter die Decke, als würde er nach etwas greifen, um sich zu verteidigen. Dann erkennt er mich und entspannt sich.

»Schläfst du immer hier draußen?«

»Nein, nur solange der Boss weg ist, ich will aufpassen.« Er streckt sich genüsslich, dann beäugt er mich neugierig. »Ganz schön mutig, normalerweise sehen wir hier nicht so viele Frauen ...«

»Wieso denn mutig? Ist doch sicher eine nette Bar, wenn sie offen ist.«

»Die meisten Frauen finden es hier gefährlich.«

»Gefährlich?«

Er zuckt mit den Schultern.

Meine erste Fahrt mit einem Heißluftballon im Sonnenaufgang über Kappadokien zwischen Feenkaminen, wie die Erdpyramiden in Anatolien genannt werden.

Wo die Grenzen von Europa und Asien verschwimmen und sich Kulturen treffen: In wenigen Tagen fuhr ich von der georgisch-orthodoxen Gergetikirche bis zum muslimischen Registan im usbekischen Samarkand.

Der Pamir Highway in Tadschikistan und der Wachankorridor an der afghanischen Grenze: Gemeinsam mit Igor und der Gruppe erlebte ich ein Abenteuer jenseits von Elektrizität und fließendem Wasser.

Wer in Tadschikistan und Kirgistan abseits der großen Straßen reist, kann in nomadischen Jurten einkehren. Einen Schlafplatz gibt es fast immer auf Schaffellen und dünnen Matten.

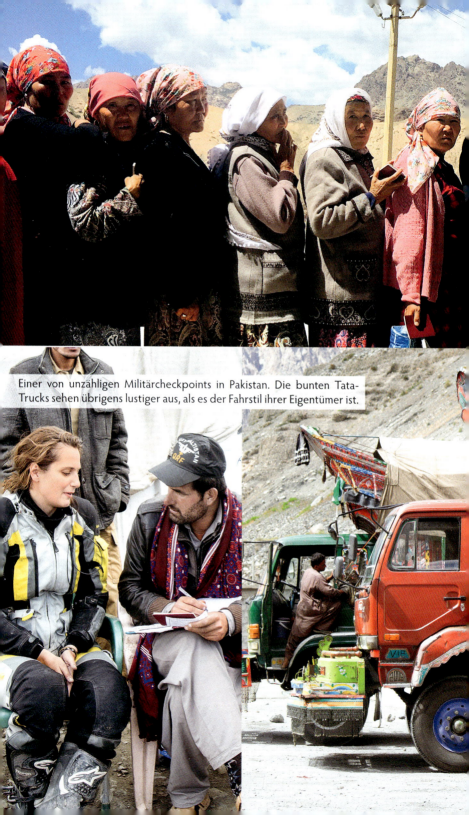

Einer von unzähligen Militärcheckpoints in Pakistan. Die bunten Tata-Trucks sehen übrigens lustiger aus, als es der Fahrstil ihrer Eigentümer ist.

Grenzgänger: Zwischen Kirgistan und China hatten wir noch Gesellschaft von Einheimischen, am pakistanischen Zoll waren Angel, José-Emilio und ich die einzigen Reisenden.

Achtung, Linksverkehr! Es ist schwierig, plötzlich auf der anderen Straßenseite zu fahren, wenn man eigentlich damit beschäftigt ist, die 7000 bis 8000 Meter hohen Gipfel entlang des Karakorum-Highways zu bewundern.

»Ach, manchmal gibt es Schießereien und Messerstechereien ... Kirgisen halt. Wo du sitzt, wurde vor ein paar Wochen ein Typ angeschossen. Sie regen sich auf, und dann ist schnell der Teufel los.«

Ich schaue ihn schockiert an.

»Aber es geht eigentlich immer glimpflich aus«, wiegelt er ab, als er mein besorgtes Gesicht sieht. Dann mustert er mich streng. »Was hast du für eine Waffe dabei?«

»Gar keine! Nur ein Taschenmesser, damit ich Tomaten, Brot und aus Wasserflaschen Benzintrichter schneiden kann.«

Er schaut mich an, als hätten mich alle guten Geister verlassen. »Du musst dich verteidigen können! Ich besorge dir eine Waffe.«

»Waffe? Was meinst du?«, frage ich skeptisch.

Mit den Fingern ahmt er eine Pistole nach.

»Spinnst du? Ich kann überhaupt nicht umgehen mit Waffen, und was soll ich bitte bei der nächsten Grenzkontrolle erzählen? ›Ich komme in Frieden, habe aber eine Pistole‹?«

Er zuckt mit den Schultern, scheint das Argument jedoch zu verstehen.

»Dann musst du lernen, wie wir uns als Kinder verteidigt haben«, sagt er.

»Später«, wiegle ich ab. »Lass uns erst die Stadt ansehen.«

Das Ablenkungsmanöver funktioniert, und ich hoffe, dass Kia die Kampfschulung vergisst. Es sieht ganz so aus, denn während wir gemeinsam vier Stunden durch Bishkek schlendern, ist nur die Geschichte der Stadt als Karawanserei an der Seidenstraße Thema sowie die in Zentralasien allgegenwärtigen Reiterdenkmäler.

»Bist du aus Bishkek?«, frage ich Kia irgendwann.

»Nein, bin nicht von hier ... komme aus dem Pamir. Bin vor ein paar Jahren nach Unruhen geflohen.«

»Mit deiner ganzen Familie?«

»Nein, nur mit meinem Bruder. Ohne Pass, zu Fuß über die Grenze nach Kirgistan.«

»Und dann bist du nach Bishkek gekommen?«

»Ja, ich war ziemlich lange obdachlos – irgendwann hat mich der Besitzer der Motorradkneipe hier aufgelesen, und seitdem erledige ich alle Arbeiten, die anfallen. Echt ein gutes Leben.«

»Aber dann kannst du ja gar nicht zurück ... ohne Pass?«

»Nein. Wenn ich zurückgehe, muss ich auch bleiben. Noch einmal komme ich nicht so einfach nach Kirgistan. Manche Dinge darf man nicht zweimal probieren, wenn man das Glück ausgereizt hat.«

»Was würdest du machen, wenn dir alle Möglichkeiten offenstünden?«

»Darüber mache ich mir keine Gedanken, es gibt nur vor, zurück oder stehen bleiben.«

»Und Stillstand kommt nicht infrage.«

Kia nickt. Stillstand ist der Feind der meisten Reisenden und Suchenden.

Wir flanieren auf breiten Boulevards, vorbei an marmorverkleideten öffentlichen Gebäuden und massiven sowjetischen Wohnblocks. Im Gegensatz zu Osch ist in Bishkek die Moderne angekommen. Aber wenngleich Bishkek einladender ist, vermisse ich Osch plötzlich. Bishkek ist nur ein Ort für mich, Osch bedeutet mir etwas, und doch fürchte ich mich davor, dorthin zurückzukehren, wo ohne die Gruppe und Igor alles anders sein würde.

Nachmittags lackieren Kia und ich ein paar Bänke und Tische der Bar neu, danach gibt er mir eine Cola aus.

»Ich habe was für dich!«, sagt er mit leuchtenden Augen. Aus einer Tüte zieht er ein Messer von der Länge meines Unterarms. »Für dich! Damit jeder sieht, dass du ausgerüstet bist.«

»Kia, ich kann doch keinen Säbel mit mir rumschleppen. Wo soll ich den denn hinstecken?«

Enttäuscht schaut er mich an. Doch dann hellt sich seine Miene auf. »Weißt du was, ich gebe dir einfach mein Zweitmesser! Jeder braucht mindestens zwei Messer!«

Was sein Erstmesser ist, finde ich nicht heraus, aber sein Zweitmesser – ein kleines Butterfly – zieht er schnell und geschickt hervor und hält es mir so nah unter die Nase, dass ich erschrocken zurückstolpere.

»Und jetzt kämpfen wir!«, ruft er, springt auf und dreht den von mir verstoßenen Säbel einmal in der Hand.

Natürlich kämpfen wir nicht, aber Kia zeigt mir, wie ich das Messer möglichst rasch aufspringen lasse, wohin ich ziele, wie ich am besten zusteche, wenn ich jemanden außer Gefecht setzen möchte, und wie, wenn ich es ein bisschen ernster meine.

»Kia, was meinst du mit ›etwas ernster‹?«

Er zieht sich mit einem Finger über den Hals und macht ein würgendes Geräusch. »Na wenn du ihn umbringen willst!«

»Sag mal, brauchst du das im Moment auch in Wirklichkeit?«

»Natürlich nicht. Ist ja alles gut gerade. Höchstens mal, um den betrunkenen Kirgisen ihre Grenzen aufzuzeigen.«

»Aber hast du es gebraucht?«

»Klar. Bürgerkrieg, Clans … Irgendwann sind die Fäuste nicht mehr genug. Aber wenn du zu arm bist, dir Waffen zu kaufen, dann bleibt das hier.« Er nickt zu unseren Messern. »Manchmal braucht es einfach Zeit, um neue Machtverhältnisse auszuloten und ein System zu stabilisieren – aber bis dahin musst du dich selbst verteidigen können, sonst bleibst du auf der Strecke, und das neue System findet ohne dich statt.«

In meiner heilen Welt bedeutet, auf der Strecke zu bleiben, wenn ich meine Träume nicht leben kann – für Kia hat es eine ganze Zeit lang bedeutet, sein Leben zu verlieren. Ich denke daran, wie nonchalant manche Menschen sagen: »Ich interessiere mich nicht für Politik.« Kia hat gar keine andere Wahl, als es zu tun. In Deutschland sind Hungerleidende wie Obdachlose die Ausnahme, und man muss seine Familie und sich selbst nicht mit Fäusten oder einer Waffe verteidigen. Aber das ist nicht Normalität. Für mich war ein sicheres Leben mit Rundumversorgung immer selbstverständlich. Natürlich wusste ich, dass nicht alle Menschen so lebten wie ich – ich wäre naiv gewesen, nicht zu sehen, dass auch mein Lebensstil auf der Ausbeutung anderer beruht. Aber jetzt sind diese extremen Unterschiede nicht mehr Teil irgendwelcher Zeitungsartikel, Statistiken oder Bücher: Sie betreffen die Menschen, mit denen ich mich seit Wochen täglich umgebe. Wir meinen die Welt zu kennen, aber der Blick geht immer nur bis zum eigenen Horizont.

Bevor ich an diesem Tag schlafen gehe, verbinde ich mich mit dem WLAN der Bar. Eine neue Nachricht von Igor: »Bin im Bus von Duschanbe nach Osch.«

Ich denke an seine Worte: »I come back for you.«

Plötzlich schlägt mein Herz schneller, und es fühlt sich nicht an, als würde ich zurück in eine Stadt fahren, die ich schon kenne, sondern zurück in ein altes Leben, das mir gefehlt hat. Ich fahre morgen nach Osch. Ich fahre morgen nach Hause.

Igor kommt am selben Tag zurück wie ich – nach zwölfstündiger Busfahrt von Duschanbe. Unsere Zimmer sind dieselben wie bei unserer Abfahrt vor ein paar Tagen. Jeden Abend lege ich mich zu ihm auf seine kleine Pritsche. In der drückenden Hitze schwitzen wir die Nächte durch, wälzen uns schlaflos, rauchen, wenn es gar nicht mehr geht, vor der Tür eine Zigarette, um uns im nächtlichen Schatten abzukühlen, und finden das alles ganz wunderbar. Als hätten wir eine stille Vereinbarung getroffen, sprechen wir weder über die Vergangenheit noch über die Zukunft. Für den

Moment schirmen uns die Mauern um den grünen Innenhof von Stas' Guesthouse nicht nur vor der brennenden Sonne ab, sondern auch vor unseren eigentlichen Leben, die wir wie Cleo vor der Tür geparkt haben, um sie vielleicht irgendwann abzuholen. Später, aber noch nicht jetzt. Die Tage verstreichen langsam, aber unaufhörlich, sie rinnen uns leise durch die Finger wie der salzige Wüstenstaub. Tagsüber trinken wir so viel Bier, dass ich irgendwann Bauchschmerzen davon bekomme, und abends essen wir mit der schwangeren Nastija und Stas, als wären wir eine Patchworkfamilie. Jeden Tag gibt es Plov, ein in Brühe aufgekochtes Reisgericht mit Hammelfleisch, von dem ich mich seit meiner Ankunft in Usbekistan fast ausschließlich ernähre. Nicht weil es mir besonders gut schmeckt – denn eigentlich schmeckt es meistens nach gar nichts –, aber es gibt kaum etwas anderes. Inzwischen besitze ich eine Flasche Ketchup, die ich überall mit hinnehme, als wäre sie der Heilige Gral, weil es dem täglichen Plov immerhin irgendeine Würze gibt.

Das Hostel verlassen Igor und ich nur gemeinsam und auch nur für die nötigsten Besorgungen – etwa um meine Alukoffer schweißen zu lassen, die sich bei den unzähligen Stürzen feine Risse an den Halterungen zugezogen haben. Osch ist jetzt im Juli ein träger Hitzekessel, in dem das Leben nur auf dem geschäftigen Markt, einem der größten Zentralasiens, ein bisschen schneller läuft. Ansonsten meiden alle den Tag und verlassen wenn möglich erst nach Dunkelheit das Haus.

Am vierten Tag verkündet mir die Website der Deutschen Post eine Neuigkeit, die ich erwartet wie gefürchtet habe: Mein Zweitpass ist angekommen. Eine Visaagentur hat für mich die Einreisegenehmigungen für China und Indien beantragt und den Pass an ein Hotel geschickt, in dem ich ursprünglich einchecken wollte. Jetzt liegt er bereit. Eine mahnende Erinnerung daran, dass unsere Tage hier gezählt sind. Ein Teil eines neuen

Lebens, das ich jetzt abhole. Mit meinem Pass in der Tasche gehe ich zum ersten Mal allein durch Osch. Die Stadt ist das personifizierte Understatement, die Ausbeute an geschichtsträchtigen Gebäuden oder beeindruckender Architektur gering. Natürlich auch, weil die kirgisische Geschichte so eng mit dem Nomadentum verwoben ist, das ohne monumentale Prachtbauten oder Paläste funktioniert, die irgendeinen zweifelhaften Ruhm bis in die Ewigkeit transportieren sollen. Mein Blick schweift die Straße entlang, in den Nordwesten der Stadt. Hinter den braunen Häusern erhebt sich stolz und zugleich mahnend der Gipfel eines Berges, den man fast von jedem Punkt aus hier im Talkessel sehen kann und der das wahre Wahrzeichen von Osch ist: der Suleiman-Too, ein den Kirgisen heiliger Berg, mit vielen Kultstätten, die teils bis heute genutzt werden. Manche sehen im Suleiman-Berg sogar den »Steinernen Turm«, den Ptolemäus schon in der Antike als Mitte der Seidenstraße bezeichnete. Auf dem Suleiman-Berg, so erzählt man, habe im 14. Jahrhundert Babur gelebt, der Begründer der indischen Moguldynastie. Er soll dort sehr lange auf einem Felsen gesessen und mit Blick auf das Ferghanatal über sein Schicksal nachgedacht haben – bis er zu dem Schluss kam, dass das Tal für seinen Ehrgeiz und seine Träume zu klein war. Dann brach er zur Eroberung Indiens auf. Ich kann nicht anders, als mir vorzustellen, wie das Tal, in dem ich jetzt stehe, aussah, als Babur darauf blickte, als es noch nicht so geprägt von Menschenhand war. Jetzt ist kaum ein freier Meter übrig, bis zu den Ausläufern des Bergs erstrecken sich die Häuserwände.

Früher oder später würde auch ich Baburs Beispiel folgen und mich von hier auf den Weg nach Indien machen. Und ja, ich kann ihn verstehen. Denn was ist schon der 1100 Meter hohe Suleiman-Berg im Vergleich zu den über 7000 Meter hohen Gipfeln des pakistanischen Karakorum-Gebirges?

Osch ist seit Jahrhunderten ein wichtiger Knoten- und Orientierungspunkt der Seidenstraße. Ich spüre, dass die Stadt auch für mich eine wichtige Kreuzung ist. Es ist der erste und bislang einzige Ort, an den ich zurückgekommen bin. An dem sich bereits Wege getrennt haben und der Wege wieder zusammengeführt hat. Zugleich ein Ort des Abschieds und der Neuorientierung. Wie Babur habe ich genug Zeit gehabt, über meine Situation nachzudenken. Igor hat mich in den vergangenen Tagen glücklich gemacht, mich sanft in die Gegenwart geholt und mir etwas Wichtiges beigebracht: das Leben im Hier und Jetzt, in seiner klarsten, reinsten und unschuldigsten Form zu leben. Aber ich sehe plötzlich auch eine andere Seite – auf der ich als Reisende ungefragt in die Leben anderer Menschen stolpere. Wie ein Trugbild, das wieder aus ihrer Realität verschwindet, sobald diese Menschen versuchen, mich festzuhalten. Sie geben mir, was ich suche, und vielleicht gebe auch ich ihnen etwas. Igor hat mich für kurze Zeit in dieser Reise ankommen lassen, und er ist mit mir seiner Sesshaftigkeit entflohen. Doch Osch ist weder sein Leben noch meins, und ich werde wieder verschwinden – wenn nicht heute, dann morgen. Indien scheint mir zum Greifen nah. Wenn Babur mit seinen Pferden diesen Weg zurücklegen konnte, würden Cleo und ich das erst recht schaffen.

Als ich zurückkomme, vertreiben sich Igor und Stas die Zeit, indem sie mit einem Luftgewehr leere Wasserflaschen vom silbernen Wellblech des Hausdachs schießen. Ich schaue ihnen eine Weile zu. Igor steht nur in einer kurzen Hose da, führt das Gewehr an die Schulter, seine Arme und sein Rücken spannen sich an. Sein Finger betätigt mehrmals kurz hintereinander den Abzug, und Millisekunden später kippen alle vier aufgestellten Plastikflaschen vom Dach. Als Igor mich sieht, winkt er mit dem Gewehr und bedeutet, dass ich es auch einmal probieren soll.

Ich schüttele den Kopf und setze mich stattdessen neben Nastija und Emma auf die Treppe meines Zimmers. Kurze Zeit später gesellt sich Igor zu uns. Emma, die kleine Verräterin, findet Igor mindestens genauso entzückend wie ich und wechselt von ihrem Platz zwischen Nastija und mir an Igors Seite. Er greift ihr in die weißblonden Haare und streichelt den Kopf, sie himmelt ihn dafür dankbar an.

»Du triffst aber gut«, sage ich. In den letzten Tagen hat sich Igor angewöhnt, in einzelnen englischen Wörtern zu kommunizieren. Ich dagegen verfolge die Theorie, dass er mich umso besser versteht, je mehr Wörter ich benutze.

»Sniper«, sagt er jetzt.

»Ja, ja, genau, so treffsicher wie ein Scharfschütze!«, bestätige ich.

Nastija, die gerade noch neben mir saß, steht plötzlich auf.

»Ähm ... ja, ich glaube, ihr müsst euch mal unterhalten ...«, sagt sie. Verwirrt schaue ich sie an.

Sie dreht sich abrupt weg. »Emma, komm!«

Doch Emma interessiert sich kein bisschen für Nastija und bleibt an Igors Seite, als müsse sie ihn verteidigen. Traurig schaue ich ihn an. Vielleicht stimmt es: Mit der Zeit kommt die Liebe.

Bevor ich etwas sagen kann, nimmt er sein Handy, tippt etwas Russisches in ein Übersetzungsprogramm und hält mir das Telefon unter die Nase.

»Ich war früher Scharfschütze beim russischen Geheimdienst. Seit zehn Jahren bin ich frei.«

Geheimdienst. Scharfschütze. Ich lese die Worte, doch sie ergeben für mich keinen Sinn. Dann macht es plötzlich klick. Ich vergesse alles, was ich sagen wollte, schlucke schwer und nehme das Telefon.

»Wie viele Menschen hast du umgebracht?«

»Spielt das eine Rolle?«

Ich weiß es nicht. Trotzdem nicke ich.

»Über hundert.«

»Wie viele Frauen?«

»Eine.«

»Wusstest du, wen du da umbringst?«

»Ich kannte keinen.«

»Wie hast du sie gefunden?«

»Ich habe eine Akte mit Details über ihr Leben und ihre Aufenthaltsorte bekommen. Dann musste ich mir einen günstigen Ort suchen, von dem aus ich den Auftrag erledigen konnte.«

»Wie hast du die Waffen transportiert?«

»Rollkoffer.«

»Und nachdem du sie abgefeuert hast ...?«

»... hast du fünf Minuten Zeit, um dich zu Fuß vom Versteck zu entfernen. Dann steigst du in einen Bus oder ein anderes öffentliches Verkehrsmittel. Aber niemals sofort zurück zum Hotel fahren.«

»Warum hast du sie umgebracht?«

»Weil es mein Auftrag war.«

»Aber was haben sie getan?«

»Ich weiß es nicht.«

Irgendwann weiß ich nicht mehr, was ich noch fragen soll. Ich hasse Actionfilme, aber jetzt ist es, als hätte ich mich in den Lieblingsfilm meines Vaters verirrt, in *Léon – der Profi*.

»Tut es dir leid, dass du das getan hast?«

Er schaut mich an. Und schüttelt den Kopf.

»Verfolgt es dich nicht?«, hake ich nach, weil ich nicht glauben kann, dass der Tod von über hundert Menschen an jemandem spurlos vorbeigehen kann.

»Es ist mein Leben. Es war meine einzige Chance rauszukommen«, schreibt er.

Eine unbestimmte Traurigkeit macht sich in mir breit. Mein erstes kurzes Erstaunen und Zurückzucken vor dem Mörder mir gegenüber weicht erstickendem Mitgefühl. Vielleicht war Igor wirklich in ein Leben geboren, in dem das Hinrichten von Unbekannten für ihn die realistischste Chance war, seines zu verbessern.

Wir sitzen eine Weile schweigend da, doch als Igor meine Hand nimmt, erwidere ich seinen Druck sanft und schaue ihn traurig an. Dann muss ich mich ermahnen, dass ich nicht seine Traurigkeit leben kann und er nicht das Opfer ist. Igor drückt meine Hand fester. Wie ein Schraubstock umfassen seine Finger meine. Er sieht mich an: »I love you.«

Alarmsirenen fangen an, in meinem Kopf zu schrillen, doch es ist zu spät – wie kleine Handgranaten schlagen seine Worte in mein Bewusstsein. Vor meinen Augen läuft ein Film, den ich fassungslos betrachte und dessen Handlungsstrang für mich einfach keinen Sinn ergibt.

Sniper … I love you … Sniper … I love you.

Ich warte darauf, dass er noch etwas sagt. Irgendwas, das Ordnung in das Chaos bringt. Und er wartet mit mir. Wir atmen zusammen, doch ansonsten ist alles einen Takt zu langsam. Mehrere Minuten sitzen wir schweigend da. Dann beginnt er etwas zu tippen. Eigentlich habe ich für heute genug gelesen, genug erfahren. Ich fühle mich undankbar und eiskalt – ich bin wütend, weil Igor es gerade wagt, mit seinem richtigen Leben unser kleines Paradies zu zerstören, kurz bevor ich es verlasse. Wieso hat unsere Begegnung nicht die unschuldige Beziehung bleiben können, als die sie begonnen hat – unbefleckt von der Realität? Ich will diese Realität nicht, sondern nur mein Glück zurück.

Er hält mir das Handy hin, ich lese die Zeilen, die dort stehen: »Ich muss dir noch etwas sagen: Ich bin verheiratet.«

Entgeistert schaue ich ihn an. Ein komisches Gefühl von Rechtschaffenheit meldet sich in mir, das ich so nicht kenne. Aber ich kann mich noch immer nicht regen und starre ihn nur weiter stumm an.

»Ich dachte, es spielt keine Rolle. Wir haben nur diese begrenzte Zeit. Aber jetzt liebe ich dich! Heirate mich.«

Ich kann nicht antworten. Selbst der Versuch eines trockenen Schluckens geht schief und endet in einem röchelnden Keuchen. Doch je länger ich ihn ansehe, je eindringlicher er mich mit seinen weichen goldenen Augen taxiert, desto komischer erscheint mir die Situation. Scharfschütze, Liebesgeständnis, eine andere Frau und ein Heiratsantrag ... nein, das ist einfach ... zum Schießen.

Ich fange an, schallend zu lachen. Während ich vor Lachen japse, stehe ich auf, entferne mich langsam von Igor, gehe auf das Tor zu, meine Schritte werden schneller. Der behütete Innenhof des Hostels mit seinen hohen Mauern wirkt plötzlich klaustrophobisch auf mich. Igor ruft mir etwas hinterher, doch ich höre nicht, was er sagt, will nicht mehr hören. Ich gehe durch die Straßen von Osch. Hinter mir zerbricht die Welt, in der ich mich in den vergangenen Tagen so geborgen und glücklich gefühlt habe. Vielleicht hätte ich auf Schenja hören sollen: Jetzt weiß ich, wovor er mich gewarnt hat, aber wovor er mich nie hätte beschützen können und auch nicht hätte beschützen müssen. Dann laufe ich los.

Einer von den guten Bürgern

CHINA, KAXGAR

KILOMETER: 11 025

Menschen, mit denen man wegen einer geführten Tour reisen muss, sind ein bisschen wie die eigene Familie, die man sich auch nicht aussuchen kann. Ich weiß gar nichts über Angel und José-Emilio, außer dass beide Spanier sind und dass sie eigentlich auch allein unterwegs sind. Gefunden haben wir uns in einem Internetforum in der Rubrik »Reisende suchen Reisende«, denn wir drei teilen dasselbe Problem: China. Die Einfuhr eines eigenen Fahrzeugs ist grundsätzlich verboten – um das eigene Vehikel doch fahren zu dürfen, muss man durch die Hölle der chinesischen Bürokratie gehen, braucht eine chinesische Agentur, die alles für einen beantragt, und einen Guide. Als wäre das nicht schon beschwerlich genug, ist das Ganze auch noch furchtbar teuer. Wir fahren also zusammen, um manche Kosten der dreitägigen Durchquerung des chinesischen Westzipfels nach Pakistan zu teilen.

Die künftige Beziehung mit den beiden stelle ich mir in etwa so vor: Zwei feurige Spanier in meinem Alter sitzen mit zerzaustem Haar und Bart abends am Lagerfeuer und erzählen mir Geschichten ihrer wilden Abenteuer. Und dann erzähle ich die

Geschichten meiner Abenteuer, und wenn sie nicht gestorben sind, dann fahren sie noch heute gemeinsam. Als wir uns an der chinesischen Grenze treffen, muss ich jedoch feststellen: Die Realität erlaubt sich manchmal Witze mit meinen Vorstellungen.

»Hallo, ich bin Angel«, sagt der etwas Jüngere und drückt mir die Hand mit der Intensität eines Fisches. Seine Halbglatze glänzt in der Höhensonne. Der andere nickt mir gütig zu.

»Das ist José-Emilio. Er spricht kein Englisch«, erklärt mir Angel. Dafür erzählt Angel, dass José-Emilio Anfang sechzig, Arzt im Ruhestand und sein Ziel Indonesien ist, wo er seine Familie trifft.

»Und du?«

»Ich bin erst Ende vierzig und habe nur Urlaub. Bin erst gestern in Kirgistan angekommen und will über Pakistan und Indien nach Nepal.«

»Und was machst du dann mit deinem Motorrad?«

»Es dortlassen, bis ich nächstes Jahr Urlaub habe.«

»Wann musst du in Nepal sein?«

»In drei Wochen.«

»Straffer Zeitplan.«

»Na ja, man darf halt nicht so oft anhalten.«

»Ich halte manchmal ganz gern, um Fotos zu machen. Oder um zu essen.«

»Oh, okay. Na gut. Das geht schon in Ordnung. Wir gehören jetzt zusammen. Wir gegen den Rest der Welt. Zu dritt ist es nicht so gefährlich.«

»Was soll denn in China gefährlich sein?«

»Na, die Chinesen. Und in Pakistan ... alles.«

Ich war diesem Misstrauen vor dem Fremden schon oft begegnet, allerdings eher zu Hause als unter Reisenden. Dieses Verhalten hat sogar einen Namen: Xenophobie. Es ist eine Urangst des Menschen, die uns einst, in einer fernen Vergangenheit, zum Überleben diente. Eine Schlange ist zum Beispiel etwas Fremdes, und Vorsicht und Misstrauen haben unsere Vorfahren vor vielen tödlichen Bissen bewahrt. Der Instinkt und die Angst existieren auch heute noch und haben leider oft großen Einfluss auf rationale Argumente. »Heute nutzt sie weniger den Ängstlichen als den Populisten«, sagt Psychologe Borwin Bandelow, einer der weltweit führenden Angstforscher. »Dabei überlagern sich die irrationalen Fremdenängste mit berechtigten Sorgen, die man den Leuten nicht so einfach nehmen kann, weil in der jetzigen Situation niemand weiß, was passieren wird.« Auch ich weiß nicht, was uns hinter der nächsten Grenze erwartet. Nur dass wir alle drei auf das Fremde angewiesen sein würden, egal wie gut oder schlecht es uns gesinnt sein würde.

»Angel, hast du schlechte Erfahrungen mit China oder Pakistan gemacht?«, frage ich vorsichtig.

Er zuckt mit den Schultern. »Nein, aber was man so liest …«

»Na eben. Bei Mangel an Beweisen heißt es doch immer ›im Zweifel für den Angeklagten‹ – in diesem Fall für China und Pakistan!«

Angel schaut mich erst geschockt an, dann verzieht sich sein Mund zu einem Lächeln. »Na gut, wir werden ja sehen, wer recht behält.«

An der Grenze treffen wir unseren etwas untersetzten chinesischen Guide, der unser Aufpasser ist, bis wir in drei Tagen China wieder verlassen. Man hat wohl Sorge, dass Touristen mit eigenen Fahrzeugen auf unerwünschte Ideen kommen. Wegen eines Computerproblems an der kirgisischen Grenze sind wir ein paar Stunden zu spät. Daran, dass Pünktlichkeit in Zentralasien ein dehnbarer Begriff ist, habe ich mich inzwischen gewöhnt. Anders in China.

Anstatt sich vorzustellen, reißt uns der Guide die Pässe aus der Hand.

»Ihr seid zu spät«, knurrt er und schaut uns strafend an, als hätten wir ein kleines Verbrechen begangen.

»In Kirgistan ... Grenze ... zu ... geschlossen ... Computer kaputt ...«, stammelt Angel verteidigend, aber der Guide schneidet ihm mit einer ruckigen Handbewegung das Wort ab. Erste Lektion: Alles, was hier nicht planmäßig läuft, ist ein großes Problem.

»Welcome to China!«, sagt José-Emilio und grinst, ich applaudiere, weil es der erste englische Satz ist, den er von sich aus sagt.

Angel scharrt bedröppelt mit seinem Fuß: »Nicht freundlich. Nicht wie in Spanien.«

Der Guide ist unterdessen kommentarlos mit unseren Pässen verschwunden und taucht erst eine halbe Stunde später wieder auf.

»Mitkommen. Mir folgen. Nicht überholen. In den nächsten 130 Kilometern, bis wir beim Zoll sind, nicht anhalten.«

»130 Kilometer bis zum Zoll, obwohl hier die Grenze ist?« Er nickt.

»Gibt's auf dem Weg Landminen?«, fragt Angel.

Der Guide wirft ihm einen bitterbösen Blick zu. Ganz abwegig ist die Frage wirklich nicht; immer wenn mir in Tadschikistan jemand gesagt hatte, dass ich nicht halten und die Straße verlassen soll, waren Minen im Spiel.

»Nein«, sagt er.

»Warum dürfen wir dann nicht halten?«, hake ich nach.

»Weil es verboten ist.«

»Was ist, wenn ich aufs Klo muss?«

»Nein.«

»Und was, wenn ich ein Foto von der beeindruckenden, fesselnden, umwerfenden Landschaft Chinas machen will?«

»Nein.«

Einfach um auszuprobieren, ob er auch etwas anderes antworten kann, versuche ich es mit einer weiteren Frage: »Was ist, wenn mein Motorrad kaputtgeht?«

»Nein.«

Angel schnaubt neben mir.

»Wenn es sich irgendwie vermeiden lässt, trotzdem nicht halten!« Wütend gekräuselte Stirn, kein Lächeln – ich taufe ihn kurzerhand Guide Rumpelstilzchen; seinen Namen hat er uns noch immer nicht verraten.

Eigentlich will ich ja auch gar nicht anhalten, sondern bin nur neugierig, was es denn mit der Gegend auf sich hat. Die Vorstellung, dass dort etwas Verbotenes oder Gefährliches lauert, verleiht meiner Neugierde die Schwingen eines Albatros.

»Aber warum? Was ist der Grund?« Ich wage diesen einen, letzten Vorstoß mit der sicheren Gewissheit, dass er mich schon jetzt als nervigste Touristin aller Zeiten abgespeichert hat. Angel neben mir reckt sein Köpfchen und schaut besorgt.

»Weil es verboten ist.«

Angel stößt José-Emilio an und raunt uns beiden zu: »Al manicomio!«

»Was heißt das?«, frage ich ihn leise. Er denkt kurz nach.

»Haus mit verrückten Menschen.«

Jetzt muss ich doch auflachen, Rumpelstilzchen schaut mich böse an. Lachen ist an der chinesischen Grenze wohl auch eher »Nein«.

Entgegen meiner Vermutung sind die nächsten Kilometer durchaus besiedelt und kein Niemandsland, wir kommen an zahlreichen bunten Dörfern vorbei, die wohnlich aussehen. Aber die autonome chinesische Provinz Xinjiang ist ein Polizei- und Überwachungsstaat, der Nordkorea alle Ehre macht.

In Xinjiang leben hauptsächlich Uiguren, und um jeglichen Aufstand der ethnischen Minderheit im Keim zu ersticken, hat Peking einen enormen Polizeiapparat installiert. Während der beiden kirgisischen Revolutionen 2005 und 2010 befürchtete die Volksrepublik, dass die Unruhen bis nach Xinjiang schwappen und die Uiguren mitreißen könnten. Auch deswegen ist China heute der größte Investor in die Infrastruktur und den Handel in Kirgistan. Durch wirtschaftliche Sicherheit will China auch eine politische schaffen und Xinjiang stabilisieren. Die indigenen Uiguren nennen das Gebiet noch heute Ostturkestan, ihr Anteil ist durch den Zuzug von mehreren Millionen Han-Chinesen von 75 auf 45 Prozent gesunken, sie stellen aber trotzdem noch immer eine absolute muslimische Mehrheit im autonomen Gebiet.

Mit Sonnenuntergang rollen wir nach einer aberwitzigen Zollinspektion, bei der unsere Motorräder mit irgendeinem Pestizid eingenebelt werden, in Kaxgar ein. Die Stadt liegt in einem Talkessel, an drei Seiten umgeben von den Bergen des Himalaya sowie den Ländern Kirgistan, Tadschikistan, Afghanistan, Pakistan und Indien. Wir werden zwei Nächte in Kaxgar bleiben, denn wer China mit eigenem Fahrzeug durchquert, braucht einen chinesischen Führerschein, ein chinesisches Nummernschild und jede Menge Papierkram, über den ich schon lange den Überblick verloren habe. Aber dafür haben wir ja Guide Rumpelstilzchen, dem wir jetzt durch die Stadt folgen wie Lemminge. Er fährt so langsam, dass unsere Kolonne zum Verkehrshindernis wird; unzählige kleine Roller und Motorräder flitzen an uns vorbei wie ein Schwarm bunter Guppys. Wir kommen an einer Ampel zu stehen, und mich beschleicht das Gefühl, dass hier irgendetwas anders ist. Vor uns steht die Sonne tief am abendlichen Himmel und taucht die Stadt in ein angenehmes Orangerot, als würde sie brennen. Das ist anders. Die

Stadt geht nicht unter im ewigen Smog, sondern der Himmel ist klar. Aber nicht nur der Smog fehlt. Leise klingt aus meinen Kopfhörern ein alter Rocksong – so leise, dass ich eigentlich die Hintergrundgeräusche der Stadt noch hören sollte. Aber da ist nichts. Ich schalte die Musik ab und lausche. Die Ampel springt auf Grün, um uns herum setzen sich die Roller in Bewegung, die sich genauso fließend mit Minimalabstand bewegen wie die Heuschrecken in Russland. Aber außer unseren Motorrädern höre ich nur ein vibrierendes Surren, die Roller und Motorräder um uns geben keinen Laut von sich. Wie ein Geisterschwarm fahren wir mit ihnen über die vierspurigen Straßen, eingeschlossen von ihrer lautlosen Bewegung, bis wir hinter Rumpelstilzchen vor einem grauen Betonklotz zum Stehen kommen, unserem Hotel, auf dem knallrote chinesische Schriftzeichen thronen. Ich steige von meinem Motorrad und zucke erschrocken zurück: Beinahe hätte mich einer der lautlosen Geisterroller überfahren. Ich schließe auf zu Guide Rumpelstilzchen, der wie immer mindestens fünf Schritte vor uns läuft.

»Sind das alles Elektroroller?«

Der Guide nickt. »Ja, alles andere ist hier verboten. Deswegen seid ihr mit euren Motorrädern auch ein Problem.«

»Ich bin kein Problem«, sagt Angel und lässt den Kopf traurig hängen.

Ich schaue Guide Rumpelstilzchen erstaunt an, dann genauso erstaunt zu dem Meer von Rollern, das neben dem Hotel steht. »Das ist ja toll. Seit wann?«

Er zuckt mit den Schultern. »Seit ein paar Jahren. Kommt jetzt, wir sind viel zu spät, ihr müsst einchecken.«

José-Emilio sagt etwas zu Angel und schaut begeistert auf die kleinen, agilen Roller; er selbst fährt ein Motorrad, das die Optik eines kleinen Kampfschiffs hat, mit einem riesigen Tank. Angel nähert sich Rumpelstilzchen, und José-Emilio beobachtet ihn erwartungsvoll. »Können wir morgen einen Ausflug auf einem Elektroroller machen?«

»Nein.«

Das lebhafte Kaxgar mit seiner bunten und schamlosen Betriebsamkeit ähnelt eher einer mittelöstlichen Stadt als einer chinesischen. In den kleinen Altstadtgassen befinden sich Werkstätten der verschiedenen Zünfte. Mitten auf der Straße werden Metallteile verschweißt, daneben hämmert ein Mann einen Kupferkessel, Frauen knüpfen einen Seidenteppich, der Friseur arbeitet anstatt im Salon einfach auf dem Gehsteig, und Ärzte bieten ihre Dienste direkt im Schaufenster feil. Dazwischen Rauchfahnen, die den betörenden Geruch der traditionellen uigurischen Holzkohlegrills anstelle von Smog durch die Luft tragen. Es riecht nach Lebensfreude und nach Sommer, nach lauen Abenden und geselligen langen Nächten unter dem Sternenhimmel.

»Wir wollen zu einem McDonald's«, verkündet Angel die Pläne für das Abendessen.

»Aber es ist unser erstes Abendessen in China«, protestiere ich.

»Chinesisches Essen … nicht gut«, wendet José-Emilio ein.

Ich zucke mit den Schultern. »Okay, dann halt McDonald's.«

Die beiden haben ihre Rechnung aber ohne Kaxgar gemacht, denn in der Stadt gibt es keine McDonald's-Filiale.

»Lasst uns doch diese Spieße hier probieren. Gegrilltes Fleisch oder Burger – ist ja fast dasselbe.«

»Nein, Bakterien, Lebensmittelvergiftung.«

»Wollt ihr lieber hungern?«

»Wir kaufen Kekse.«

Eingeschweißt, garantiert keimfrei. Aber garantiert auch ohne den Geschmack von Lebensfreude. Angel und José-Emilio sind den ganzen Abend über enttäuscht.

Am nächsten Morgen steht unser Guide schon in der Tür und wippt auf den Zehenspitzen. Ein rastloses Vor und Zurück.

»Ni hao!«, rufe ich fröhlich.

»Hola! Buenos días!« Angel geht auf Rumpelstilzchen zu und will ihm die Hand schütteln.

»Sprich Englisch, ich verstehe kein Spanisch«, knurrt der Guide und sieht über Angels Hand hinweg. Heute hat er nicht nur seine stets gute Laune im Gepäck, sondern auch einen jungen Mann im Schlepptau, der lacht und sich verbeugt.

»As-salaam aleikum. Ich bin Iskander, das ist dasselbe wie Alexander.«

Ich nicke ihm zu. Alexander, ein Name, der weniger Grenzen kennt als die meisten Menschen, der Weltreisende aller Namen. In russischer Kurzform Sascha, auf Griechisch Alexandros, auf Schottisch Alasdair und auf Arabisch Iskander. Es wundert mich nicht, dass er uns auf Arabisch begrüßt, er muss Uigure sein. Ich mustere Iskander interessiert. Er ist zierlich, trägt eine Brille und eine knallgrüne Trainingsjacke mit pinkfarbenen Streifen, die direkt aus den Achtzigern zu kommen scheint, obwohl er selbst wahrscheinlich erst Mitte zwanzig ist.

»Sprichst du Mandarin und Arabisch?«

»Die meisten Uiguren sprechen kein Mandarin.«

»Aber du verstehst es?«

»Ja.«

»Wollen oder können sie kein Mandarin sprechen?«

»Na ja, manche würden es als Beleidigung sehen, wenn du sie auf Chinesisch ansprichst.«

»Danke für die Inf...«

»Wir müssen los!«, herrscht uns Guide Rumpelstilzchen an. Dann zischt er ab. Iskander zuckt mit den Schultern und läuft ihm mit großen Schritten hinterher. Angel, José-Emilio und ich folgen kopfschüttelnd in gebührendem Abstand. Dann sitzen

wir mal wieder auf unseren Motorrädern und tuckern hinter
Guide Rumpelstilzchen her.

Zwanzig Kilometer später kommen wir vor einem offiziell aus-
sehenden Betongebäude zum Stehen. Wie immer ist aus Rumpelstilzchen nicht viel rauszubekommen.

»Was ist das für ein Gebäude?«

»Ein Amt.«

»Sollen wir mitkommen?«

»Nein.«

»Dürfen wir mit reinkommen?«

»Nein.«

»Wollen sie nicht uns und unsere Motorräder sehen?«

»Doch.«

»Also dürfen wir doch mit rein?«

»Nein.«

Schon hat er uns den Rücken zugekehrt und läuft mit unseren Pässen und Unterlagen davon.

»Alles ist hier immer nur ›Nein‹«, sage ich trotzig.

Angel schaut bekümmert, José-Emilio tätschelt ihm väter-
lich die Schulter, und ich bin wütend. Es wäre alles viel lustiger, wenn Guide Rumpelstilzchen nicht so ein Stinkstiefel wäre.
Ich fühle mich wie ein kleines Kind, die ständige Maßregelung
weckt eine irrationale, schreiende kleine Rebellen-Lea in mir.
Das Gefühl, überwacht zu werden, lässt mich erst recht darüber
nachdenken, ob ich nicht etwas Verbotenes tun könnte. Einfach
unerlaubt das Gebäude stürmen? Jetzt die Gunst der Stunde
nutzen und abhauen? Meine Trinkflasche über Guide Rumpelstilzchens Autositz auskippen, damit er einen nassen Hintern
bekommt? Ich will gerade die Wasserflasche vom Seitenkoffer
lösen, da nähert sich Iskander. Ich verschiebe den Schabernack
und seufze. »Warum dürfen wir hier eigentlich gar nichts und

nie irgendwo mit? Dann hätte er doch gleich alles allein machen können, wenn wir eh nur dumm auf einem Parkplatz rumstehen und warten. Das ist vergeudete Lebenszeit.«

Wahrscheinlich ist Iskander nur mit von der Partie, um uns zu überwachen, solange Guide Rumpelstilzchen weg ist.

»Nein, ihr müsst hier sein, sie sehen euch von drinnen.«

José-Emilio hat sich inzwischen auf den Boden gesetzt, lehnt an seinem Motorrad und macht ein Nickerchen, Angel gesellt sich zu uns.

»Aber das Gebäude ist 200 Meter entfernt.«

»Denkst du, 200 Meter sind für chinesische Amtsapparate eine unüberwindbare Distanz?«

Ich wiege trotzig den Kopf.

»Big Brother«, sagt Angel düster und schaut sich um, als würden ihm schon zehn gefährliche Chinesen im Nacken sitzen. Aber auch ich muss jetzt an George Orwells *1984* und an die Parolen der Partei denken: »Krieg ist Frieden! Freiheit ist Sklaverei! Unwissenheit ist Stärke!« Ich werde das Gefühl nicht los, dass man hier alles tut, um uns in Unwissenheit zu lassen. Anstatt sein bestes Fotogesicht für die Überwachungskameras aufzusetzen, schnarcht José-Emilio jetzt laut. Wahrscheinlich das Klügste und Unverfänglichste – einfach schlafen, während irgendwo Kameras auf einen gerichtet sind. Wenigstens kann man dann nichts falsch machen und sich keine Abfuhr einholen.

Ich drehe mich zu Iskander: »Werden hier nur Touristen überwacht wie Verbrecher, oder hast du als Einheimischer auch so ein unbestimmtes Gefühl? Eines der ... Totalkontrolle?«

»Es geht ...«, sagt Iskander stockend. »Ich bin Uigure.«

»Ich dachte, fast die Hälfte der Bevölkerung hier in Xinjiang ist uigurisch ...«

»Ja, aber für Minderheiten ist es wahrscheinlich immer schwierig.«

Ich erinnere mich, in einem Artikel über Xinjiang gelesen zu haben, dass die chinesische Regierung erwog, muslimische Namen abzuschaffen. Männer mit langen Bärten dürfen inzwischen keine öffentlichen Verkehrsmittel mehr benutzen, verschleierte Frauen keine Bahnhöfe mehr betreten. Die Bewegungsfreiheit eines großen Bevölkerungsteils von Xinjiang wurde damit eingeschränkt.

»Ihr werdet hier auch ganz schön gemaßregelt, oder?«

Iskander sieht mich alarmiert an. »Nein ... nein! Die Regierung versucht nur, gute Menschen aus uns zu machen.«

»Wie macht man denn aus jemandem einen guten Menschen? Vielleicht brauche ich das auch.«

Angel lacht quietschend und nickt.

»Mit einem Punkte-Bewertungssystem für den besseren Menschen. Die Vertrauenswürdigen sollen frei unter dem Himmel umherziehen können, während es den in Verruf geratenen schwer gemacht wird, einen einzigen Schritt zu tun.«

»Und wie sammelt man solche Punkte?«

»Durch gute Taten, Spenden oder harte Arbeit, aber es sollen auch soziale Medien überwacht werden und in die Bewertung einfließen.«

»Und was ist, wenn man nicht genug Punkte hat, um ein ›vertrauenswürdiger Bürger‹ zu sein?«

»Na ja, du bekommst keine Wohnung mehr, wirst nirgends eingestellt, und Flüge darfst du auch keine buchen.«

Angel schaut ihn schockiert an. »Ich sag's ja ... die Chinesen ... nur komische Ideen. So ein bescheuertes System.«

Iskander wendet sich jetzt ganz uns zu und sieht uns durchdringend an. »Gute Menschen sind ein gutes System.«

So sprechen Menschen in Ländern mit autoritären Regimes oft miteinander, er lässt mit Absicht ein paar Dinge ungesagt und versteckt die Wahrheit hinter Worten.

»Also können die, die Geld haben, sich gute Bewertungen erkaufen. Ein persönliches Greenwashing ...«, denke ich laut.

»Jeder bekommt die Bewertung, die er verdient.«

»Und wer vergibt diese Bewertungen?«

»Han-Chinesen.«

Ein kleiner Fleck erscheint nun vor dem Betongebäude und wird schnell größer: Guide Rumpelstilzchen, der straffen Schrittes mit den Unterlagen auf uns zumarschiert und hoffentlich endlich die chinesischen Führerscheine und Nummernschilder dabeihat.

»Der ist doch auch einer der Gefährlichen, einer von den Tyrannen!«, knurrt Angel.

Ich schaue ihn tadelnd an. »Der ist nur unfreundlich und hat keine Manieren.«

Iskander zuckt zusammen. »Nein ... der ist schon okay.«

Angel schüttelt sich. »›Okay‹ ist ein dehnbarer Begriff.«

»Und dieses Bewertungssystem ist nicht nur irgendeine Schnapsidee?«, frage ich noch einmal ungläubig.

»Psst!«, sagt Iskander.

»Man kann doch nicht vor Angst oder Profitgeilheit die Augen verschließen, wenn über eine Milliarde Menschen ihre Freiheit verliert und ein Big-Brother-Apparat installiert wird.«

Angel zuckt mit den Schultern.

»Nicht das erste Mal ...«, antwortet er und schaut bedrückt.

»Irgendwann müssen wir doch aus der Vergangenheit lernen.«

Ich stocke, weil der Guide nun vor uns steht. Er zeigt uns stolz unsere chinesischen Führerscheine und in Plastik eingeschweißte Karten mit großen chinesischen Schriftzeichen – die »Nummernschilder«, die wir zu meiner Enttäuschung gar nicht an den Motorrädern anbringen müssen, sondern nur mit uns führen.

Wir schweigen. Wie zuversichtlich konnte ich sein, dass es

nicht wirklich so weit kommen würde, wenn wir uns nicht mal trauen, auf einem Parkplatz oder vor Guide Rumpelstilzchen die Wahrheit auszusprechen? Oder wie der italienische Schriftsteller und Politiker Antonio Gramsci in den 1920er-Jahren einmal gesagt hatte: »Die Geschichte lehrt, hat aber keine Schüler.« Wir hatten alle noch immer nicht gelernt.

Das Ende der geführten Tour naht, Guide Rumpelstilzchen und Iskander sollen uns heute über den Beginn des Karakorum-Highways nach Pakistan bringen und uns dort endlich uns selbst überlassen. Wer hätte gedacht, dass mir Pakistan plötzlich wie ein Inbegriff der Freiheit erscheint?

Die Straße nach Pakistan wird gerade ausgebaut und neu asphaltiert – der chinesisch-pakistanische Freundschafts-Highway. China investiert in die Infrastruktur zu fast allen umliegenden Ländern. Wegen der Bauarbeiten fahren wir hundert Kilometer nicht auf, sondern im Matsch neben der Straße und kommen noch langsamer voran, als Guide Rumpelstilzchens Fahrstil es normalerweise zulässt. Plötzlich durchbricht ein helles Türkis leuchtend die samtgraue sanfte Berglandschaft. Gebannt halte ich in einem abschüssigen Straßengraben und schaue auf den See vor uns.

»Weiterfahren!«, herrscht Guide Rumpelstilzchen mich sofort an.

»Nö, ich mache jetzt ein paar Fotos.«

»Nein!«

»Doch.« Ich hüpfe von Cleo.

»Und wir wollen Kekse kaufen«, fügt Angel hinzu.

Guide Rumpelstilzchen springt wie eine Furie aus dem Auto.

»Nein, ihr barbarischen Spanier, steigt sofort auf!«

José-Emilio schüttelt nur den Kopf und steigt in aller Seelenruhe ab, ohne sich von dem keifenden, um ihn herumspringenden

Guide irritieren zu lassen. Vielleicht hat er auch einfach nicht verstanden, dass der ihn gerade beleidigt hat.

»Ihr könnt euch das doch nicht gefallen lassen?«, empöre ich mich wütend.

Guide Rumpelstilzchens Verhalten kratzt haarscharf an meiner Toleranzgrenze, obwohl er zu Angel noch gemeiner ist als zu mir. Angel zuckt nur mit den Schultern, und José-Emilio ist sowieso schon beschäftigt mit seiner Keksmission. Guide Rumpelstilzchen merkt wohl, dass er bei José-Emilio und mir nichts ausrichten kann, und schlittert jetzt über den abschüssigen Schotter auf Angel zu, der gerade den Helm abzieht.

»Aufsteigen! Weiterfahren!«, zetert er.

Im selben Moment kommt er ins Rutschen, versucht verzweifelt, Halt auf dem losen Untergrund zu finden, kann sich aber nicht mehr fangen. Ich halte die Luft an, Iskander schlägt die Hände über dem Kopf zusammen, und Guide Rumpelstilzchen kracht mit dem geballten Schwung, dem ihm seine Wut verleiht, gegen Angel, der das Gleichgewicht verliert und gemeinsam mit Guide Rumpelstilzchen gegen sein Motorrad prallt. Wie in Zeitlupe fallen alle drei mit Getöse um. Kurz herrscht absolute Stille. Es ist so leise, dass sich selbst eine geräuschlose Bewegung laut anfühlt. Als Erstes findet Angel seine Fassung wieder.

»Magst du eigentlich keine Motorräder?«, fragt er Guide Rumpelstilzchen.

Mit offenem Mund starre ich ihn an. Angel stützt seinen Kopf in die Hände wie Raffaels Engel in der Sixtinischen Kapelle und schaut unseren Guide von der Seite an, der sichtlich mit der Fassung ringt. Hätte jemand Cleo umgestoßen, würde ich nicht zu Raffaels Engel werden, sondern zum Racheengel.

»Nein«, antwortet der Guide. »Ich meine ... doch!«

»Hilf mir mal, das Ding wieder aufzustellen.« Gemeinsam hieven sie Angels Motorrad in die Horizontale.

»Kannst du Motorrad fahren?«

»Ja.« Guide Rumpelstilzchen nickt verdattert.

Angel nimmt seinen Helm, der am Boden rumkullert, staubt ihn ab und drückt ihn Guide Rumpelstilzchen auf den Kopf.

»Hier ist der Schlüssel, da ist der Startknopf. Wir gehen jetzt Kekse kaufen und Fotos machen, und wenn wir in einer Dreiviertelstunde wieder da sind, bist du auch zurück. Iskander passt auf uns auf.«

Dann geht er auf uns zu, legt mir einen Arm um die Schulter, und wir machen uns gemeinsam mit Iskander auf, José-Emilio zu einem kleinen Kiosk zu folgen. Hinter uns startet ein Motor.

»Angel, woher wusstest du das?«

Er zuckt mit den Schultern. »Er muss doch irgendwas mit Motorrädern zu tun haben, wenn er solche Touren anbietet.«

»Aber er hat sich benommen, als würde er sie hassen.«

Iskander räuspert sich: »Er hat selbst Motorräder. Sehr alte, aber er darf nicht damit fahren. Und ihr, ihr seid frei und dürft hier machen, was ihr wollt.«

»Es muss furchtbar sein, wenn man seine Leidenschaft nicht mehr leben darf. Und ich dachte, wir wären diejenigen, deren Freiheit hier eingeschränkt wird«, sage ich betreten.

Angel nickt. »Es ging die letzten Tage nur darum, was wir möchten und was wir wollen. Haben wir ihn jemals gefragt, was er möchte?«

»Er war zu unfreundlich, um sich mit ihm zu unterhalten. Und du hast ihn doch gestern selbst noch einen Tyrannen genannt.«

»Ja, aber als er auf dem Boden lag, war er ein gefallener, machtloser Tyrann, der nicht mehr gefährlich ist. Und dann dachte ich, dass es viel besser ist, einen unfreundlichen Neinsager zum Jasagen zu bringen, als selbst wütend zu sein und mir den Tag zu vermiesen.«

Ich seufze. Mir steht bei aller Diplomatie noch immer mein Ego im Weg. »Du hast ja recht. Deswegen reise ich so gerne allein. Man kann nur sich selbst die Schuld geben, wenn etwas schiefgeht – und sauer auf sich selbst zu sein, macht viel weniger Spaß als sauer sein auf einen Guide Rumpelstilzchen. Man kommt gar nicht erst in Versuchung, jemand anderem die Schuld in die Schuhe zu schieben, wenn etwas schiefgeht.«

»Aber man lernt auch keine Toleranz.«

José-Emilio kommt uns entgegen und winkt freudig mit ein paar Kekspackungen. »Mittagessen!«, ruft er begeistert.

Es sind unsere letzten Stunden in China, und ich habe gehofft, etwas für die Region Typisches zwischen die Zähne zu bekommen. Aber dann denke ich an Angels Worte und entscheide mich für ein Lächeln. Denn ein Lächeln gibt es in jeder Kultur. Also auch in dieser. Wider Erwarten lächelt es sich in China genauso gut wie überall anders auf der Welt.

GLAUBST DU AN EINEN GOTT, AN DIE DEMOKRATIE,
AN DEN KAPITALISMUS ODER AN DICH SELBST?
WENN DU AN NICHTS VON ALLDEM GLAUBST –
GLAUBST DU NOCH AN DEINE TRÄUME?

Das Ende und der Anfang aller Träume

PAKISTAN, GILGIT-BALISTAN

KILOMETER: 11 600

Ich werde absichtlich verloren gehen. Nicht der Welt, auch nicht mir selbst, nur Angel und José-Emilio.

Von China kommend überqueren wir gemeinsam den Khunjerab-Pass, der mit 4693 Metern der weltweit höchstgelegene Grenzübergang und zugleich der höchste befestigte Pass ist; Guide Rumpelstilzchen – der sich am letzten Tag doch noch mit seinem richtigen Namen vorstellt und eigentlich Tao heißt – verabschiedet uns mit einer Umarmung. Von hier führt der Karakorum-Highway durch das namensgebende Gebirge in das sogenannte Hunzatal. Seit wir in Pakistan sind, drückt den beiden Spaniern ständig irgendein Schuh: Sie wollen auf keinen Fall länger halten als nötig, um was zu essen. Mein Gaumen hingegen lechzt (nach dem immer selben Plov in Zentralasien) nach den intensiven Aromen Pakistans. Aber wir halten einfach gar nicht mehr an, um zu Mittag zu essen oder Fotos zu machen; stattdessen brettern wir durch die unwirklich schöne Berglandschaft und ernähren uns bei den kurzen Stopps an Militärcheckpoints von Keksen. Mein Magen ist von dem Süßkram schon ganz sauer, und auch meine Laune bewegt sich in negative pH-Werte. Am Abend muss ich meine ganze Überzeugungskraft aufwenden, um die Spanier zu überreden, einen Umweg zum sogenannten Eagle's Nest zu machen, einem Hotel auf einer Bergklippe, das einen spektakulären Ausblick auf das Tal bietet. Die Straße ist unerwartet schmal, schlecht und irre steil, und ich befürchte ein paarmal, einfach mit dem Motorrad nach hinten zu kippen. Dazu bläst uns ein Laster seine volle Ladung Abgase ins Gesicht – überholen zwecklos, da es zu eng ist. Aber als wir dort oben sind, traue ich meinen Augen kaum. Das Hunzatal liegt im Abendlicht, als hätte es nur darauf gewartet, uns in Pakistan zu begrüßen und zwischen den rauen Berggipfeln auf seiner grünen Ebene einen Willkommenstanz aus Licht und Schatten in der untergehenden Sonne aufzuführen. Ich sitze in drei Schichten Kleidung draußen auf der Terrasse und versuche, alles in mich aufzusaugen. Die kühle Abendluft auf fast 3000 Metern ist klar wie meine Sicht. Alles wird weit, sogar mein Blick. Und die Weite macht, dass alles wichtig wird. Die schneebedeckten 7000 Meter hohen Berggipfel, die Felder unter mir, die kleine Spinne, die sich an meinem Schuh abseilt. Nichts kann in diesem Moment ohne das andere sein.

Hier in der Umgebung lebt relativ isoliert ein Volk namens Hunzukuc, das jahrhundertelang das Gebiet beherrschte und heute als besonders friedfertig gilt. Man sagt, dass die Hunzukuc dank ihrer fleischarmen Rohkosternährung eine Lebenserwartung von bis zu 145 Jahren haben, kaum krank werden und Männer jenseits der hundert noch Kinder zeugen. Ein Wegbereiter des Mythos war der Sohn des Schweizer Arztes und Ernährungsforschers Maximilian Oskar Bircher-Benner (dem das Birchermüsli zu verdanken ist). Zum Andenken an seinen verstorbenen Vater veröffentlichte Ralph Bircher 1942 das anthropologische Buch *Hunsa – Das Volk, das keine Krankheit kennt*. Darin führt er die Lebensweise der Hunzukuc als Beweis für die Ernährungslehre seines Vaters an – ohne jemals selbst in Pakistan gewesen zu sein. Mythos hin oder her: Beim Anblick des Tales vor mir bezweifele ich nicht, dass man hier sehr gut im Einklang mit der Natur leben kann und die Friedfertigkeit der Region durchaus auch auf den Seelenfrieden abfärben könnte.

Angel und José-Emilio verpassen das Schauspiel der Natur. Sie sind in unserem fensterlosen Dreierzimmer auf der Suche nach WLAN. Erst als es dunkel wird, lockt sie das Abendessen hervor. Es gibt Reis mit einem ganz vorzüglichen Hackfleischgericht.

»Wie durch den Fleischwolf gedreht.«

»Ist es ja wahrscheinlich auch.«

»Und zu scharf.«

Die beiden nörgeln wie zwei quietschende Flöten aus demselben Holz.

»Bergluft macht hungrig!«, rufe ich, um überhaupt irgendwas zu sagen. Doch die beiden schauen nur grimmig auf den Tisch.

»Sagt mal ... was haltet ihr davon, wenn wir uns morgen für eine Weile trennen? Ich möchte einfach mehr Fotos machen und öfter anhalten ...«

»Du bleibst bei uns! Allein ... als Frau ... Muslime ... Pakistan, nein!«, antwortet Angel.

»Aber ...«

»Nein!«, sagt er noch mal bestimmt und schaut sich mal wieder gehetzt um, als säßen ihm jetzt nicht nur die Chinesen, sondern der Tod selbst mit der Sense direkt im Nacken.

Zwei Spanier, die mich vor den bösen Muslimen beschützen wollen, aber selbst kurz vor dem Hungertod stehen – es könnte einen Kausalzusammenhang zwischen einem leeren Magen und Schreckhaftigkeit geben, und vielleicht sollte ich dieses Phänomen zu gegebener Zeit noch einmal untersuchen. Ich will die beiden nicht vor den Kopf stoßen, denn man will niemandem, den man eigentlich ins Herz geschlossen hat, ein Bein stellen. Und wie gut es klappt, einer Gruppe zu entkommen, wenn man sowieso in dieselbe Richtung unterwegs ist, habe ich bereits in Tadschikistan gelernt. Aber ich brauche einen Plan, der mir zumindest ein bisschen Zeit allein verschafft. Und ich habe da schon eine Idee.

Ein wenig später versuche ich die Flucht nach vorn von der anderen Seite aufzuziehen. »Sollen wir uns ein Hotel ein oder zwei Tage entfernt suchen, in dem wir uns treffen, falls wir uns zufällig verlieren? Ich möchte schließlich nicht ohne euch reisen!«

Angels Gesicht leuchtet auf, und José-Emilio nickt begeistert. Planung halten sie für eine genauso gute Idee wie nicht zu oft anzuhalten. Es dauert ein paar Minuten, bis das WLAN im Adlernest uns ein Ergebnis ausspuckt, aber dann finden wir ein Hotel in der Stadt Naran, in der wir sowieso bleiben wollten.

Am nächsten Morgen gehe ich erstmals in meinem Leben absichtlich verloren. Es ist einfacher, als man denkt, und funktioniert in zwei unkomplizierten Schritten, die man auch zu Hause nachahmen kann: erstens im Affentempo außer Sichtweite vorausfahren (wahlweise laufen, kriechen oder auf einem Bein hüpfen), um genug Abstand zwischen sich und die Personen zu bringen, denen man verloren gehen will; zweitens anhalten, sich ein Versteck suchen und warten, bis besagte Personen überholen. Sie werden denken, man wäre vor ihnen, und nicht stoppen, um einen zu suchen. Das klappt sehr gut, weil José-Emilio und Angel ein langsameres Tempo an den Tag legen als ich: José-Emilio ist ein sehr guter, aber auch sehr gemütlicher Fahrer, Angel treiben die etwas chaotischen Verkehrsverhältnisse hier in Pakistan an sein nervliches Limit. Pakistan ist das erste Land, in dem Linksverkehr herrscht, und nach einem kleinen Zusammenstoß mit einem Traktor ist Angel jetzt die Personifikation der nervösen Vorsicht. Seine Bewegungen sind ruppig, und er bremst mehrere Male so abrupt, dass beinahe sein Motorrad ausbricht.

Mein Versteck ist eine kleine Schotterstraße. Erst höre ich José-Emilios Kampfschiff vorbeirauschen, dann Angels ruckelnden Motor. Die Fahrgeräusche verklingen in der Ferne, und ich schaue mich um. Die Schotterstraße vor mir schlängelt sich vielversprechend in Richtung Berge, also folge ich ihr einfach. Sie führt mich tiefer in das Karakorum-Gebirge. Der pakistanische Karakorum ist im Schnitt höher als der berühmte Teil des Himalaya in Nepal. Das weiß ich auch erst, seit ich hier bin, denn eigentlich habe ich immer auf Nepal getippt, wenn es um Berge der Superlative geht. Zum Karakorum gehört etwa der K2, der zweithöchste Berg der Welt, der unter Bergsteigern als schwierigster aller vierzehn Achttausender gilt. Ungefähr 7000 Menschen bezwangen den Mount Everest bisher, den K2 dagegen etwa 300 – und durchschnittlich stirbt jeder Fünfte beim Versuch der Besteigung. Das ist keine gute Quote, denke ich und bin heilfroh, dass ich hier Motorrad fahre und nicht bergsteige. Außer dem K2 gibt es im Karakorum drei weitere Achttausender und dreiundsechzig Siebentausender; mehr als die Hälfte der Gebirgsfläche liegt oberhalb von 5000 Metern.

Ich folge der kleinen Straße, Steine knirschen unter meinen hüpfenden Reifen, um mich himmelhohe Berge, deren klaffende braungraue Felsen in der Sonne golden leuchten und die mit ihren schneebedeckten Gipfeln die Wolkendecke durchstoßen. Wie streng und unerbittlich diese Berge sind, wie wenig sie sich dafür interessieren, was ich hier tue. Ich hätte nicht gedacht, dass mich nach dem rauen Pamirgebirge und den grünen fruchtbaren kirgisischen Bergen noch etwas rühren kann, aber die Schönheit des Karakorum greift direkt nach meinem Herzen. Ich fahre immer weiter, und mir steigen Tränen in die Augen vor Ehrfurcht und Dankbarkeit. Würde mich in diesem Moment jemand fragen, ob es Gott gibt, ich würde nicken und mit offenem Mund auf diese Umgebung zeigen. Meine Güte, warum können mich ein paar hohe Gesteinsbrocken so sehr aus der Fassung bringen! Ich muss an ein Zitat aus dem Film *Das erstaunliche Leben des Walter Mitty* denken: »Wenn mir ein Moment gefällt, dann will ich nicht, dass mich die Kamera irgendwie ablenkt. Dann will ich einfach nur darin verweilen.« Dieser Moment lässt sich auf kein Foto bannen. Er ist wie ein Geheimnis, das ich nie voll und ganz für andere abrufen können werde. So vielen bleibt diese Schönheit für immer verborgen. Und auch ich kann sie nicht für immer konservieren. Ich bin traurig, dass niemand hier ist, mit dem ich diesen Moment teilen kann. Doch wäre es überhaupt derselbe Moment? Würde ein anderes Motorrad oder Auto vor oder neben mir nicht automatisch meinen Fokus von der absoluten, unendlichen Weitsicht auf Normalbrennweite minimieren? Nicht alles ist teilbar, wenngleich wir es uns noch so wünschen oder noch so verzweifelt versuchen, uns mitzuteilen. Manche Dinge kann man nur erleben, wenn man allein ist.

Ich biege um die nächste Kurve und sehe ein kleines Steingebäude. Es steht auf einem Plateau oberhalb der Straße, wie in das Gebirge gemeißelt. An der Seite hängt ein verwaschenes Holzschild, das früher wahrscheinlich einmal knallbunt war, jetzt aber nur noch verblasste Lettern erkennen lässt. »Hotel« steht dort und darunter klein: »Restaurant«. Ich kann mir beim besten Willen nicht vorstellen, dass hier viele Reisende vorbeikommen. Das Haus sieht verfallen aus, und ich bin mir nicht sicher, ob es nicht einfach eine baufällige Ruine ist. Aber ich bin durstig, steige daher ab und versuche mein Glück. Die Holztür hängt wacklig in den Angeln, und ich will schon wieder umdrehen, da höre ich von innen ein Geräusch. Ich nehme meinen Mut zusammen und klopfe. Wieder höre ich etwas. Also stoße ich die Tür auf und gehe zwei Schritte in das Halbdunkel.

»Hallo, hallo?«

Langsam gewöhne ich mich an das Licht und sehe, dass dort ein alter Mann sitzt. Seine Falten sind tief und zahlreich, seine Augen leuchten, als er mich sieht. Er trägt das typische pakistanische Männergewand, ein Salwar Kameez: eine weite Hose mit einer lockeren knielangen Tunika in derselben Farbe. Um seine Schultern hängt ein verschlissenes Jackett. Die Brauntöne seiner Kleidung lassen ihn fast mit der graubraunen Mauer hinter ihm verschmelzen.

»Aha, da bist du also!«, sagt er, als hätte er gewusst, dass ich kommen würde. »Willkommen!«

Sein Englisch ist erstaunlich gut, aber seine Stimme klingt zitternd und gebrechlich, als könnte sie jeden Moment versagen, und will so gar nicht zu seinem wachen Blick passen. In seinem Mund befinden sich kaum mehr Zähne, sondern nur ein paar dunkle Stümpfe, die er mit einem Lächeln zur Schau stellt, die Lippen sind über seinem Zahnfleisch nach innen gefallen.

Ich schaue mich um, weiß nicht, ob ich bleiben soll oder mich lieber schnell davonmachen. Der heruntergekommene, lichtlose Raum sieht alles andere als einladend aus. Ich bin auf mich selbst gestellt, in diesem Land, vor dem mich alle gewarnt haben: die Medien, meine Eltern und sogar sämtliche Internetforen.

Aus dem Augenwinkel bemerke ich, dass sich etwas vor die Tür schiebt. Der Raum verdunkelt sich, und ein Schatten fällt herein: Ein männlicher Körper verstellt das Licht und lässt die schmucklose Steinhütte noch bedrohlicher wirken. Warnungen, Geschichten, Nachrichten über die Taliban schwirren mir plötzlich im Kopf herum. Hektisch schaue ich zwischen den beiden hin und her.

»Wir haben Besuch!«, richtet der Alte sein Wort an den schwarzen Schatten, dessen Gesicht ich im Gegenlicht noch immer nicht erkenne.

»Besuch!«, echot der Schatten. Dann bewegt er sich auf mich zu. Ich weiche zurück, bis ich an einen Tisch stoße und mich reflexartig auf einen Stuhl fallen lasse.

»Eine Reisende!«, spezifiziert der Alte nun mein Geschlecht und meine Berufung.

»Eine Reisende ... was für ein merkwürdiger Tag!«, sagt der Schatten, schlägt die Tür krachend hinter sich zu, schiebt den quietschenden Riegel vor und tritt noch einen Schritt näher. »Es ist kalt ...«

Endlich kann ich sein Gesicht erkennen, bärtig, die Haut wettergegerbt, was ihn wahrscheinlich älter macht, als er ist; stechende türkisfarbene Augen schauen mich prüfend an.

»Hol die anderen!«, sagt der Alte aufgeregt, als könnte ich trotz verriegelter Tür jeden Moment wieder entwischen. »Schnell!«

Dann schaut er mich an.

»Und du – mach es dir gemütlich!«

»Danke ...«, würge ich ängstlich hervor und fand es selten irgendwo ungemütlicher.

Ich wäge meine Fluchtmöglichkeiten ab, aber eine Tür im Schloss ist ein größeres Hindernis als eine Tür, die offen steht. Der Schatten nickt und verschwindet durch eine andere Tür ins Innere des Hauses. Einen Greis könnte ich allein vielleicht noch überwältigen. Prüfend wiege ich meinen Helm in der Hand und überlege, wie gut er als Waffe dienen könnte – Kias Messer habe ich Amateur natürlich nicht zur Hand, jetzt, wo ich es endlich einmal brauchen könnte. Ich höre die Stimme des Schattenmanns, dann eine zweite, weibliche, und eine dritte, schwächere. Die Tür geht auf, und heraus treten der Schattenmann sowie eine Frau in einer einfachen farbigen, fast bodenlangen Tunika und einem bunt geblümten Kopftuch. Beide stützen eine alte Frau; sie kann kaum mehr gehen und ächzt unter Schmerzen. Als sie hochblickt, stockt mir kurz der Atem:

Auch ihre Augen sind durchdringend türkis und leuchten in der Dunkelheit, als würden sie mir direkt in die Seele blicken. Mit dem Kopf nickt sie zur Bank neben mir, die beiden geleiten sie dorthin. Die alte Frau dreht sich mit sichtlicher Kraftanstrengung zu mir, doch jetzt ist sie ganz still, ächzt nicht mehr, blickt mich nur an. Dann schiebt sie den Arm langsam über den Tisch in meine Richtung. Ich traue mich nicht, mich zu bewegen. Ihre trockenen, pergamentartigen Finger umschließen meine. Plötzlich rinnen ihr Tränen aus den Augenwinkeln über die eingefallenen Wangen. Sie sieht zerbrechlich aus und wunderschön.

»Wir sind ... keine Terroristen«, sagt sie, leise und klar. »Wir wollen Frieden. Wir vermissen die Menschen. Wir vermissen das Lachen. Du hast Angst vor uns, das sehe ich.«

In ihrer Stimme schwingt so viel Schmerz, dass es ausreicht, um auch mein Herz zu brechen. Ich kann nur betreten nicken. Müsste ich sprechen, müsste ich weinen.

»Den meisten von uns Hunzukuc ist das alles egal, unser Volk lebt zurückgezogen und hat viele Krisen überwunden, indem wir bei Konflikten neutral geblieben sind. Aber unsere Familie wollte die Türen für Reisende öffnen. Früher gab es den Hippietrail, über den sie nach Indien gereist sind. Ein paar blieben lange hier, die meisten kamen wieder. Die Schönheit dieser Berge hat alle verzaubert.«

Ich nicke und erinnere mich an meine Hippiefreundin Haya in Duschanbe, die auf ihrem Trip mit dem Magic Bus vielleicht einmal genau hier Halt gemacht hat.

»Ja, ich habe gerade gehört, dass Pakistan und Afghanistan damals ihre Lieblingsländer waren ...«

Der alte Mann neben mir gibt ein warmes Lachen von sich.

»Da reden wir über alte Zeiten und hätten beinahe unsere guten Manieren vergessen. Bitte bleib doch ein wenig und trink Tee mit uns. Willst du etwas essen?«

»Nein, Tee wäre toll.«

Er schlurft zu einem kleinen Eisenofen, auf dem ein alter verrosteter Kessel steht.

»Erst gab es keine Touristen mehr wegen des ganzen Terrors, und jetzt haben wir nicht genug zu bieten. Wir haben kein WLAN und wollen das hier auch nicht. Wir Hunzukuc sind ein einfaches Volk.«

Er seufzt. Der jüngere Mann taxiert mich.

»Ein einfaches Volk, aber dafür werden wir 145 Jahre alt!« Ich schaue in seine türkisfarbenen Augen und versuche herauszufinden, ob er das ernst meint.

»145?«

»Das erzählt man sich über uns Bewohner des Hunzatals. Wusstest du das nicht?«

»Und, stimmt es?«

»Wenn ich Ja sagen würde, würdest du dann bei uns bleiben wollen, um herauszufinden, wie du auch so lange leben kannst?«

Die alte Frau räuspert sich.

»Man erzählt sich viel. Auch, dass wir Hunzukuc keine Krankheiten hätten ...« Sie lächelt schwach. »Deswegen waren die Hippies auch gerne hier, sie glaubten den Mythen und haben das einfache Leben bei uns gesucht. Und vielleicht auch das ewige Leben. Das wollen doch alle. Aber ein Rezept für alles haben wir leider nicht.«

»Wie war das denn früher, mit den Hippies? Gab es da keine Probleme?«

Das freizügige Hippietum und der Islam, der Alkohol verbietet, scheinen mir zwei starke Gegensätze zu sein. Der alte Mann setzt mir ein schlankes, filigranes dampfendes Teeglas vor, seufzt, dann zuckt er mit den Schultern.

»Sie hatten sehr zottelige Haare!«, stellt er nüchtern fest.

Ich lache, und auch er hat ein Lächeln auf den Lippen, als

er fortfährt: »Ich glaube, Pakistan war nicht ihr Lieblingsland. Ganz und gar nicht. Bei uns gab es starke Drogenkontrollen, in Afghanistan kaum welche. In Kabul befanden sich damals jährlich 70 000 Touristen auf Durchreise. Kannst du dir das vorstellen? Je mehr Reisende es gab, desto mehr wurde dort auch mit Drogen gehandelt. Das war die dunkle Seite des Tourismus.«

Ich nicke, denn Tourismus hat oft katastrophale Nebenwirkungen. Wo ein Mensch keinen Schaden anrichtet, können es tausend.

Der alte Mann nimmt einen Schluck Tee und fährt fort: »Die Drogensüchtigen haben den Einheimischen Angst gemacht. Und viele Ausländer sind an den Drogen gestorben. In Kabul gab es damals einen britischen Friedhof, der christlich war und an dem extra ein Bereich für die ganzen Drogenhippies eingerichtet wurde ...« Er stockt. »Ich weiß nicht, ob die Kreuze heute noch stehen, ich bezweifele es.«

»Und seit wann habt ihr keine ausländischen Gäste mehr?«

»Nach dem 11. September 2001 kamen immer weniger und dann gar keine mehr.«

»Und jetzt ändert sich das gerade? In Karimabad waren viele pakistanische und indische Reisende.«

»Ja, die kommen wieder hierher, weil sie gemerkt haben, dass es ungefährlich ist, und viele auch nicht woandershin reisen können. Aber westliche Touristen ... Es gibt ein paar ... aber fast alle reisen schnell und gehetzt, als würde ihnen etwas passieren, wenn sie zu lange halten. Sie schlafen und essen in denselben Hotels, die in ihren Touristenführern stehen, alles andere ist ihnen zu unsicher. Die wenigsten wollen Pakistan entdecken, so wie die Reisenden früher.«

Jetzt räuspert sich die jüngere Frau. »Ich weiß, was man von uns im Ausland sagt. Wir sind Ismailiten, also auch Muslime.

Aber wir sind nicht die Taliban. Dieser Konflikt hat unsere Lebensgrundlage zerstört. Er hat viel Schmerz in viele westliche Regionen gebracht, aber noch mehr über uns. Wir respektieren jeden anderen Glauben. Das haben wir jahrzehntelang getan, wir haben allen unsere Türen geöffnet. Nie gab es Probleme.«

Ich schlucke schwer. Es schockiert mich, dass diese fremde Frau das Gefühl hat, sich wegen ihres Glaubens bei mir rechtfertigen zu müssen. Am liebsten würde ich ihr sagen, dass ich auf ihrer Seite bin. Dass ich weiß, dass die Welt nicht schwarz und weiß ist. Dass es Terror nicht nur im Islam gibt. Und dass ich überhaupt keine Angst habe. Aber das wäre eine Lüge. Jetzt lausche ich dieser Familie, nicke und schweige. Denn es fühlt sich an, als hätten diese Menschen genau auf diese Gelegenheit gewartet – als hätten sich all diese Gedanken in den letzten fünfzehn einsamen Jahren in ihnen angesammelt und würden nun durch meine Anwesenheit herausbrechen.

»Wir dachten, es wäre endgültig vorbei. Aber jetzt kommst du. Eine Frau, allein. Das ist ein gutes Zeichen. Vielleicht ändern sich die Zeiten doch noch. Wir haben schon gezweifelt, obwohl wir Hunzukuc eigentlich nie zweifeln. Man sagt, wir kennen diese Gefühle nicht. Aber du weißt ja jetzt, wie das ist mit den Dingen, die man sagt.«

Die alte Frau lehnt sich erschöpft zurück und schließt ihre Augen. Der Schattenmann schaut den Alten auffordernd an.

»Vater, erzähl ihr die Geschichte von Salim.« Dann dreht er sich zu mir. »Wir haben hier in unserem Hotel eine Tradition. Jeder Reisende bekommt eine Geschichte von uns, damit er sie mitnimmt und weitererzählt. Wir haben schon lange keine Geschichten mehr erzählt ...«

Der Alte nimmt wieder einen Schluck seines Tees und räuspert sich umständlich.

»Na gut. Hier lebte einmal ein junger Mann. Er sprach immer davon, dass er den Hippies einmal folgen würde. Er war fasziniert, wollte auch reisen in all die Länder, von denen sie ihm erzählten. Die Busfahrer boten ihm an, ihn bis zur Grenze mitzunehmen, und dann hatten sie Freunde, bei denen er die nächste Strecke mitfahren hätte können. Aber er lehnte immer ab, er sagte, es sei der falsche Moment für ihn. Er wollte sparen. Aber hier auf den Feldern verdient man nicht viel. Tag um Tag schaute er den Hippies sehnsüchtig hinterher, wenn sie abreisten. Wir selbst wollten nie weg, aber wir haben ihn verstanden, so viele Leute waren damals hier, die ihrem Traum gefolgt sind. Und da wir unseren Traum mit dem Gasthaus schon erfüllt hatten, wollten wir ihm helfen und boten ihm an, dass wir ihm Proviant mitgeben könnten, kontaktierten andere Hotels, die ihn für Kost und Logis hätten arbeiten lassen. Aber das war ihm nicht genug. Er wollte mehr, obwohl das für die Reise gereicht hätte.«

Der Alte macht eine lange Pause, bevor er weiterredet. Wir alle blicken ihn stumm und gebannt an, nur im Ofen knistern die Holzscheite.

»Dann hörte er von der Armee. Es gibt hier keine Wehrpflicht, nur Freiwillige. Es hieß, er würde dort gut verdienen. Oder zumindest besser als hier, denn hier gibt es nur das, was wir selbst herstellen. Er heuerte als Zeitsoldat an. Und er kehrte nie wieder zurück.« Wieder macht er eine Pause. »Etwas zu tun, das einem nicht entspricht, kann einen umbringen. Egal, ob man am Leben ist oder nicht.«

Ich frage mich, ob Salim ihr Sohn ist. Aber ich traue mich nicht zu fragen.

»Seit es keinen Tourismus mehr gibt, fragen wir uns, ob wir versagt haben. Wir haben weniger als je zuvor. Aber wenn Geld nicht die Währung ist, in der gemessen wird, sind wir noch immer erfolgreich. Wir haben immer an das geglaubt, was wir tun, und das ist das Wichtigste. Wir glauben an uns.«

Die Alte öffnet wieder ihre Augen und strahlt mich jetzt an. »Ich habe noch etwas anderes für dich, das nicht aus diesem Tal kommt, aber gut zu dir passt. Es ist ein Sprichwort der Paschtunen: ›Das Schicksal ist ein gesattelter Esel – er geht, wohin du ihn führst.‹ Du bist auf dem richtigen Weg. Vergiss den Esel nicht. Glaub an dich.«

»Stehen bleiben und warten!« Zwei pakistanische Polizisten, lediglich erkennbar durch ihre Baseballkappen, auf denen irgendwas mit »Swat« und »Police« steht, stützen sich vor mir auf ihre Maschinengewehre. Einer von ihnen trägt ein Salwar Kameez, der andere über seiner weiten lockeren Baumwollhose eine Lederjacke, die ihre besten Zeiten wahrscheinlich bereits vor zwanzig Jahren hinter sich hatte. Die Schranke am Polizeicheckpoint vor mir sieht fragil aus, und ich könnte mich theoretisch daran vorbeischlängeln. Daneben stehen ein paar ausgebrannte Tonnen. Ob sie in den Wintermonaten wohl befeuert werden? Jetzt steckt dort ein Schild mit großen arabischen Zeichen, darunter: »Entry of vehicles in Babusar Road is prohibited after 4 PM«. Ich schaue auf die Uhr: Zum Glück ist es erst drei. Kurz überlege ich, einfach weiterzufahren, bin dann aber doch zu autoritätshörig – auch wegen der Maschinengewehre, die etwas zu leger um die Körper der Männer vor mir schlackern. In aller Ruhe trägt einer der Polizisten die Nummer meines Passes, Visums und Nummernschilds in ein handgeschriebenes braun vergilbtes Buch ein. Das ganze Prozedere soll der Sicherheit dienen und wiederholt sich alle paar Kilometer, seit wir in Pakistan sind. Als sie mir den Pass zurückgeben, will ich auf mein Motorrad steigen und wie bei allen vorherigen Checkpoints weiterfahren. Doch keiner rührt sich, um die Schranke zu öffnen.

»Absteigen und warten«, bekomme ich ein neues Kommando. Bockig schaue ich mich um, als sie einen pakistanischen Jeep direkt an mir vorbeiwinken und die Straße zum Babusar-Pass einfach passieren lassen.

»Warum er und nicht ich?«, frage ich empört.

»Ma'am, ab hier brauchen Sie Polizeischutz.«

»Polizeischutz? Ist es hier noch immer gefährlich?«

Im Jahr 2013 wurden in dieser Gegend zehn Bergsteiger von Talibankämpfern im Basislager des Nanga Parbat erschossen und ein Jahr zuvor genau auf diesem Bergpass über zwanzig Schiiten bei Überfällen von Bussen getötet.

Die Polizisten schauen mich verdutzt an: »Nein, aber Ausländer brauchen trotzdem eine Polizeieskorte.«

Ich seufze genervt. Die beiden lassen sich die Laune von mir jedoch nicht verderben und stellen munter eine Frage nach der anderen, um mehr über meine Reise zu erfahren. Plötzlich erinnere ich mich an etwas anderes und bekomme sofort ein schlechtes Gewissen.

»Habt ihr vielleicht zwei andere Motorradfahrer gesehen?«

»Ja, die warten da hinter den Bäumen im Schatten auf die Polizeieskorte.«

José-Emilio und Angel heben müde den Kopf, als ich näher komme. Angel hat Schweißtropfen auf der Halbglatze, und auch José-Emilio ist leicht aufgedunsen von der Hitze.

»Schön, euch zu sehen!«, sage ich überschwänglich und umarme die beiden, obwohl wir uns nur drei Stunden zuvor das letzte Mal gesehen haben. Manchmal ist es eben auch schön, die unwichtigen Momente zu teilen.

»Wo warst du? Alles okay? Wir sind seit zwanzig Minuten hier! Ich dachte, du bist weg!« Angel klingt ehrlich besorgt.

Erleichtert atme ich aus. »Ihr müsst mich überholt haben, wahrscheinlich, als ich kurz zum Mittagessen angehalten habe.«

Angel nickt nur, und José-Emilio steckt sich einen Keks in den Mund. Dann schiebt er mir die Packung hin und lächelt.

Hauptsache, wir führen unseren Schicksalsesel dahin, wo wir ihn selbst haben wollen. Angel, José-Emilio und ich sind auf verschiedene Arten und Weisen dabei, genau das zu tun – könnte es etwas anderes geben, das mehr verbindet?

Eine Dreiviertelstunde später kommt endlich unsere Eskorte – ein Jeep mit Maschinengewehr auf dem Dach und dem halben Dorf auf der Ladefläche. Die Schranke wird hochgeklappt, der Jeep passiert, und wir fahren im Gänsemarsch hinterher. Schon nach den ersten Kurven werde ich ein bisschen unruhig. Es gibt für einen Motorradfahrer nichts Schlimmeres, als auf einer kurvigen Straße hinter einem langsameren Vehikel fahren zu müssen. Ich zähle bis drei. Dann mache ich die Augen kurz zu, öffne sie wieder, setze zum Überholmanöver an und winke dem Soldaten, der das am Autodach befestigte Maschinengewehr kontrolliert. Er winkt lachend zurück. Angel und José-Emilio folgen mir, und nach zwei weiteren Kurven habe ich den Jeep aus meinen Rückspiegeln verloren.

Wir sehen uns dann auf dem Gipfel! Khuda hafiz!, denke ich, und wir schwingen uns lächelnd gemeinsam die nächsten Haarnadelkurven hinauf.

Laute Musik dröhnt über den Bergkamm. Unzählige Menschen sitzen an den Straßenrändern, schlürfen Tee und essen Zuckerwatte. Die Frauen in bunten Kleidern, Kopftücher eher die Ausnahme. Auf der Kühlerhaube eines bunten Trucks tanzt ein Transvestit mit einem pakistanischen Mann. Auf dem Truck selbst prangt in grünen Lettern »Love Pakistan«.

»Ist das ein ... Mann?«, fragt Angel und bekommt seinen Mund kaum mehr zu.

Ich schüttele vor Erstaunen den Kopf. »Na ja, ein Transvestit halt.«

Ein Pakistani bemerkt unsere Verwunderung.

»Das ist hier ganz normal!«, erklärt er uns.

Pakistan erkennt Transgender schon seit 2009 offiziell als drittes Geschlecht an, und von pakistanischen Geistlichen wird die Transgenderehe als rechtmäßig erklärt.

Es fällt mir schwer, mich von dem Spektakel loszureißen, aber plötzlich sind wir die nächste große Attraktion des Passes. Innerhalb von Sekunden umringen uns zwanzig Männer, die alle ein Selfie mit uns machen wollen. Sie schubsen und drängeln, Angel schmeißt sich in Pose, und José-Emilio grinst entzückt in die Kameras. Irgendwann drängen sich drei Soldaten zu uns durch, die uns mit gezückten Maschinengewehren flankiert zum Polizeicheckpoint geleiten. Als wir dort warten, kommt endlich unsere Eskorte an. Die Kollegen vom Checkpoint schauen uns erst verwundert an. Als sie verstehen, dass wir ihren Kollegen entwischt sind, brechen sie in schallendes Lachen aus. Sie nehmen uns das auch gar nicht übel und geben uns nur ein paar Ratschläge sowie die Adressen von etlichen Verwandten in Islamabad.

»Sollen wir dann?«, frage ich José-Emilio und Angel. Die beiden schauen sich an.

»Lass uns noch ein bisschen hierbleiben. Oder seit wann hast du es eilig?«

Wir treffen unsere Entscheidungen immer aufgrund dessen, was wir wissen, und die Wissenslücken schließen wir durch unser Fühlen. Wüssten wir alles, träfen wir sicher andere Entscheidungen. Ich weiß jetzt, dass uns alle Wege nach Pakistan geführt hätten. Denn unser Wissen und Fühlen stehen endlich im Einklang.

Wenn das Schicksal Pause hat

INDIEN, AMRITSAR

KILOMETER: 12 119

In Indien glauben die meisten Menschen an Wiedergeburt – dem entsprechend fahren sie. Gerät die Verkehrslage in Pakistan manchmal außer Kontrolle, ist sie es in Indien permanent. Hier gibt es mehr Menschen, mehr Rikschas und vor allem mehr Kühe. Heute ist indischer Unabhängigkeitstag, und zumindest ein paar Tausend der 1,3 Milliarden Inder haben beschlossen, dass sie dieses Fest nicht zu Hause verbringen möchten. Überholt wird, wo Platz ist, notfalls auch abseits der Fahrbahn. Straßenbegrenzungen und Spuren sind eher Empfehlungen. Autos scheren von Feldwegen auf die innerste Spur einer Autobahn, und die bunten Tata-Lkws sehen mit ihren Bemalungen zwar lustig aus, ihre Fahrer sind aber definitiv nicht zu Scherzen aufgelegt. Stattdessen gehen sie fest davon aus, dass man ihnen Platz macht. »Survival of the fittest« ist hier »survival of the biggest«. Und ich frage mich langsam, ob hier wohl alle ihre Führerscheine in Kirgistan gekauft haben.

Die Stadt Amritsar liegt nur dreißig Kilometer von der Grenze entfernt; es ist schon spät, als wir endlich ankommen. Angel und José-Emilio wollen am nächsten Tag früh weiter, da sie schon innerhalb der ersten dreißig Kilometer beschließen, dass Indien ihnen nicht gefällt und sie schnellstmöglich nach Nepal wollen. Ich bin mir noch nicht ganz sicher, was ich mit mir anfangen soll, möchte aber etwas mehr von Indien sehen. Mit einer Rikscha lassen wir uns vom Hostel zur Innenstadt kutschieren und statten dem berühmten goldenen Tempel Harmandir Sahib einen Besuch ab. Er ist das höchste Heiligtum der Sikhs und eine viel besuchte Pilgerstätte. Die Sikhs lehnen das Kastensystem ab, der Dienst an ihren Mitmenschen und die Beseitigung sozialer Ungerechtigkeiten ist ihr Glaubensauftrag. Die meisten sind außerdem Vegetarier, da sie an Wiedergeburt in verschiedenen Lebensformen glauben. Kurz: Die Sikhs sind so sehr Gutmensch, wie ich es gern sein würde, es aber wegen meiner natürlichen Disposition zu weltlichen Lastern nie sein werde.

Die Stimmung ist magisch, Menschen sitzen auf dem Boden der weißen Palastanlage und beten, manche singen. Die Anlage umschließt einen künstlichen See, in dessen Mitte der goldene Tempel auf einer Insel steht. Der riesige Komplex vibriert von einem erregten Stimmengewirr. Jeder, der den Tempel besucht, darf bis zu drei Tage bleiben und in der Anlage schlafen.

»Time toooo say goooodbye!«, trällert Angel vor sich hin, während wir um den See flanieren.

Ich nicke – und beschließe, am nächsten Tag noch einmal allein bei Sonnenaufgang wiederzukommen. »Noch ist nicht Zeit für den Abschied, zuerst gehen wir essen!«

»O ja, José-Emilio hat einen McDonald's entdeckt!«

Ich nicke wieder und lächele. Und auch in Indien klappt das mit dem Lächeln gut und erspart mir viel Verdruss. Dieser Moment ist eindeutig nicht der richtige, um einen Lebensmitteldogmatismus zu entwickeln. »McDonald's. Warum nicht?« Vielleicht ist das alles Teil des Abenteuers. Außerdem frage ich mich, wie Burger in einem Land funktionieren, in dem die Bevölkerung zu achtzig Prozent aus Hindus besteht, denen Kühe heilig sind, und ein knappes Sechstel Muslime, denen Schweine als unrein gelten. Hinter José-Emilio und Angel betrete ich zögernd die Filiale, werfe einen sehnsüchtigen Blick auf die umliegenden Restaurants. Beinahe laufe ich dabei in José-Emilio, der wie vom Donner gerührt stehen bleibt und erschrocken auf die Tafeln starrt: »Dieses Restaurant ist vegetarisch« ist dort groß zu lesen.

»Kein Fleisch …« Angel ist so bleich, als wäre gerade jemand gestorben.

Ich dagegen muss lachen, finde den Besuch im ersten vegetarischen McDonald's der Welt großartig.

»So, Jungs, dann lasst uns mal bestellen! Unser letztes Abendmahl!«, sage ich fröhlich.

José-Emilio macht ein so langes Gesicht, als wolle er damit den Boden wischen. Ich glaube, er gibt heimlich mir die Schuld an seiner Essensmisere, denn immer wenn ich dabei bin, gibt es weder Burger noch Pizza. Doch als er seinen Veggiewrap auf dem Teller hat, lächelt er mich gütig an.

»Das letzte Abendmahl mit unserer Lea.« Ich nicke und bin plötzlich ganz stumm. Das Abschiednehmen von den Menschen, die mich ein Stück auf meiner Reise, eine Zeit in meinem Leben, begleitet haben, habe ich noch immer nicht gelernt.

Angel drückt mir die Schulter. »Komm uns in Spanien besuchen.«

Es ist stockdunkel. Auf dem Platz vor mir liegen Hunderte Menschen, als hätte irgendeine übernatürliche Macht alle betäubt und ohnmächtig zurückgelassen, friedlich und unheimlich zugleich. Ich habe noch nie so viele Schlafende an einem Ort gesehen. Wahrscheinlich habe ich in meinem Leben zusammengenommen noch nicht so viele schlafende Menschen gesehen wie jetzt in dieser Sekunde. Wann bekommt man denn schon welche zu Gesicht? In der Familie vielleicht, wenn jemand im Zug oder im Flugzeug einschläft, in Hostels oder vielleicht noch am Schreibtisch. Oder Obdachlose, zusammengerollt in Hauseingängen, aber dann schauen wir eher weg als hin. Wie verletzlich die Ruhenden hier aussehen, wie ausgeliefert sie der Umgebung sind! Die pure Menge der Schlafenden multipliziert die Intimität jedes einzelnen.

Langsam gehe ich über den Vorplatz der Tempelanlage und gebe mir große Mühe, nicht versehentlich auf jemanden zu treten. Vor dem Eingang ziehe ich meine Sandalen aus und gebe sie an einem der Stände ab, denn Schuhe sind im Inneren verboten. Es ist Viertel nach vier. Ich werfe mir einen Schal über den Kopf. Jeder muss hier das Haupt bedecken – egal ob männlich oder weiblich. Dann wate ich durch das Wasser in den Kanälen vor der Tempelanlage, um mich zu reinigen, und nehme dieselbe Treppe, über die wir am Abend in die Anlage gelaufen sind. Ein Summen schlägt mir entgegen, das mich einhüllt wie ein Bienenschwarm. Im Tempel herrscht trotz der Dunkelheit schon ein reges Treiben. Eine Gruppe Sikhs mit langen Bärten, bunten Turbanen und weißen Gewändern läuft in einer kleinen Prozession um den See. Sie singen und beten. Der älteste von ihnen geht in der Mitte und trägt einen Strauß orangefarbener Blumen, alle anderen rezitieren aus kleinen Büchern. Am Himmel kündet ein erster heller Streifen vom Sonnenaufgang. Auf den Steinen am Rande des Sees finde ich einen Platz mit ein wenig Abstand zu den schlafenden Menschen. Eine Stimme erhebt sich zugleich mit der Sonne. Sie hüllt mich ein in ihren Klang. Wahrscheinlich ist es ein Gebet, doch der Gesang ist viel melodischer und sanfter als der mir inzwischen vertraute Ruf der Muezzins. Vögel zwitschern und fliegen über den goldenen Tempel in der Mitte des Sees, ein harmonischer Tanz ihrer schwarzen Silhouetten im Gegenlicht der aufgehenden Sonne. Ich lehne mich zurück und stütze mich auf die Unterarme, lasse mich vollkommen von der andächtigen Stimmung einlullen. Kurz wehre ich mich, aber dann gebe ich den Kampf auf, und der Schlaf greift nach mir, ohne dass ich etwas dagegen tun kann.

Neben mir steht ein Esel und schaut mich neugierig an.

»Du bist nur ein Traum!«, sage ich zu ihm.

Und wie das Träumen oft eigen ist, weiß ich, dass der Esel eigentlich kein Esel ist, sondern mein Schicksal. Der Esel schüttelt sich und trabt ein paar Schritte von mir weg.

»Bleib stehen und setz dich mit mir auseinander!«, rufe ich ihm hinterher. Denn das Schicksal und ich, wir haben eine schwierige Beziehung zueinander, die vor allem darauf beruht, dass ich nicht so recht an seine Existenz glaube. Was wäre denn mit unserer Selbstbestimmung und der Reichweite unserer Entscheidungen, wenn das Universum wirklich einen Plan für uns hätte? Und glaubt man den Verfechtern des universellen Plans, hält der natürlich für jeden nur das Allerbeste bereit und hat noch nie was von sozialer Ungerechtigkeit gehört. Es ist sehr einfach, sich dem Schicksal auszuliefern, wenn man während des Wartens in einem Liegestuhl entspannt und einen Cocktail in der Hand hat.

Der Esel vor mir trabt jetzt immer schneller.

»Moment! Sag mir gefälligst: Ist etwas Schlechtes, das uns widerfährt, eine Aufforderung, diese Sache sein zu lassen? Oder sind die Steine, die uns von der Welt in den Weg gelegt werden, eine Herausforderung, noch härter für das zu kämpfen, was wir wollen?«

Der Esel schaut sich um. Mir scheint, als würde er sein Maul zu einem hämischen Lächeln verziehen. Dann galoppiert er los.

»Hey, bleib gefälligst stehen, du stures Vieh! Ich muss dich führen.«

Ich laufe inzwischen, so schnell ich kann, bis ich außer Atem bin und nach Luft ringe. Aber trotzdem entfernt sich der Esel immer weiter, wird immer kleiner und verschwindet irgendwann am Horizont.

Es ist heiß. Ich schwitze. Wo bin ich? Menschenstimmen, Musik und Gesang bringen mich auf ihren Klangwellen langsam zurück. Ich richte mich verschlafen auf – und schaue direkt in das Gesicht eines Sikhs. Erschrocken zucke ich zurück.

»Hoppla! Namaste!«, sagt der Mann lachend.

Er tritt einen Schritt zurück, als ich mich aufrichte und ihn verwirrt anschaue. Er trägt eine weite Hose und ein langärmeliges Oberteil und würde Karate Kid ähneln, hätte er nicht einen langen weißen Bart und einen Turban, dessen Orange vor dem smogverhangenen bläulichen Himmel leuchtet.

»Mhmh ... Wollte nur mal sehen, ob alles okay ist!«, sagt er fröhlich in der typisch abgehackten und zugleich singenden indischen Sprachmelodie.

Sein Gesicht legt sich in freundliche Falten, er könnte siebzig Jahre alt sein, hundert oder unsterblich. Ohne eine Einladung abzuwarten, lässt er sich erstaunlich geschmeidig neben mir nieder, sitzt nun im Lotussitz und schaut mich neugierig an.

»Puh ... danke ...«, sage ich noch immer verschlafen.

»Hmmm ... ich bin Pawan.« Vor jedem Satz brummt er klangvoll, als müsste er die Worte erst aufbauen.

»Lea«, stelle ich mich vor.

»Mhmhm ... und was suchst du? Dich selbst?«

Warum fragt er nicht gleich nach dem Sinn des Lebens und ob ich nicht eine Lösung für das Hungern auf der Erde hätte?

»Auf keinen Fall mich selbst, es gibt ja schon genug andere, die das tun.«

Ich muss an Jacob denken, der in Istanbul behauptet hatte, die meisten Reisenden seien unterwegs, um sich selbst zu finden. Aber wer ist dieses ominöse Ich, dessen Suche man sich so einfach zum Lebensinhalt machen soll? Und warum sollte das sagenumwobene Ich ausgerechnet irgendwo hier in Indien oder in Bali am Strand rumhängen, während ich die vergangenen dreißig Jahre meines Lebens die meiste Zeit im guten alten Deutschland verbracht habe? Selbst wenn ich mich verfahre, fühle ich mich nicht, als hätte ich mich oder mein Ich verloren. Ich habe den Verdacht, dass ich mein Ich die ganze Zeit mit mir herumschleppe, dass es sich aber vielleicht hinter meiner lebenslangen Konditionierung, der Meinung anderer Menschen, auf die ich immer mal wieder zu viel gegeben habe, und meiner eigenen Idee von dem, was ich bin und gerne sein würde, versteckt.

Pawan findet es wohl auch in Ordnung, sich nicht selbst zu suchen.

»Suchst du dann Gott?«

»Muss man denn immer Gott suchen, nur weil man irgendwo rumsitzt und in die Gegend starrt?«

»Hmmm ... hmmm ... du wirst es vielleicht nicht glauben, aber ja, hier liegt es nahe. Viele gehen in einen Tempel, um Gott zu begegnen, und manche sogar, um ihn zu suchen.«

»Man kann auch einfach losziehen um des Losziehens willen und nicht, weil man etwas sucht. So ist das bei mir.«

»Hmmm ... nein! Dann suchst du das Unbekannte!« Er lacht erfreut auf, als wäre das alles ein großer Spaß. Die zahlreichen Falten um seine Augen ziehen sich mit seinem Lachen zusammen, und dazu wackelt er mit dem Kopf, wie es wohl nur Inder können. Dann steht er auf, streicht sich über sein weißes Karate-Kid-Outfit und winkt mir mit einer Hand.

»Komm jetzt, wir müssen uns mal ein bisschen bewegen! Es ist ja schon mitten am Tag! Du Langschläfer!« Von oben schaut er mich vorwurfsvoll an. Ich habe irgendwie verpasst, wann und wie er und ich plötzlich zu einer Einheit, zu einem Wir, wurden. Trotzdem richte ich mich auf und folge ihm mit müden, steifen Gliedern. Eine Weile laufe ich schweigend neben ihm her und versuche das Ziel unserer kleinen Wanderung auszumachen, während er mich mit Informationen zum goldenen Tempel und dem ganzen Gebäudekomplex überschüttet, von denen ich nur einen Bruchteil behalte. Als wir den See einmal umrundet haben, bekomme ich langsam das Gefühl, dass wir hier nur entlanglaufen, um uns zu bewegen, nicht, weil wir ein Ziel haben. Auch meine Gedanken irren umher. Bin ich wirklich auf die Reise gegangen, um das Unbekannte zu suchen? Ist das ihr einziger Sinn? Ein unbefriedigendes Gefühl macht sich in mir breit, wie es mich immer beschleicht, wenn ich nicht gleich die Sinnhaftigkeit einer Begebenheit greifen kann – man sagt, eine typische Krankheit meiner Generation. Alles wird hinterfragt, die Suche nach dem Sinn ist Antrieb, aber auch Hindernis, weil wir nur zufrieden sein können, wenn wir hinter Aufgaben einen tief greifenden Nutzen erkennen können. Wäre ich wacher gewesen, hätte ich Pawan geantwortet, dass ich reise, weil es den Horizont erweitert, weil es das wertvollste Geschenk ist, das man sich selbst machen kann, weil man auf Reisen etwas lernt – über andere und von mir aus auch über sich selbst. Zugleich weiß ich, dass alles davon wahr ist, aber eigentlich trotzdem nur eine Rechtfertigung. Denn die Wahrheit ist: Ich reise, weil ich Lust darauf habe. Weil ich mich als Reisende lebendig fühle.

»Kann ich auch die Freude suchen?«

»Natürlich, Freude ist Liebe, und wir alle suchen Liebe, sie bringt uns unserer Bestimmung näher.«

Ich betrachte meinen Spaziergefährten neugierig von der Seite. Die Kombination aus Bart, Turban, Falten und seiner bestimmenden Art lassen ihn wie einen alten Weisen wirken. Als hätte er die Welt und das Leben einfach schon ein bisschen besser verstanden als die meisten von uns. Um uns bewegen sich Massen anderer Menschen – Sikhs, bunt gekleidete Inder und auch ein paar westliche Touristen, die wie auch ich selbst vergleichsweise bleich und farblos aus der Wäsche schauen.

»Hier sind wirklich alle willkommen, oder? Und sogar Ungläubige oder Agnostiker wie ich ...«

Pawan breitet theatralisch die Arme aus.

»Ja, dass jeder Mensch willkommen ist, symbolisieren die Eingänge an allen Seiten, in jede Himmelsrichtung. Egal woher man kommt, hier wird man aufgenommen.«

Dann kommt Pawan zur Religion der Sikhs und erzählt, dass ihr Gott anders als die hinduistischen Gottheiten keine Gestalt hat, weder männlich noch weiblich ist, und sich die Religion der Sikhs von Christentum, Buddhismus, Hinduismus und Islam dadurch unterscheidet, dass sie ohne religiöse Riten und Dogmen funktioniert.

»Aber ich finde, alle Religionen gleichen sich in einem doch sehr. Im Kern unseres Glaubens müssen wir alle dieses Leben auf Erden so gut leben, wie es uns möglich ist. Wenn es dem Ende zugeht, sind sich zum Beispiel das Christentum und der Islam sehr ähnlich, auch wenn sie das natürlich nicht einsehen wollen. Bei beiden steht man vor einem Gericht und muss sich für seine Taten auf der Erde verantworten.«

Ich erfahre, dass Sikhs an Wiedergeburt glauben und dass das menschliche Leben die letzte Etappe dieses Kreislaufs sein kann. Wenn man als Mensch wiedergeboren wird, hat man es quasi fast geschafft. Mit dem Leben als Mensch kann man erreichen, eine Einheit mit Gott zu werden.

»Und wie funktioniert das?«

»Indem man ein gutes und erfülltes Leben führt. Weißt du, wie das geht?« Er schaut mich fragend an.

Ich zögere, denn ich bin mir nicht ganz sicher, ob er sich die

Frage nicht gleich selbst beantwortet. Doch als er nichts sagt, räuspere ich mich.

»Na klar, indem man das tut, was einen erfüllt!«, grinse ich Pawan an.

Mein Gegenüber scheint es keineswegs zu stören, dass ich die Erarbeitungen unserer tiefen Lebensweisheiten nicht ganz ernst nehme.

»Du hast schon viel gelernt. Nämlich Selbstverantwortung und Selbstliebe.«

Die Sikhs, erklärt er mir, haben fünf Säulen des geistigen Wachstums. Eine davon ist Dharam Khand und steht für die Pflicht, die Verantwortung für die eigenen Taten zu übernehmen, die zweite – Karam Khand – bedeutet, dass Selbstlosigkeit zu Geisteskraft und göttlicher Gnade führt.

»Also erst Verantwortung für sich selbst übernehmen und dann selbstlos sein? Das ist euer Geheimrezept?«

Er nickt. »Ohne Selbstverantwortung ist es nur eine Schein-Selbstlosigkeit. Also etwas, das man tut, um sich selbst besser zu fühlen. Das ist wiederum das Gegenteil eines selbstlosen Aktes. Findest du nicht?« Ich nicke nur und versuche das, was er sagt, richtig zu verarbeiten.

»Bist du nicht gläubig?« Obwohl wir uns an einem Ort des Glaubens befinden, habe ich mit dieser Frage nicht gerechnet. Die meisten Leute, denen ich auf dieser Reise begegnet bin, gingen davon aus, dass ich gläubig sei, Christin wahrscheinlich. Denn jemanden, der gar keiner Religion angehört, finden viele anscheinend noch absonderlicher als jemanden, der eine andere Religion hat.

»Na ja ... ich glaube nicht an den christlichen Gott. Auch nicht an Allah ... und deinen Gott ...«, ich mache eine kurze Pause und lache nervös, »entschuldige, aber deinen Gott kannte ich bis gestern so gut wie gar nicht.«

Pawan schmunzelt und ist anscheinend kein bisschen beleidigt, und so versuche ich ihm zu erklären, dass ich zwar nicht religiös bin, aber dass ich immerhin an Selbstbestimmung und ein erfülltes Leben glaube. »Hmmm ... dann glaubst du dasselbe wie ich, wie Christen, Muslime und Hindus. Daran, ein gutes Leben zu führen. Ich habe mich noch nie mit einem Agnostiker unterhalten. Und das, obwohl ich alle drei Jahre eine Pilgerreise zu diesem Tempel mache und mich immer gern austausche. Sehr exotisch, dein Glaube.«

»Ich finde eher die Wiedergeburt exotisch.«

»Du weißt also nicht, ob wir wiedergeboren oder erlöst werden – oder gar nichts von beidem? Aber wenn du nicht weißt, was nach dem Tod passiert, hast du dann Angst vor ihm?«

Ich fühle mich in eine Falle getrieben, als wäre das eine Fangfrage. Es ist komisch, über diese Fragen nachzudenken, die mir nicht mehr gestellt wurden, seit ich mit meiner ersten Gehaltsabrechnung aus der Kirche ausgetreten bin. Er merkt, dass ich zögere.

»Hmmm ... lass mich die Frage anders formulieren: Möchtest du ewig leben?«

»Nein.«

»Und warum nicht?«

»Würde ich ewig leben, müsste ich meine Zeit nicht nutzen. Ich könnte alle Dinge machen, die mir wichtig sind. Und alle, die mir nicht wichtig sind. So muss ich mir überlegen, was das ist. Du kennst das Gedankenspiel: ›Wenn ich nur noch einen Tag zu leben hätte, was würde ich tun?‹ An diesem Tag würden die meisten Menschen alles ganz anders machen und endlich das tun, was sie oft versäumen. Je kürzer unsere Zeit ist, umso mehr merken wir, wie wertvoll sie ist und was uns wirklich wichtig ist.«

»Du hast also Angst, dass dich ein unendliches Leben zu einem schlechteren Mensch machen würde.«

»Zumindest zu einem fauleren. Ich würde mich von Gewohnheit und Gemütlichkeit lenken lassen. Es wäre viel anstrengender, den Durst zu behalten, Neues auszuprobieren und zu erforschen.«

»Ja, das ist wohl ein wichtiger Teil deiner Persönlichkeit.«

Während wir weiter um den See laufen, erzählt er mir, dass Menschen auf Panjabi Aadmee genannt werden, was so viel bedeutet wie »dieser Atem«. Die Gegenwart besteht für Pawan aus dem Atem jedes einzelnen Menschen.

»Wir wissen nicht, wann unser letzter Atemzug sein wird. Das weiß nur Gott. Dadurch ist uns bewusst, wie nah der Tod sein kann. Deswegen ist unser Auftrag, unsere Erfüllung, in der Gegenwart zu leben und das Beste aus jeder Gelegenheit zu machen.«

Wir haben den See im Schatten der überdachten Arkaden der Palastanlage bereits mehrere Male umrundet, aber jetzt ändert Pawan die Richtung. Er bemerkt meinen fragenden Blick.

»Heute wird es voll sein! Es ist gut, wenn wir ein wenig früher da sind.«

Er spaziert nun zielgerichtet voraus, als hätten wir schon die ganze Zeit nur dieses eine Ziel gehabt.

»Wohin gehen wir?«

»In unser Langar mittagessen.«

Ich merke plötzlich, wie sehr mein Magen knurrt.

Es gibt Reis, das traditionelle indische Bohnengericht Daal, ein typisches dünnes Fladenbrot namens Roti und ein vegetarisches Curry. Zum Essen setzen wir uns in einer Reihe mit allen anderen Speisenden auf den Boden. Man isst wie fast überall in Indien mit der rechten Hand, da die linke zur Körperhygiene benutzt wird und als unrein gilt. Ausgehungert schlinge ich die Portion auf meinem Metallteller in mich hinein. Die indischen

Gewürze, die so intensiv sind, dass oft sogar die Luft nach ihnen riecht, explodieren wie ein buntes Feuerwerk des Geschmacks in meinem Mund. Ich schließe die Augen und genieße die brennende Schärfe, die mir kurz die Luft nimmt. Pawan erzählt mir, während ich esse, stolz, dass in diesem Langar im Durchschnitt 50 000 Menschen am Tag eine kostenlose Mahlzeit bekommen.

»Heute ist sozusagen ein Feiertag, es sind also eher 100 000, und es wird zu Stoßzeiten ein bisschen voll! Aber dafür wird an Feiertagen nicht alles mit der Hand gemacht wie sonst, sondern die Rotimaschine wird angeschmissen.«

Als Pawan von der Rotimaschine spricht, bekommt er die glänzenden Augen eines begeisterten Kindes. Anscheinend kann sie bis zu 25 000 Rotis in der Stunde herstellen und täglich bis zu zwölf Tonnen Mehl verarbeiten. Ich schaue ihn ungläubig an.

»Und wie groß sind die Töpfe, in denen man Essen für 100 000 Personen kocht?«

Pawan zuckt mit den Schultern, als wäre das nichts Besonderes.

»Sie fassen ungefähr 700 Liter. Kann ganz schön anstrengend sein, so ein dickflüssiges Daal umzurühren. Ich überlasse das heute den Jüngeren ...«

»Wie funktioniert das? 100 000 Menschen am Tag?!«

»Viele freiwillige Helfer. Manche bleiben für Wochen, andere nur für ein paar Stunden.«

»Kann ich auch helfen, obwohl ich kein Sikh bin?«

Pawan lacht. »Natürlich, zum Geschirrabwaschen bist du herzlich willkommen. Und es ist ein guter Weg, um die Tugend der Selbstlosigkeit zu üben.« Er zwinkert mir zu.

Kurze Zeit später stehen wir mit hochgekrempelten Ärmeln an einem großen Eisentrog in einer Reihe von zehn anderen Freiwilligen und waschen die metallenen Essensteller. Ich tauche meine Hand in das bräunliche Wasser, denke daran, wie viele Menschen

hier freiwillig für andere arbeiten, und versuche die Umgebungs-
geräusche auszublenden. Um uns herum scheppert es so laut,
dass eine Unterhaltung fast unmöglich ist. Obwohl so viele Menschen beteiligt sind, ist alles strikt geregelt: Erst werden die Teller und die Essensreste abgeklopft, dann werden sie von einem
Metalltrog zum nächsten transportiert, insgesamt fünf Mal gewa-
schen und am Ende wieder gestapelt, um bereit für den Ansturm
der nächsten 5000 Speisenden zu sein, die die beiden Speisesäle
insgesamt fassen.

»Es ist gut, sich nach dem Essen körperlich zu betätigen, um
den Kopf für frische Gedanken freizubekommen!«, ruft mir Pawan über den Lärm hinweg zu. Und das machen wir die nächsten drei Stunden. Während ich in der Gegenwart Geschirr abwa-
sche, denke ich an die Vergangenheit. Ist die Selbstoptimierung,
nach der wir oft unser Leben ausrichten, nicht oft das Gegenteil
von Selbstverantwortung?

Von meinem sechsten Lebensjahr an hatte ich mich dem Leistungssport verschrieben. Ich war Schwimmerin, trainierte jahrelang zweimal am Tag und besuchte eine Sportschule. Andere Mädchen verbrachten ihre Sommer Eis schleckend im
Schwimmbad – dort war ich auch, aber nicht am Beckenrand,
sondern im Wasser. Anstatt Gerichte aus aller Welt zu probieren, schrieben wir Schwimmer seitenlange Ernährungstage-
bücher, die jede Woche ausgewertet wurden. Anstatt am Wochenende auszuschlafen, standen wir spätestens um sieben Uhr
morgens in der Schwimmhalle. Wir waren in unserem Alltag
zwischen Training, Wettkämpfen und Trainingslagern zu ein-
gespannt, um überhaupt infrage zu stellen, wofür wir es taten.
Ständig angetrieben, rastlos, perfektionistisch. Wir waren diszi-

pliniert, selbstständig und bereit, uns aufzuopfern und unterzuordnen. Eigentlich waren wir perfekte kleine Soldaten. Der Leistungssport fordert diese Charaktereigenschaften. Aber waren sie wirklich unsere Persönlichkeit, oder hatte uns der Sport zu dem gemacht, was wir waren?

Ich hatte zwei Trainer: einen vom Verein, einen von der Schule. Sie waren absolute Autoritäten, egal ob wir sie liebten oder hassten. Es gab keine Diskussion über die Trainingsintensität oder darüber, ob mir das verhasste Joggen Spaß machte. Es war ein Teil des Trainings, und es gab keine Möglichkeit, sich aufzulehnen. Entweder man machte mit, oder man war raus. In der Schule wuchsen unsere Mitschüler zu rebellischen Teenagern heran. Aber in unserer Schwimmgruppe waren wir alle Maschinen, die Befehlen gehorchten. Den Trainer der Sportschule mochte ich etwas lieber als den anderen. Er war weniger hysterisch und hatte einen besseren Humor, der es leichter machte, Kritik anzunehmen. Außerdem hatte ich das Gefühl, dass er mich wirklich mochte und verstand. Ihm waren nicht nur gute Zeiten wichtig, er fragte auch, wie es uns ging. Und ich schaute zu ihm auf, berauscht von dem Gefühl, trotz meiner Jugendlichkeit ernst genommen zu werden.

»Und, wie läuft es so im Training?«, fragte ihn meine Mutter einmal, als ich in der Umkleidekabine war und sie auf mich wartete. Sie wussten nicht, dass ich sie hören konnte.

Ich spitzte die Ohren. Ich war gerade ein paar wirklich gute Bestzeiten geschwommen, meiner Meinung nach lief es ganz vorzüglich. Mein Lieblingstrainer seufzte.

»Ganz gut. Sie hat so viel Talent. Aber sie könnte noch mehr daraus machen.«

»Mehr daraus machen? Sie trainiert doch schon neunmal die Woche ...«

»Das meine ich auch nicht. Sie möchte sich einfach nicht zu

sehr quälen. Sie geht nicht an ihre Grenzen. Bei mittelmäßigen Schwimmern ist das egal, aber hier geht es um die minimalen Nuancen, die Spitzensportler unterscheidet. Sie hat sich noch nie vor Anstrengung übergeben. Sie geht nicht an ihre Limits.«

Versteinert stand ich in meiner Kabine. Ein eiskalter Speer durchbohrte mein Herz. Ich war nicht so, wie ich sein sollte. Nicht so, wie es von mir erwartet wurde. Ich war zu langsam, zu undiszipliniert. Ich hatte eine meiner wichtigsten Bezugspersonen enttäuscht, aber die Enttäuschung über mich selbst wog schwerer. Ich war einfach nicht gut genug. Ich musste besser werden.

Ich habe einen fast meditativen Flow im Tellerwaschen entwickelt, da beendet Pawan unsere Freiwilligenarbeit in der hektischen Waschstraße.

»Komm mit! Bewegung!«

Wieder laufe ich ihm hinterher. Diesmal aber nicht um den See, sondern mehrere Treppen hinauf. Plötzlich stehen wir auf einem Dach, der Nektarsee und der goldene Tempel vor uns. Wir setzen uns an die Kante. Von hier sehen die bunten Saris der Frauen und die farbenfrohen Turbane der Männer aus wie kleine Farbkleckser vor dem Hintergrund der weißen Palastanlage, die wie der goldene Tempel selbst im See schimmert.

»Gefällt es dir?«, fragt Pawan vorsichtig.

Ich nicke stumm. Irgendwie geht mir unser Gespräch über Selbstverantwortung und die Gegenwart nicht aus dem Kopf.

»Ich habe in meinem Leben ganz schön viel Zeit verschwendet mit Dingen, die egal sind, die ich für eine Zukunft getan habe, die nie eintritt«, sage ich traurig.

Pawan wackelt mit dem Kopf.

»Verschwendet war die Zeit dann nicht, wenn du daraus gelernt hast. Oft ist es so, dass Menschen schlecht mit sich selbst und ihrer Zeit umgehen. Und viele merken das nicht zu ihren Lebzeiten, sondern erst, wenn sie dem Tod ins Auge blicken und erkennen, was sie versäumt haben. Zeit ist unsere am stärksten begrenzte Ressource. Wir erlauben unwichtigen und ungesunden Dingen, uns viel davon wegzunehmen. Wut, Ärger, Trauer, Langeweile. Und ja, auch schlechten Arbeitgebern und Unternehmen.«

Ich denke an das Leben zu Hause, das ich mit dieser Reise hinter mir gelassen habe, und fühle mich ertappt.

»Stimmt. Den Großteil der Zeit tun viele Menschen etwas, was sie nicht lieben, anstatt die Zeit mit ihrer Leidenschaft zu füllen.«

»Genau. Wenn wir aber lernen, unsere Erfüllung in der Gegenwart zu finden, passiert das nicht, denn dann ist uns bewusst, wie kostbar jeder Moment ist.«

Mit dem Vertagen von Glück kenne ich mich aus.

»Meinst du, es ist für euch Sikhs einfacher, in der Gegenwart zu leben, weil ihr so erzogen wurdet?«

»Wurdest du denn nicht dazu erzogen?« Pawan schaut mich verwundert an. Ich überlege kurz.

»Ich glaube, ich wurde zur Selbstständigkeit erzogen ... aber das ist etwas anderes als Selbstverantwortung oder das Leben in der Gegenwart ...«

Er schaut mich fragend an. Also versuche ich, meine Gedanken zu ordnen und ihm zu erklären, dass ich das Gefühl habe, dass wir, bevor wir überhaupt selbst jemals wirklich darüber nachdenken können, in unserer Kindheit und Jugend auf ein bestimmtes Lebens- und Gesellschaftsmodell konditioniert werden. Für mich war es auch als Erwachsene noch normal, mich mit anderen zu messen. Für mich war es normal, eine Wohnung zu haben, die den ganzen Tag leer stand, und einen Job, um diese Wohnung zu bezahlen. Es war normal, elf Monate zu arbeiten, um einen Monat freizuhaben. Es war normal, mich in meinem Alltag jeden Tag aus dem Bett zu quälen und dasselbe Leben immer wieder zu leben. Es war normal, so viel Angst vor der Zukunft zu haben, dass ich die Gegenwart niemals genießen konnte. Es war normal, dass ich mir über andere Lebensweisen nur sehr wenig Gedanken gemacht hatte, da sie mir nicht beigebracht worden waren und dafür zwischen allem beigebrachten Müssen und Wollen auch gar keine Zeit blieb.

»Nimm beispielsweise Religion: Anstatt uns alle Glaubensrichtungen zu lehren und uns dann selbst entscheiden zu lassen, was und ob wir glauben wollen, wird uns nur der Glaube unserer Eltern beigebracht. Anstatt uns die Fülle der Möglichkeiten aufzuzeigen, werden wir schon in der Schule auf ein paar steife Fachrichtungen beschränkt. Statt Empathie, Mitgefühl und Selbstbewusstsein lernen wir Stochastik, Algebra und Dinge, die wir nie wieder brauchen, da jede Maschine sie inzwischen besser kann als wir.«

Ich rede davon, dass es in meiner Schule und dem Sport immer nur um einen Vergleich und Wettbewerb mit anderen ging.

»Irgendwie ist es doch komisch, dass man schon kleinen Kindern beibringt, sie seien besser oder schlechter als ihre Klassenkameraden. Später bedeutet ›besser‹ dann mehr Geld, für das wir unsere Zeit opfern sollen. Wir lernen nichts über die Gegenwart oder darüber, wie wir uns selbst behandeln sollen, und auch nicht, wie wertvoll unsere Zeit ist. Jeder weiß, dass Gold kostbar ist, aber dass unsere Sekunden, Minuten und Stunden noch wertvoller sind, das ist kaum jemandem bewusst. Wahrscheinlich ist es Absicht, sonst würden wir uns nicht so sehr von diesem System einspannen lassen.« Seit ich unterwegs bin, ist eigentlich jeder Tag gut, an dem mir nicht jemand erzählt, dass er ein Scharfschütze ist, weil ich selbst über meine Zeit bestimme. Ich weiß jetzt, dass Montage regenbogenfarben sein können anstatt blau, Dienstage der Start zu einem neuen Abenteuer, Mittwoche der Reflexion dienen, Donnerstage mich antreiben, Freitage mich wünschen lassen, dass die Woche gerade erst begonnen hat, weil ich weiß, dass ich immer etwas Neues lerne und die Zeit zu schnell verstreicht.

Pawan nickt. »Ja, wer die Kontrolle über seine Zeit schon so früh abgibt, hat es schwer, sie irgendwann zurückzuerobern. Es ist schwierig, unsere Bestimmung zu finden, wenn wir unsere Zeit mit Dingen verbringen, die uns nicht entsprechen.«

Dann erzählt er mir von der indischen Gesellschaft, in der es massive Unterschiede gibt und das Kastensystem noch immer existiert – von der auch er als Sikh ein Teil ist. In der Religion der Sikhs hat jeder Mensch denselben Wert – es tragen sogar alle dieselben Nachnamen: Männer heißen Singh, was Löwe bedeutet, und Frauen Kaur, was Prinzessin heißt. Aber die indische Realität ist eine andere.

»Wer sagt, wir alle haben dieselben Voraussetzungen, lügt. Aber egal, wie unsere gesellschaftlichen Umstände sind: Jeder muss dafür kämpfen, welches Leben er führen möchte. Und zwar in der Gegenwart.«

»Sonst bestimmt jemand anderes darüber, und wir können nur zusehen, wie unser Leben verstreicht ...«

»Der Gründer unserer Religion hat gesagt: ›Unsere Wünsche entscheiden unser Sein‹ – also legen unsere Sehnsüchte unsere Umstände fest. Wir bestimmen, wie viel Zeit wir diesen Wünschen und unserem Sein widmen, was wir werden und wie wir die Gegenwart gestalten.«

»Also sind wir dem Schicksal nicht vollkommen ausgeliefert?«

Pawan schaut mich geschockt an. »Wie kommst du denn darauf? Wir sind doch keine hilflosen Kreaturen!«

162

Ich muss grinsen. Vielleicht haben weder das Schicksal noch das Universum alles unter Kontrolle.

»Jeder kann im Rahmen seiner Möglichkeiten handeln. Vielleicht verwehrt uns die Realität manche Wege, aber es gibt noch immer genug andere, zwischen denen wir uns entscheiden können und müssen.«

Mich als Kontrollfreak beruhigt es ungemein, eigene Entscheidungen treffen zu können, ohne auf eine höhere Instanz vertrauen zu müssen. Außerdem bin ich schon immer der Meinung gewesen, dass nicht alles Schlechte, das einem widerfährt, für etwas anderes gut sein muss. Manches ist einfach schlecht.

»Pawan, jetzt habe ich doch auch etwas für dich. In Pakistan hat mir eine Familie ein Sprichwort geschenkt. Ich glaube, es passt auch gut zu dir: ›Das Schicksal ist ein gesattelter Esel: Er geht, wohin du ihn führst.‹«

Pawan lacht und nickt. »Genau so ist es ... Weißt du, was interessant ist? Egal was die Menschen glauben, die ich bisher mit auf dieses Dach genommen habe: Hier ist man immer angekommen und sich einig. Ich glaube, dieser Tempel ist ein Ort, an dem man seinen Esel auch mal gemeinsam mit anderen grasen lassen kann, ohne dass man ihn lenken muss und er gleich abhaut. Denn hier kommt man automatisch im Moment an.«

Ich lache und drehe meinen Kopf in die versmogte Sonne. Vielleicht darf ich nicht so streng mit dem Schicksal und seiner Bedeutung sein. Denn solange ich die Kontrolle über meine Zeit, die ich – ohne sie zu suchen – auf dieser Reise gefunden hatte, nicht wieder abgeben würde, konnte ich vielleicht auch manchmal die Zügel des Esels ein wenig locker lassen.

Plötzlich wittere ich außerdem eine ganz neue Karrierechance, die mir vielleicht ganz gut entsprechen könnte: »Sag mal, Pawan, wenn ich Sikh werde, werde ich dann auch automatisch Prinzessin?«

163

Pawan lacht und droht mir scherzhaft mit dem Finger. »Dazu musst du erst mal dem Guru folgen. Unser Guru Nanak Dev soll einmal gesagt haben: ›Bevor du Sikh, Hindu, Muslim oder Christ wirst, werde zuerst ein Mensch.‹«

»Ja, ich finde, er ist ein kluger Mann, euer Guru«, sage ich zustimmend. »Lea Kaur. Prinzessin Lea Kaur ...«, murmele ich trotzdem vor mich hin. Dann lasse ich mich zufrieden zurücksinken. Denn wie meistens will ich eigentlich niemand anderes sein als ich selbst. Und das ist gar kein so schlechtes Gefühl.

Empathie

WANN HAST DU DAS LETZTE MAL EINEM FREMDEN
EIN LÄCHELN GESCHENKT? KANN MAN SICH AUCH IN
ETWAS EINFÜHLEN, DAS MAN NICHT KENNT?
KANN DAS UNBEKANNTE BERÜHREN?

Im falschen Film

NEPAL, SAGARMATHA

KILOMETER: 14 453

Mein Kleid flattert im Fahrtwind. Freiheit ist auch, Dinge einfach mal anders zu machen – sofort fühlen sie sich ganz neu an. Der Wind auf meiner Haut, meine Haare, die mir unter dem Helm auf den Rücken fallen und die ich jetzt wirklich spüren kann, die Wärme des Tages, die ich ohne Motorradanzug ganz unmittelbar erlebe.

Ich habe mich unfassbar auf Nepal gefreut, und meine vermutlich naive Vorstellung von diesem Land der Berge lässt mich den indischen Stau auf dem Weg zur Grenze ertragen. Seit fast zwei Wochen habe ich mit keinem anderen Reisenden gesprochen und mich durch die bevölkerungsreichsten Landstriche der Welt gekämpft. Indien ist die ganze Bandbreite des Lebens inklusive Sterbens, nichts findet hier hinter verschlossenen Türen statt. Nepal wiederum empfängt mich wider Erwarten mit strömendem Regen, obwohl der Monsun eigentlich längst vorbei sein sollte. Mein Ziel sind die Berge, ich will weg von der stehenden Hitze und den Menschen in den Städten, in die abgelegenen Dörfer. Aber dann kommen drei Menschen ums Leben, begraben unter einem Erdrutsch, an dem ich nur wenige Minuten später zum Stehen komme. Wenn ich in Tadschikistan eines gelernt habe, dann, auf die Natur zu hören. Anstatt in die Berge fahre ich also zurück ins dschungelige Flachland, um dort auf das Ende des Regens zu warten. Es kommt nicht oft vor, dass ich die Gelegenheit für eine Exkursion ohne Gepäck habe, und auch wenn es unvernünftig ist, beschließe ich an diesem Tag, endlich einmal wild zu sein, noch freier als sonst. Und das heißt: Motorrad ohne Schutzkleidung zu fahren, nur in einem Kleid.

Zwei Stunden lang erkunde ich die Gegend auf einer kleinen roten Lehmstraße, die vom Regenwald überdacht ist. Irgendwann kommt in der drückend feuchten Hitze ein Dorf in Sicht. Ich stelle mich auf die Fußpedale, das lange Kleid flattert hinter mir. Manchmal ist das Leben wie ein Soundtrack: in meinem Kopf ein Trommeltusch, dann Fanfaren. Ich summe meine eigene Filmmusik und betrachte mich von außen: flatterndes Kleid, auf dem Motorrad stehend, vor mir ein kleines nepalesisches Dorf im Nirgendwo – daraus sind Hollywoodfilme gemacht. Zumindest die in meinem Kopf. Am Ortseingang setze ich mich wieder. Plötzlich ein fast unmerklicher Ruck, bei dem ich nicht genau weiß, woher er kommt. Dann fahre ich an zwei Feldarbeitern vorbei, die mit Macheten das Gestrüpp am Straßenrand schneiden und mich staunend angaffen. Ich winke ihnen, schließlich sollte man den Einheimischen immer mit Respekt begegnen, doch sie schauen nur, ohne ihrerseits zu grüßen. Ich nehme es ihnen nicht übel, so ein großes Motorrad kann schon einschüchtern, und hier rechnet niemand damit, eine Frau auf einem Motorrad zu sehen. Normalerweise kann ich mich gut in meiner Schutzkleidung verstecken, die meisten kommen gar nicht auf die Idee, dass eine Frau Motorrad fahren könnte. Ich blicke auf den Tacho, und mir fällt etwas ins Auge, das mich irritiert. Haut. Trotz des Helms versuche ich, an mir hinunterzuschauen, und sehe ... nichts. Beziehungsweise jede

Menge Haut. Augenblicklich verstummt die Filmmusik in meinem Kopf. Verdammter Mist, ich bin nackt. Bis auf die Unterhose. Vor Schreck lege ich eine Vollbremsung hin. Schlitternd komme ich zum Stehen, springe vom Motorrad und blicke mich panisch um. Wo zum Teufel ist mein Kleid? Die beiden Männer, faltige Gesichter, wahrscheinlich sind sie um die siebzig, schultern ihre Macheten und kommen langsam in meine Richtung, bleiben neben mir stehen und starren mich reglos mit großen Augen an.

»Hey, umdrehen!«, rufe ich empört und wedle mit einer Hand, um ihnen zu signalisieren, dass sie sich gefälligst wegdrehen sollen. Aber keiner von beiden bewegt sich. Hektisch springe ich um das Motorrad und versuche zu rekonstruieren, wo mein Kleid steckt. Da ist es! Dieser Verräter von einem Kleid! Fein säuberlich aufgerollt um die Hinterradachse. Ein einzelnes kleines Stück liegt am Boden. Ich schnappe es mir und halte es vor meinen Oberkörper. Wieder schaue ich die Männer an. Ist das Gerechtigkeit? Sie haben zwei schwertlange Messer, ich noch nicht mal einen BH. Dann nehme ich die Hände herunter, um Cleo rückwärtszuschieben und das Kleid von der Achse zu rollen.

Einer der Machetengreise zuckt mit den Schultern. »Ruhig, ruhig«, sagt er.

Der hat Nerven! Beide machen ein paar Schritte auf mich zu und lassen ihre Macheten fallen. Reflexartig will ich wieder meinen Oberkörper bedecken, mit einer Hand halte ich Cleo fest, ich kann sie nicht einfach fallen lassen. Doch ich bin sowieso nicht das Ziel der Männer: Einer nimmt mir bestimmt den Lenker aus der Hand und schiebt mich zur Seite, der andere packt den Gepäckträger. Sie schieben das Motorrad rückwärts. Trotz ihres Alters sind sie erstaunlich kräftig. Ich schaue sie kurz entgeistert an, dann zerre ich an meinem Kleid, das sich

Meter für Meter wieder abrollt. Ich schaue auf die Stofffetzen in meiner Hand – mein Kleid besteht jetzt aus drei kettenöligen Einzelteilen. Immerhin ist eines davon groß genug, dass ich es mir um die Brust binden kann. Damals bei Destiny's Child im Musikvideo zu »Survivor« sah das mit den zerfetzten Kleidern ziemlich verwegen und abenteuerlich aus. Ich dagegen fühle mich eher wie eine Pornodarstellerin, halb nackt auf einem röhrenden Motorrad, neben mir zwei Greise mit ziemlich langen Macheten, die mich angaffen. Statt Fanfaren sehe ich in traurigen Buchstaben den Titel meines aktuellen Films: *The girl who rides*. Die Männer haben unterdessen Cleo abgestellt, einer geht zu einem kleinen Holzverschlag, der ein paar Meter entfernt ist und auf dessen abgewetzten Holzplanken eine vergilbte Coca-Cola-Schrift zu sehen ist. Nur nach Kuba und Nordkorea ist die Marke noch nicht vorgedrungen, ansonsten in jedes andere Land der Welt. Wenn ich mir das überlege, kommt die Welt mir gleich viel weniger abenteuerlich vor: Überall wo ich hinfahre, war Coca-Cola schon lange.

»Nima!«, ruft der Mann in das dunkle Innere, und ein paar Sekunden später tritt eine Frau aus dem Kiosk. Schützend legt sie ihre Hände um ein Tuch, das sie um den Oberkörper gebunden hat und in dem sie ein Baby trägt. Der Mann zeigt auf mich und redet auf sie ein. Ihre Augen werden groß. Dann wirft sie ihre glänzenden schwarzen Haare zurück, reißt den Mund auf, als würde sie ersticken, und fängt schallend an zu lachen. Ich weiß in diesem Moment nicht, was schlimmer ist, die Scham des Ausgeliefertseins oder die des Enthülltseins. Noch immer lachend geht die Frau auf mich zu, nimmt mir die Stofffetzen aus der Hand, legt ihren anderen Arm um meine nackte Taille und tätschelt mir den Rücken. Sie schiebt mich in Richtung des Holzverschlags. Die Männer folgen uns kichernd wie Teenager, aber als wir ins Innere des Verschlags treten, macht Nima eine

Handbewegung und schlägt ihnen die Tür vor der Nase zu. Innen ist es dunkel, es gibt kein Licht und, soweit ich sehen kann, auch keinen Strom. Trotzdem ist es sauber und aufgeräumt. Wäre mir nicht klar, wie arm diese Frau sein muss, wenn sie auf diesen fünf Quadratmetern mit ihrer ganzen Familie lebt, fände ich es gemütlich und idyllisch. Auf dem Boden liegen mehrere Teppiche, die bei jedem ihrer Schritte ein bisschen Staub aufwirbeln, der in den einzelnen Sonnenstrahlen tanzt, die durch die Bretter der Wände fallen. Sie geht unterdessen zu einer Ecke, in der ein paar Kleider liegen, und reicht mir eines davon, das ich mir schnell über den Kopf ziehe. Es hat sich niemals besser angefühlt, nicht nackt zu sein.

»Wow! Die beiden Alten gehorchen dir ja aufs Wort.«

»Sie haben ein gutes Herz, sind aber furchtbar neugierig.«

Ihr Englisch ist grammatikalisch korrekt, klingt aber, als hätte sie es lange nicht benutzt.

»Du sprichst gutes Englisch ...«

»Ich bin eine der wenigen Frauen hier, die lesen und schreiben kann. Wegen des Ladens ... Normalerweise dürfen viele Mädchen nicht lernen, weil sie arbeiten müssen. Englisch habe ich mir selbst beigebracht aus Büchern.«

»Dafür sprichst du wirklich gut.«

»Ja, ich dachte, irgendwann kommen mehr Touristen hierher ... aber es ist vielleicht zu weit weg von den Bergen und Kathmandu. Wie hat es dich hierherverschlagen?«

»Ich komme aus Pokhara. Aber im Gebirge ist es gerade zu gefährlich, es gibt so viele Erdrutsche.«

»Davon habe ich gehört.«

»Wahrscheinlich fahre ich bald weiter Richtung Sikkim in Indien und Myanmar, wenn sich das nicht ändert.«

»So weit? Ist das nicht gefährlich?«

»Ich bin schon viel weiter gefahren, das wird schon.«

»Erzähl mir deine Geschichte!«

Sie zieht sich einen alten wackligen Schemel mit drei Beinen heran, setzt sich neben mich, nimmt die drei Kleiderfetzen und beginnt, sie mit Nadel und Zwirn wieder zusammenzunähen. Also erzähle ich ihr, dass ich auf einer langen Reise bin, dass ich als Nächstes nach Südostasien und nach Amerika fahren will. Ich erzähle ihr von meiner Route und den Ländern, in denen ich bisher war. Sie schaut mich an, die Augen mit dunklen Wimpern vor Erstaunen geweitet.

»Ich kenne diese ganzen Länder gar nicht ... vom Hören. Aber ich weiß nicht so viel. Als ich ein Kind war, hatte ein Nachbarsjunge eine Weltkarte, und wir haben damit Namen lesen gelernt. Ich habe mich manchmal gefragt, wie es wohl auf der anderen Seite der Welt und in diesen Ländern ist. Aber ich war ja noch nicht einmal in Kathmandu.«

»Genau dasselbe habe ich mich auch gefragt, als ich klein war. Ich saß immer vor dem Globus meiner Eltern und konnte es gar nicht fassen, wie rund und groß diese Welt ist.« Ich beiße mir auf die Zunge. Was mir plötzlich klar wird: Zwischen uns gibt es einen großen Unterschied, denn ich bin diejenige, die sich den Luxus erfüllen kann, nun genau diese Länder wirklich zu bereisen und sich alle Fragen selbst zu beantworten.

»Würdest du noch immer gern diese Länder sehen? Angenommen, ich würde dich einfach einpacken und mitnehmen?«, frage ich.

Sie lacht. »Ich bin noch immer neugierig, aber eigentlich will ich hier auch nicht weg. Wir haben nicht viel, aber ich bin glücklich!« Sie streicht ihrem kleinen Kind über den Kopf und lächelt befreit.

»Jetzt kann ich nicht mehr weg, und ich will auch nicht mehr weg. Das hier ist unser Leben. Es ist ein gutes Leben, ich muss nicht so hart arbeiten wie die meisten anderen hier im Dorf.

Ich muss nicht auf den Feldern ackern, Straßen reparieren oder schwere Lasten tragen.«

Plötzlich habe ich eine Idee. »Warte kurz!«, sage ich zu ihr.

Ich laufe nach draußen und hole mein Handy. Das flache schwarze Gerät mit seinem leuchtenden Display wirkt in diesem stromlosen Holzverschlag wie ein Fremdkörper, wie eine Technologie, die sich aus der Zukunft hierherverirrt hat. Ich zeige ihr Bilder meiner Reise, versuche, die Länder zu beschreiben, in denen ich bisher war. Ich öffne meine Karten-App, zeige ihr, wo sie liegen, und anschließend, wohin ich noch fahren möchte. Ich zeige ihr, wo Australien liegt, wo Südamerika, wo Afrika.

»Und wo ist dein Zuhause?«, fragt sie mich.

Mein Herz wird ein bisschen schwer, aber auch ein bisschen froh, denn ihre Frage erinnert mich daran, dass es einen Ort gibt, an dem auch ich Freunde und Familie habe – und wie viel sie zu unserem Glück beitragen. »Deutschland.«

Sie nickt, weil Deutschland irgendwie überall ein Begriff ist, und ich zeige es ihr auf der Karte. Sie muss lachen. »Wie kann Deutschland so klein sein und ich kenne es trotzdem? Ich wusste das nicht. Ich dachte, es wäre so groß wie Indien. Mindestens!«

Fast zwei Stunden sitzen wir in unserer Zweisamkeit im Halbdunkeln des Holzverschlags da, nur unterbrochen durch das Stillen des Babys. Nima ist so begeistert, dass sie mich mit ihrer Begeisterung ansteckt, dass sie mich dankbar macht, all diese Orte sehen zu dürfen, und auch, mit ihr hier zu sitzen. Wir besuchen virtuell jeden Winkel dieser Welt. Irgendwann hält sie mein Kleid nach oben. Es sieht jetzt aus wie eine etwas geschmacklose Patchworkdecke – aber für mich ist es das schönste Kleid, das ich je gesehen habe. Ich werfe es mir über den Kopf, und Nima klatscht begeistert in die Hände.

»Danke«, sage ich mal wieder und umarme die kleine Frau mit ihrem Baby. Sie klopft mir auf den Rücken, und gemeinsam gehen wir nach draußen. Ich hole meinen Geldbeutel aus meinem Tankrucksack und möchte Nima bezahlen, aber sie schlägt meine Hand mit den Scheinen weg.

»Warte!«, sagt nun sie und verschwindet in ihrem Bretterverschlag.

Ich befürchte schon, sie verärgert zu haben, da kommt sie wieder. Sie hält mir etwas hin – Geldscheine, über tausend nepalesische Rupien, mehr als zehn Euro.

»Mehr Geld habe ich leider nicht«, sagt sie entschuldigend.

Als ich nicht reagiere, nimmt sie meine Hand und legt das Geld hinein. »Ich möchte etwas zu deiner Reise beitragen.«

Langsam wird mir klar, was hier vor sich geht. »Kommt überhaupt nicht infrage! Du hast mein Kleid geflickt, mehr kann ich nicht annehmen.«

Sie lächelt, aber zieht ihre Hand nicht zurück. »Bitte kauf dir in Argentinien ein Getränk. Und eines in Amerika. Und eines, wenn du heil zu Hause angekommen bist. Ich werde niemals in diese Länder reisen können, und so kannst du mich zumindest in Gedanken mitnehmen.«

Ich schaue sie an, überlege, wie ich das Geld am freundlichsten ablehnen kann. Sie hat schließlich eine ganze Familie zu versorgen, ich nur mich selbst, und sowieso habe ich wirklich alles, was ich brauche. Aber etwas leuchtet in ihrem Blick, etwas, das ich vertreiben würde, wenn ich ihre Geste ausschlagen würde. »Danke«, sage ich.

Mir treten Tränen in die Augen, und ich versuche, mich schnell wegzudrehen und etwas geschäftig am Motorrad zu verstauen. Keiner meiner neuen Bekannten war jemals missgünstig, hat versucht, mich zu übervorteilen, oder mir zu spüren gegeben, wie viel Glück ich gehabt habe, oder mir mein Glück nicht gegönnt. Wenn diese Menschen mir gegenüber, einer Frau, die eigentlich alles hat, nicht missgünstig waren – wie

174

kann jemand in meiner Heimat, der alles hat, Missgunst hegen gegenüber denjenigen, die nichts mehr haben? Eine tiefe Scham ergreift in diesem Moment Besitz von mir.

»Du musst nicht weinen. Du hast mir so viel gezeigt, vielleicht kann ich auch dir etwas erklären«, sagt sie nun. »Im Buddhismus gibt es den Begriff der Muditā, er bedeutet Mitfreude. Wir freuen uns mit anderen Menschen für ihr erlangtes Wohlbefinden und wünschen jedem, dass er dieses Wohlbefinden behalten kann. Woher dieses Wohlbefinden kommt, spielt eigentlich keine Rolle. Nur darf es nicht auf dem Schaden anderer aufbauen. Und dann gibt es Karuṇā, Mitgefühl. Wir wünschen jedem, dass er von seinem Leid befreit wird. Heute habe ich Mitfreude und Muditā kultiviert und du Mitgefühl und Karuṇā.« Sie lächelt, aber auch ihr stehen jetzt ein paar Tränen in den Augen.

Zum Abschied nimmt sie meine Hand. »Wenn man wenig hat, ist das eine Sache. Aber wenn man weniger hat als alle anderen, ist das schlimm.«

Als ich wieder auf dem Motorrad sitze und die Frau winkend im Rückspiegel kleiner wird, muss ich an ein paar Verse aus Bertolt Brechts »Alfabet« denken: »Reicher Mann und armer Mann standen da und sah'n sich an. Und der Arme sagte bleich: ›Wär ich nicht arm, wärst du nicht reich‹.«

Das Fremde im Vertrauten

THAILAND, BANGKOK

KILOMETER: 24 630

»Entschuldigung, Sir ... ich bin der Manager des Hotels.«

Jacob schaut ungehalten von seinem iPad auf, als ein ge-schleckter Mann im Anzug vor ihm steht. »Was ist denn jetzt schon wieder los?«, fragt er genervt. Zwei echte Gockel unter sich. Ich sitze mit Jacob am Menam, dem Fluss, der eigentlich Mae Nam Chao Phraya heißt und durch Bangkok fließt. Nur eine Balustrade trennt uns vom Wasser, und es ist so ruhig wie sonst wohl nirgends in Bangkok. Vor uns dümpeln ein paar Boote un-seres Hotels Mandarin Oriental, das im chinesischen Stil gehal-ten ist, dahinter schießt die Skyline in den Himmel. Mir kommt in Bangkok alles wahnsinnig geordnet und überschaubar vor. Selbst der Verkehr in Thailand, der mir immer als halsbreche-risch und regellos beschrieben wurde, fühlt sich geradezu gemä-ßigt an; anders als in Indien und Pakistan ist der Verkehr hier wie ein seidenes Band, auf dem ich geschmeidig in die Stadt fließe, obwohl es objektiv betrachtet ein ganz schönes Gewusel ist.

In meiner Vorstellung war Thailand immer so weit weg, die Ankunft in Bangkok in einer so fernen Zukunft, dass ich sie mir zu Beginn meiner Reise gar nicht vorstellen konnte. Ich bin je-

den einzelnen Kilometer gefahren, fünf Monate lang. Bangkok
ist für mich ein Etappensieg, für Jacob nur eine Stadt. Oft lohnt
es sich eben, den langen Weg zu gehen anstatt nur einen halben
Tag im Flugzeug zu verbringen. Und doch sitzen wir jetzt gemeinsam auf dieser Terrasse, Jacob (wie immer) in einem schicken Maßanzug und mit polierten Schuhen, ich (wie immer) in
einem löchrigen Kleid.

Mein Blick schweift über die Skyline auf der anderen Seite des
Flusses, ich bin noch nie hier gewesen. Trotzdem kommt es mir
vor, als würde ich diesen Teil von Bangkok aus einer unbestimm-
ten Vergangenheit kennen – und vielleicht stimmt das sogar. In
einer Zeit, in der wir als Konsumgesellschaft alles per Knopfdruck erhalten – alles, was es da draußen gibt, nur einen Klick
entfernt ist und mit einmal Scrollen entdeckt werden kann –,
flößt mir die Skyline von Bangkok keine Ehrfurcht mehr ein. Es
ist, als hätte ich sie bereits überkonsumiert, auf all den Bildern,
die ich bisher von ihr im Fernsehen, in Büchern und in den sozialen Medien gesehen habe. Dann denke ich an all die Ecken dieser Welt, in denen ich in den vergangenen Monaten gewesen bin,
von denen ich keine Vorstellung hatte, die nie auf meiner Reise-
agenda gestanden hätten, wären sie nicht zufällig auf dem Weg
gelegen. Nicht Bangkok berührt mich, merke ich jetzt, verändert
mich und macht mich glücklich, sondern der Weg hierhin.

Damals, in diesem alten Leben, das mir so fern scheint, hatte
ich eine Vorstellung von Luxus, die etwas mit teurer Kleidung
und Hotels zu tun hatte, wie diesem, in dem wir gerade sitzen.
Aber jetzt ist Luxus für mich, zu wissen, dass ich hier nur drei
Tage halten werde und die nächste Destination noch unbekannt
ist. Dass ich Zeit habe, die ich mit den Dingen füllen kann, die
ich möchte. Dass ich einen Pass besitze, mit dem ich fast in jedes
Land reisen kann. Dass ich leben kann, wo ich will und wie ich
will. Und lieben kann, wen ich will.

Der Manager des Hotels räuspert sich und beugt sich zu Jacob. »Entschuldigung ... Sir ... in Ihrem Zimmer befinden sich mehrere Kanister mit Benzin! Und Öl! Wir haben den Verdacht, dass jemand einen Anschlag plant ...« Jacob schaut den Mann mit großen Augen an.

»Ich weiß nicht, wovon Sie sprechen!«, antwortete er ruppig. Ich schiebe den Computer, so elegant es geht, zur Seite und versuche, ein Loch in meinem Kleid auf Oberschenkelhöhe mit der Hand zu verdecken.

»Das ist mein Benzin!«

»Madame ... was haben Sie vor?«

»Mit dem Benzin oder heute Nachmittag?«

»Mit dem Benzin.«

»Es in mein Motorrad füllen, wenn mir der Sprit ausgeht.«

Ich sehe dem Mann an, dass er sich überlegt, ob ich ihn auf den Arm nehme. Aber die angelernte Freundlichkeit seiner Fünf-Sterne-Hoteliers-Ausbildung verbietet ihm jeden weiteren Kommentar. Er wendet sich an Jacob.

»Sir, Benzin ist auf den Zimmern ist verboten.«

»Ich kann es ja schlecht in den Abfluss schütten, oder?«, antworte ich.

»Die ganzen Kanister sind verboten!« Er ringt sichtlich um Fassung.

Ich hatte am Mittag, als Jacob nach seiner Ankunft ein Jetlag-Nickerchen machte, meine Seitenkoffer inklusive Öl- und Ersatzbenzinkanister abgeschraubt und auf das Zimmer geschleppt, um nach fünf Monaten zum ersten Mal Ausrüstung und Werkzeuge so richtig zu reinigen und neu zu sortieren. Natürlich hatte ich nicht damit gerechnet, dass drei kleine Kanister einen gestandenen Mann so aus der Fassung bringen würden.

Der Manager schaut mich weiter misstrauisch an und dann Hilfe suchend immer wieder zu Jacob, als könne der ihm helfen.

Der zuckt nur mit den Schultern. Zwei Hähne – für alles muss man selbst eine Lösung finden.

»Warum nehmen Sie die Kanister nicht einfach mit und stellen sie irgendwo in der Garage unter, wo sie sicher und erlaubt sind?«, frage ich vorsichtig.

»Ja, so können wir das regeln.« Dann wendet er sich entschuldigend an Jacob, als wäre ich Luft.

»Sir, bitte verzeihen Sie die Störung.«

Jacob nickt jovial. »Alles im Namen der Sicherheit!«

Der Manager dreht sich um und murmelt etwas in sein fast unsichtbares Headset; hinter ihm raschelt es in den Büschen, und zwei bewaffnete Securitymänner machen sich davon, als ob nichts wäre. Jacob nimmt seine Sonnenbrille von der Nase und schaut mich anerkennend an.

»Vom Münchner Mädchen zur Terroristin. Was hast du doch für eine Karriere gemacht!«

»Ich habe in einer schlaflosen Nacht bei einem Putsch in Istanbul gelernt, wie das theoretisch mit der Kriegsführung funktioniert.« Ich schaue ihn an. »Jacob, du bist ja gerade erst angekommen. Aber ich muss ein paar Sachen erledigen und einkaufen. Willst du mit?«

»Klar, Baby, ich liebe Shopping!«

Während wir mit dem Taxi eineinhalb Stunden im Stau stehen, mache ich Jacob lieber nicht darauf aufmerksam, dass wir uns nicht auf dem Weg in eine Luxusmall befinden.

Es blinkt und hupt überall. Was von außen wie ein ganz normales Kaufhaus aussieht, ist innen ein Markt der elektrischen Seltsamkeiten. Vor den Läden drängen sich auf den Gängen kleine Stände, und alle verkaufen mehr oder weniger das Gleiche: Telefone, Ladekabel, Videospiele, Schilder und Anzeigetafeln, die in grellen Farben um die Wette blinken. Mir wird ganz schwindlig von dem wuseligen Durcheinander, das uns umgibt. In dem siebenstöckigen Gebäude reiht sich ein Elektroladen an den nächsten. Computer, Kameras, Zubehör; Konkurrenz belebt hier im wahrsten Sinn des Wortes das Geschäft.

»Wow, so etwas habe ich noch nie gesehen!« Sogar Jacob ist beeindruckt.

Wir starren gebannt auf unsere Umgebung, und die starrt gebannt zurück, denn wir fallen hier allein schon wegen unserer Körpergröße auf; Jacob sticht in seinem Maßanzug hervor, als hätte jemand in Neonfarben »Schaut mich an, ich gehöre nicht hierher!« daraufgeschrieben. Ein Wunder, dass wir noch nicht ausgeraubt wurden.

Für vier Euro decke ich mich mit vier neuen Ladekabeln ein, kaufe eine externe Festplatte zur Sicherung meiner Fotos und meiner Dateien, für meine Spiegelreflexkamera neue Speicherkarten, und für mein Stativ finde ich einen neuen Kopf.

»Können wir jetzt was Schönes machen? Vielleicht schwimmen im Pool?«, fragt Jacob nach geraumer Zeit sichtlich erschöpft.

Da ich das Wichtigste erledigt habe, nicke ich und folge Jacob, der nun erhobenen Hauptes zielsicher zum Ausgang schreitet.

»Komm schon! Lass uns mit dem Skytrain fahren. Wir stecken sonst eine Stunde im Verkehr fest, und es sind nur ein paar Stationen.«

Jacob schiebt seine Sonnenbrille in die Haare und wirft mir einen angewiderten Blick zu.

»Ich fahre nie mit der Bahn.«

»Es ist ein Skytrain, nicht einfach irgendeine Bahn! Und damit steht man wenigstens nicht im Stau«, versuche ich ihn zu verbessern.

Als er nicht reagiert, zucke ich mit den Schultern.

»Gut, dann sehen wir uns in einer Stunde im Hotel. Du findest mich am Pool.«

Ich drehe mich um und stapfe in Richtung des Bahnaufgangs, der zu den Gleisen über unseren Köpfen führt. Die Betonsäulen des Skytrains dominieren die Straßenzüge, trotzdem gefallen mir diese Antiästhetik und die Idee, über den Verkehr hinwegzurattern. Ich spüre, wie Jacob mir nachsieht und innerlich bis fünf zählt, bevor er sich auch in Bewegung setzt und hinter mir herstolziert, als wäre das alles von Anfang an sein Plan gewesen. Innerlich gebe ich mir Highfive, aber natürlich verziehe ich keine Miene, als er endlich aufschließt.

»Schon interessant, öffentliche Verkehrsmittel. Kann ich hier mit meiner Apple Watch bezahlen?«

»Du hast eine Apple Watch?«

»Die gibt es jetzt mit Hermès-Armband.«

Verzweifelt schaut er auf den Ticketautomaten vor uns. Ich wähle derweil die Strecke auf dem Touchscreen aus, schiebe thailändische Baht in den Automaten und halte Jacob triumphierend zwei Tickets vor die Nase. Er schnappt sich eines und schreitet feierlich zum Eingang. Doch dann stockt er. Ich steuere den Durchgang neben ihm an, halte meine Karte vor den Sensor, und ein Piepen gibt das Drehkreuz vor mir frei. Jacob beobachtet mich aus dem Augenwinkel.

»Ach komm, Jacob. Drehkreuze und Chipkarten gibt es doch auch in den ganzen schnöseligen Büros und Konzernen, in denen du sonst so verkehrst.«

»Wovon redest du?«, faucht er wütend.

Unter uns stauen sich die Autos wie eine träge Blechlawine, die langsam, aber unaufhaltsam durch die Stadt rollt. Auf Höhe des vierten Stocks fahren wir im Skytrain vorbei an Wolkenkratzern, können dabei einen Blick in Büroräume und Shoppingmalls werfen. Um uns herum sitzen ein paar Geschäftsmänner und modisch angezogene Teenager. Alle starren auf ihre Smartphones. In voller Lautstärke ohne Kopfhörer plärren verschiedene Filme und Fernsehshows gegeneinander an. Der Skytrain ist ganz sicher nicht die Wahl der meisten Einheimischen. Er wird vor allem von besser verdienenden Thais benutzt, da das Ticket viermal so viel kostet wie das für einen Bus, dafür ist man aber auch viermal so schnell.

Gelbe Plastiksitze säumen die Wand des Zuges; ungefähr zehn Leute haben in einer Reihe Platz. Am Ende des Waggons sitzt ein Mädchen. Sie ist vielleicht dreizehn Jahre alt, trägt den blauen Rock und das weiße T-Shirt einer Schuluniform, die dunklen glatten Haare ordentlich zum Pferdeschwanz gebunden. Sie hält die Arme über ihren Stoffrucksack, als müsste sie ihn um ihr Leben verteidigen. Jacob erzählt mir gerade etwas von Immobilienpreisen in Bangkok, über die er sich schlaugemacht hat, und ich merke, dass das Mädchen uns beobachtet. Ich lächele ihr aufmunternd zu. Ihre Mundwinkel zucken leicht nach oben, doch dann dreht sie den Kopf schnell und schüchtern zur Seite und starrt konzentriert den Gang hinunter.

Mit einem Piepen öffnen sich die Türen an der nächsten Station, und ein Mann steigt ein. Obwohl ein paar Plätze uns gegenüber frei sind, setzt er sich direkt neben das Mädchen. Jacob und mich beachtet er nicht, denn er dreht sich sofort zu ihr hin, als würde er sie kennen. Jacob redet noch immer, aber ich beuge mich ein wenig weiter vor, um das Mädchen und den Mann besser zu sehen. Der Mann flüstert ihr etwas ins Ohr. Sie versucht, von ihm wegzurutschen, doch ihr Platz ist der letzte in der Reihe, und so stößt sie an die Glasscheibe, die die Sitze vom Eingang abschirmt. Ein paar Zentimeter hat sie gewonnen, doch der Mann rückt sofort auf.

»Jacob!«, unterbreche ich seinen Monolog flüsternd und kralle mich mit den Fingern in seinen Anzugärmel, der sich vollgeschwitzt anfühlt. »Ich glaube, der Typ da belästigt das Mädchen.«

Unwillig seufzt Jacob und dreht sich zu den beiden um. Ich spähe hinter seinem Arm hervor.

»Das ist doch nur ein thailändisches Mädchen«, sagt er und fängt wieder an, von Immobilien zu sprechen. Ich unterbreche ihn wieder.

»Nur ein thailändisches Mädchen? Er belästigt sie!«

»Was willst du denn machen? Aufspringen und das ausdiskutieren? Die können doch nicht mal Englisch. Vielleicht ist das hier ganz normal.«

In diesem Moment legt der Mann dem Mädchen eine Hand auf den Oberschenkel und streicht ihr damit vom Knie bis zur Lende.

»Und das ist auch normal?«, zische ich. »Wir müssen was tun, wir müssen ihm eine reinhauen!«

Jacob schüttelt den Kopf und schaut mich an, als würde er an meiner Intelligenz zweifeln.

»Ich mach mir doch nicht wegen einer kleinen Thai-Schlampe die Hände schmutzig.«

Ich fahre zusammen, nicht nur wegen der Härte seiner Worte, sondern vor allem wegen der Härte in seiner Stimme.

Das Mädchen versucht, den Oberschenkel aus der Greifweite des Mannes zu bekommen, aber sie kann nirgends hin, sie ist eingekeilt zwischen seinem Arm, der Scheibe, dem gelben Plastiksitz und der Metallstange. Als er mit seiner Hand ihren Oberschenkel drückt, reicht es, ich springe auf. Zwei große Schritte, dann stehe ich vor ihm. Ich packe den Mann mit einer Hand am Arm, mit der anderen am Kragen und ziehe ihn mit aller Kraft vom Sitz. Ich bin selbst ein wenig überrascht, wie gut und geschmeidig das funktioniert. Das tägliche Herumhieven meines Motorrads hat wohl doch ein paar Spuren hinterlassen.

Vielleicht liegt meine Übermacht aber auch nur daran, dass der Kopf des Mannes mir auch stehend nur bis zur Brust geht und er wahrscheinlich auch nur die Hälfte meiner Körpermasse auf die Waage bringt. Ein paar Sekunden verstreichen, während ich ihn fest am Schlafittchen halte. Wie ein spannungsloser Tropf hängt er da, eine kleine Puppe mit schlaffen Beinen und Armen, die mich von unten garstig anblickt. Er riecht streng nach Schweiß und ein bisschen angeräuchert, als hätte er lange Zeit in einem Raum mit Räucherstäbchen verbracht oder irgendwas geraucht, das ich nicht identifizieren kann. Wir starren einander an, dann weiß ich auch nicht recht, was ich mit ihm anfangen soll, lasse ihn los und klopfe ihm noch zweimal auf die Brust. Ich räuspere mich und sage in meinem verständlichsten Englisch: »Ich muss mich mal kurz mit meiner Freundin hier über den Nahverkehr in Bangkok unterhalten.«

Dann lasse ich mich neben ihr auf den Platz fallen, auf dem gerade noch der Mann saß.

»Du kannst gehen, du störst!«, sage ich zu ihm, als er keine Anstalten macht, sich zu bewegen.

Er zischt erbost etwas auf Thai, rückt sein Hemd gerade und läuft dann so weit die offenen Waggons hinunter, bis ich ihn kaum mehr sehen kann.

»Sprichst du Englisch? Verstehst du mich?«, frage ich das Mädchen neben mir. Sie nickt schüchtern, schaut aber nicht auf, sondern nur auf den Boden.

»Kennst du den Mann?«

Sie schüttelt den Kopf.

»Wie heißt du?«

»Arisara.«

»Das ist ein schöner Name. Ich heiße Lea. Bis wohin musst du fahren?«

»Saphan Taksin.«

»Ah, das trifft sich gut, da müssen wir auch aussteigen. Wohnst du dort?«

»Nein ... Ich muss ins Krankenhaus. Meine Mutter hatte ...«, sie sucht nach dem richtigen Wort, »einen Unfall.«

Ich sehe, dass sie mit sich ringt und kurz vor einem Tränenausbruch steht. Vorsichtig lege ich den Arm über die Rücklehne des Sitzes.

»Keine Sorge, deiner Mutter geht es sicher gut. Was hältst du davon, wenn wir dich ins Krankenhaus begleiten?«

Zum ersten Mal schaut sie auf und wirft mir einen schüchternen Blick zu und nickt stumm. Sie sieht so traurig, verschreckt und zerbrechlich aus, dass ich sie am liebsten umarmen würde. Aber ich will ihr nicht zu nahe treten.

»Weißt du, wie das Krankenhaus heißt?« Sie zieht einen Zettel aus ihrem Rucksack.

»Lerdsin«, ließt sie vor.

Ich suche es in meiner Karten-App und stelle fest, dass das Krankenhaus nur zwei Blocks entfernt von unserem Hotel ist. Zwei Stationen später müssen wir raus. Das Mädchen und ich stehen auf, Jacob tippt wie versunken Nachrichten in sein Telefon, als wäre gar nichts passiert.

»Jacob, aussteigen!«, rufe ich ihm harsch zu.

Die Türen öffnen sich, Arisara und ich gehen voraus. Jacob stolziert hinterher, als würde er nicht dazugehören. Ich nehme mein Ticket und öffne damit das Drehkreuz, Arisara tut das Gleiche. Ohne mich umzudrehen, bleibe ich kurz stehen, schaue auf mein Handy und versuche, uns zum richtigen Ausgang zu lotsen.

»Ähm«, räuspert er hinter mir.

Genervt verdrehe ich die Augen, Jacob steht noch vor dem Drehkreuz.

»Irgendwie komme ich hier nicht raus.«

»Jacob, stell dich nicht so an. Nimm einfach dein Ticket und schieb es in den Schlitz da neben dir! Kann man eigentlich nicht übersehen!«

Er räuspert sich noch einmal und schaut mich betreten an.

»Ich habe mein Ticket im Zug weggeworfen. Ich dachte, wir brauchen es nicht mehr ...«

Entgeistert schaue ich ihn an.

»Das ist nicht dein Ernst.«

Wenn ich nicht so sauer auf ihn wäre, würde ich ihn jetzt auslachen. Ich schaue ihn mit zusammengekniffenen Augen an und überlege kurz. Dann wende ich mich zum Gehen.

»Na dann! Bis du herausgefunden hast, wie du da jetzt rauskommst, ohne illegal über die Absperrung zu springen, vergeht sicher ein wenig Zeit. Du willst ja nicht im thailändischen Gefängnis landen, oder? Wer weiß, wie es da zugeht. Also, wenn ich du wäre, würde ich das anders regeln.«

»Du kannst mich doch hier nicht alleinlassen!«

Jacob hat einen Anflug von Panik in der Stimme, der mich zum Grinsen bringt. Zum Glück kann er mein Gesicht nicht mehr sehen, denn Arisara und ich streben schon auf den Ausgang zu.

»Sorry, Jacob, ich würde ja gern probieren, jemanden zu finden, der dich hier raushört. Aber Arisara und ich haben es jetzt ein bisschen eilig. Deine Apple Watch kann dir doch sicher helfen. Neue Technologie soll doch alles können. Frag doch Siri. Wir sehen uns nachher im Hotel!«

»Lea, komm schon, das kannst du nicht machen! Das ist nicht witzig!«

Aber ich finde, dass ich das sehr gut machen kann.

Als ich über die Treppen der Station nach unten auf die Straße laufe, spüre ich, wie sich eine kleine Hand in meine schiebt. Ich muss für Arisara mit meiner weißen Haut geradezu exotisch aussehen, aber anscheinend macht ihr das Fremde keine Angst. Was, wenn wir dem Vertrauten nicht mehr vertrauen können und stattdessen keine andere Möglichkeit haben, als uns dem Fremden zu öffnen? Täuscht uns das Vertraute mit seiner alltäglichen Gewohnheit nicht sogar oft darüber hinweg, dass auch dort Gefahren lauern?

Arisara lässt sich von mir durch die Straßen leiten, dank meines Handys kenne ich mich aus. Von außen sieht das Krankenhaus modern aus, innen geht es hektisch zu. Irgendwo schreit ein Kind, Leute mit Wunden und Verbänden drängen sich in den Gängen, die Patienten versuchen, ihren Familienangehörigen etwas zuzurufen. Der stechende Geruch von Desinfektionsmittel steigt mir in die Nase. Ich halte Arisara fester an der Hand. Sie übernimmt nun selbst die Führung, irgendwoher scheint sie zu wissen, wo es nun langgeht. Wir biegen um eine Ecke. Plötzlich lässt sie meine Hand los.

»Arisara!«, rufe ich, weil ich kurz denke, dass ich sie im Gewusel verloren habe.

Aber da sehe ich, wie sie vor mir den Gang entlangstürmt, direkt in die Arme einer Frau. Ihre Tränen fließen nun ungehindert, aber es sind Tränen der Erleichterung. Die Frau küsst sie auf den Scheitel und streicht ihr mit einer Hand über den Rücken, während ihr anderer Arm in einer Schlinge steckt. Langsam nähere ich mich, Arisara blickt auf und lächelt mich unter Tränen an. »Sie hat nur den Arm gebrochen.«

Es gibt Momente, in denen zwei sich nahestehende Personen allen Raum ausfüllen und niemand sonst sie erreichen kann. Ich möchte nicht wie ein tollpatschiger, unsensibler Trottel diese Mauer der Zuneigung und Zweisamkeit durchbrechen; es ist Zeit, zu gehen.

»Auf Wiedersehen, Arisara. Du bist ein tolles Mädchen. Deine Mutter ist sicher froh, dass sie dich hat. Jetzt musst du ein bisschen auf sie aufpassen.«

Ich strecke Arisara die Hand hin, weil sie noch immer im Arm ihrer Mutter liegt. Sie schlägt schüchtern ein. Kurz halte ich sie fest, zwinkere ihr zu und lasse sie dann langsam und behutsam los, als wäre sie so zerbrechlich wie die Arisara, die sie im Skytrain war. Doch im Arm ihrer Mutter ist sie wieder eine ganz normale, gesunde Jugendliche, die vor Freude, Gesundheit und Elan strotzt. Arisaras Mutter sagt etwas auf Thailändisch.

»Du bist ein guter Mensch«, übersetzt sie. Ich lache.

»Mag sein, dass da ein paar Leute anderer Meinung sind!«

Ich muss an ein Zitat denken, das ich in der englischen Übersetzung vor einem der unzähligen Tempel in Myanmar gelesen hatte: »Es nützt nichts, nur ein guter Mensch zu sein, wenn man nichts tut.« Und wer anders könnte weiser sein als der gute alte Buddha.

Ich betrete die Lobby des Mandarin Oriental. Sofort umschließt mich eine Wand aus betörendem Duft und kühler Luft. Alles blitzt so sauber, dass ich mir mit meinen verschwitzten strähnigen Haaren und meiner klebrigen Haut dreckig vorkomme. Die Lobby ist überdacht von einer Glaskuppel, von der ein Geflecht aus Pflanzen und Blumen hängt, das bestimmt zehn Meter nach unten erwächst.

Jacob hat meine Adelung zum Gutmenschen leider verpasst. Er sitzt in der Lobby und springt hektisch auf, als er mich sieht. Ich hege einen Verdacht, warum Jacob normalerweise nur langsam läuft. Wenn er sich schnell bewegt, folgt sein Körper ruckelnd seinem Kopf, wie bei einem aufgeregten Huhn. Er schlittert über den Marmorfußboden, packt mich am Arm und zerrt mich auf das Sofa neben sich. Ich entreiße ihm meinen Ellenbogen.

»Aua, lass das!«

»Bist du noch bei Trost?«, faucht er mich an. »Mich einfach

so allein dadrin stecken zu lassen. Ich habe mehr von dir erwartet.«

Trotzdem muss ich kichern, weil alles, was aus seinem Mund kommt, jetzt für mich klingt wie Hühnergeschnattere. »Es nützt nichts, nur ein guter Mensch zu sein, wenn man nichts tut!«, sage ich und breche in Gelächter aus. »Weißt du, wer das gesagt hat?«, presse ich unter Lachsalven hervor. »Buddha!« Dann ist es vollkommen um mich geschehen.

»Du nimmst mich überhaupt nicht ernst!«, ruft Jacob erbost.

Das lässt mich natürlich erst recht prusten, und sein wutverzerrtes Gesicht trägt noch mehr zu meinem Amüsement bei.

»Lea, hör jetzt auf zu lachen! Deinetwegen wurde ich ausgeraubt!«

Ich kichere noch kurz vor mich hin, doch dann wird mir klar, was er da gesagt hat. Ich bin plötzlich wieder todernst.

»Ausgeraubt? Das sagst du erst jetzt? Geht es dir gut? Was ist passiert?«

»All mein Geld … weg!«

»Wurdest du bedroht?«

»Nein … nicht direkt.«

»Nicht direkt? Hatten die Diebe keine Waffe? Kein Messer?«

»Ich habe die Diebe nicht gesehen.«

»Dir wurde dein Geldbeutel geklaut!«

»Nicht mein Geldbeutel, meine Geldklammer!«

Schon bei unserem ersten Treffen habe ich ihn gefragt, warum er keinen Geldbeutel habe und ob so eine Geldklammer nicht furchtbar unpraktisch sei. Er habe nie Kleingeld, hatte er erklärt, er zahle entweder mit Kreditkarte oder runde nach oben auf. Und nun hatten wir den Salat.

»Wo hast du sie denn hingesteckt?«

»Hintere Hosentasche.«

»Ernsthaft? Warst du noch nie in einem fremden Land?«

189

»Na ja, normalerweise besuche ich einfach nicht so asoziale Orte wie heute mit dir.«

»Wann hattest du sie zuletzt?«

»Ich habe ja gar kein thailändisches Geld ... Also habe ich sie auch den ganzen Tag nicht aus der Tasche genommen.«

»Sie könnte also überall gestohlen worden sein. Ich tippe auf das Einkaufszentrum, dort war das Gedränge am dichtesten. Wie viel Geld hattest du dabei?«

»2500.«

»2500 Baht? Also 65 Euro. Na ja, das kannst du doch echt verkraften.«

»Nein, 2500 Euro.«

»Du schleppst doch nicht in einer Stadt wie Bangkok 2500 Euro bar mit dir rum?«

»Doch, leider schon.«

Weil er noch immer eine Miene wie tausend Tage Regenwetter zieht und ich sein angeschlagenes Ego schonen will, lasse ich Jacob widerspruchslos über das Abendprogramm entscheiden. Jacob hat anscheinend nach knapp zehn Stunden schon wieder genug von Thailand. Aber Bangkok hat den Vorteil der Großstadt: Wenn man nichts mit Land und Leuten zu tun haben will, gibt es genug Rückzugsmöglichkeiten. Das McDonald's-Prinzip, mit dem ich schon in Amritsar meine Erfahrung gemacht hatte.

Wir fahren in das schnörkellose Restaurant einer japanischen Hotelkette und essen dort Teppanyaki – es wird direkt am Tisch auf einer heißen Stahlplatte gekocht. Nach dem wochenlangen Genuss der stark gewürzten indischen, burmesischen und thailändischen Küche kommt mir die minimalistische japanische wie die Neuerfindung des Essens vor. Shiitakepilze, Gemüse, Lachs – nur mit Salz und Pfeffer. Die puren Zutaten sind wie ein Spa für meinen Gaumen, und die schnörkellose japanische Architektur beruhigt meine überdehnten Sehnerven.

Jacob balanciert gerade ein großes Stück Wagyu-Rind zwischen seinen Stäbchen und mustert mich. »Was hältst du davon, wenn wir noch einen kleinen Ausflug machen?«

»Klar, warum nicht? Ist ja noch früh.«

»Schaust du dir mit mir eine Pingpongshow an?«

»Pingpong wie Tischtennis?« Erst die Apple Watch und jetzt plötzlich Sport, irgendwas stimmt nicht mit Jacob.

»Nein, das ist eher so wie eine Art Burlesqueshow. Du weißt schon, sexy Frauen tanzen in einer Bar, ziehen sich aus, und wir trinken dabei gemütlich was.«

Er zieht verführerisch seine Augenbrauen nach oben und sieht im schmeichelnden Licht des Restaurants jetzt doch wieder ganz attraktiv aus. Ich zucke mit den Schultern. Zu dieser Stunde des Abends habe ich Lust auf einen guten Drink – wenn sich nebenbei auch noch eine Frau ausziehen will, dann ist mir das herzlich egal. Und Burlesque klingt mir nach harmlosem Spaß und nicht nach Sextourismus.

Jacob hat anscheinend gründlich recherchiert. »Nana Plaza«, sagt er dem Taxifahrer. Der stoppt vor einem Gebäudekomplex, der wieder aussieht wie eine Shoppingmall, nur diesmal nicht vollgestopft mit Elektronikartikeln, sondern mit Stripbars und Sexshops. Immerhin ist das konsequent: Wenn es hier schon für jedes Gewerbe eine eigene Mall gibt, dann doch auch für das horizontale. Ich bin nicht sonderlich überrascht – in Hamburg und Amsterdam ist ein Besuch des Rotlichtviertels quasi touristische Pflicht, in Istanbul habe ich direkt am Schwulenstrich gewohnt. Ein paar nackte Frauen auf zwanzig Zentimeter hohen High Heels, leuchtende Reklame und Menschen, die hier auf der Suche nach dem kurzen Glück für einen Abend sind, versetzen mich weder in Ekstase, noch verschrecken sie mich. Im Gegenteil haben Rotlichtviertel schon immer eine gewisse Faszination auf mich ausgeübt. Sie sind Orte, an denen Ein- und Zweisamkeit so gewaltsam aufeinander prallen, dass sie sich gegenseitig wieder abstoßen und weiter voneinander entfernen, als sie es je waren. Aber Nana Plaza haftet noch nicht einmal etwas Verruchtes an, es ist eher eine dudelnde, wild blinkende Touristenattraktion als ein verruchtes Viertel. Schaulustige Touristen flanieren an uns vorbei, ihre Gesichter wechseln im Schein der bunten Leuchtreklame in Sekundenbruchteilen die Farben. Rot wechselt sich ab mit Blau, wechselt sich ab mit Grün, wechselt sich ab mit Pink. Alles ist neonfarben.

»Was suchen wir noch mal? Eine Bar namens Pingpong?«

Jacob nickt. »Ja ... eine Pingpongshow.«

»Weißt du, wo das ist?«

Er schüttelt den Kopf.

»Wo geht es hier zur Pingpongshow?«, frage ich ein sehr junges, halb nacktes Mädchen im Bikini und kurzen Rock, das trotz zwanzig Zentimeter hoher Plateauschuhe noch kleiner ist als ich und die Aufgabe hat, Touristen für ein Lokal oder sich selbst zu begeistern. Eine der geschätzt 800 000 bis zwei Millionen Sexarbeiterinnen in Thailand. Zwanzig Prozent der Prostituierten sind achtzehn oder jünger. Deswegen wird Thailand manchmal als »Disneyland für Pädophile« bezeichnet. Prostitution ist offiziell verboten, dadurch haben die Arbeiterinnen aber auch keine Rechte und keinen Schutz. »Niemand zwingt diese Mädchen dazu, sich an dieser Art von Arbeit zu beteiligen«, heißt es von vielen Freiern. Aber oft werden sie schon im jungen Alter von den ärmsten Familien aus Myanmar von Menschenhändlern eingekauft. Mit dem Versprechen, eine lukrative Arbeit für sie im Ausland zu finden, werden sie nach Thailand gelockt und müssen dort zunächst ihre »Schulden«

Im indischen Namchi sind die vier »Dahms«, vier wichtige Pilgerstätten des Hinduismus, nachgebaut. »Durga Puja«, der Sieg der Göttin über einen Büffeldämon, wurde in Assam und Westbengalen richtig bunt gefeiert.

Platte Reifen, Stürze im Schlamm, zerrissene Kleider und andere Missgeschicke – je schlechter die Straßen und je größer mein Pech, desto freundlicher die Menschen in Indien und Nepal.

In Myanmar ist kein Berg zu hoch und zu steil, um nicht doch noch ein Kloster oder eine Pagode darauf zu bauen. Eines davon steht auf dem Mount Popa, einem inaktiven Vulkan.

Der Nyatapola-Tempel in Bhaktapur hat das Erdbeben von 2015 einigermaßen unbeschadet überstanden, aber die nepalesische Stadt befindet sich noch immer im Wiederaufbau.

Myanmar: 2000 Tempel im Sonnenaufgang in Bagan, ein traditionelles Mittagsmahl bei Einheimischen auf dem Land oder die kleinen Jungen, die sich zu Prinzen verwandeln, bevor sie als buddhistische Novizen ordiniert werden.

Ich bereiste auf Cleo und in Motorradstiefeln Thailand – dieser buddhistische Mönch wanderte dieselbe Strecke barfuß.

Bis ich Cleo vom Zoll abholen konnte, verbrachte ich meine Tage in Sydney vor allem in Bondi Beach. Wasser gab es aber natürlich auch auf Tasmanien: hier bei einem Mittagsstopp am Lake Pedder.

Der umstrittene Gordon-Damm in Tasmanien ist 140 Meter hoch und zieht sich wie eine graue Schneise aus Beton durch die wilde Natur Westtasmaniens.

Der Perito-Moreno-Gletscher in Argentinien, den ich von El Calafate aus besuchte und der als eine der größten Touristenattraktionen Patagoniens gilt, hieß früher einmal Bismarck-Gletscher.

Ist das der Mond oder der Mars? Nein, das »Valle de la Luna« in der chilenischen Atacamawüste.

Auf dem Weg nach Feuerland und Patagonien war ich trotz der Einsamkeit nie allein. Denn ich traf auf Magellanpinguine in Punta Tombo und wilde Seehunde in Puerto Madryn.

An der Grenze von Chile und Bolivien befindet sich die »Laguna-Route«, die direkt nach Uyuni führt, zur größten Salzpfanne der Welt.

Da hatte ich noch gut lachen: Hutvergleich mit einer bolivianischen Lady, bevor ich mir die Augen verbrannte.

Von der Kaktusinsel Incahuasi über die »Road of Death«, die inzwischen gar nicht mehr gefährlich ist, in die bolivianische Hauptstadt: La Paz liegt zwischen 3200 und 4200 Metern Höhe.

Nach den Inkaruinen am Machu Picchu in Peru besuchte ich Kolumbien ohne Motorrad und habe dann mit Cleo den Sprung über den Tapón del Darién nach Mittelamerika gewagt. Gut bewacht war ich dort auf der Vulkaninsel Ometepe.

abarbeiten. Sie sind teilweise illegal im Land und so leichte Opfer von Erpressung, Ausbeutung und Missbrauch. Was ist das für eine Entscheidungsfreiheit, bei der man sich weder den Ort noch den Job, den man ausübt, selbst aussuchen kann?

Das Mädchen bedeutet mir, zu warten, und verschwindet in der Bar. Als sie wieder herauskommt, folgt ihr ein kleiner Typ, der eine Sonnenbrille trägt, obwohl es Nacht ist.

»Ihr seid hier falsch!«, zischt er uns zu. »Kommt mit.«

Wir folgen ihm wie zwei aufgeregte Entenküken, er winkt ein Taxi herbei und spricht ein paar Worte mit dem Taxifahrer.

»Sagt, ihr kommt von Kwanchai!«, raunt er noch.

In Thailand benutzt man auch heute oft nur Vornamen, erst seit 1920 ist es Pflicht, einen Nachnamen zu haben. Dann schlägt er uns die Tür vor der Nase zu, noch bevor wir Danke sagen können.

Wir sitzen zehn Minuten im Taxi, und ich frage mich langsam, ob wir nun wirklich entführt werden. Erst bestohlen, dann entführt ... das würde gut zum Verlauf unseres Tages passen. Dann biegt das Taxi in einen dunklen Hinterhof ab. Wir halten vor einem Industriegebäude, vor dem mehrere Tuktuks und Taxis stehen. Kein Schild, keine leuchtende Reklame, keine dudelnde Musik, aber immerhin eine offene Metalltür, hinter der grelle Neonlichter einen schäbigen Gang beleuchten. Drei Thais sitzen dort an einem klapprigen Holztisch, einer davon ist einen Kopf kleiner als die anderen beiden, sieht aber ziemlich bewaffnet und gefährlich aus.

»Fünfzig Dollar pro Person«, schnarrt einer der beiden anderen.

»Fünfzig Dollar? Für eine Bar und ein paar Nackte? Das ist ja lächerlich!«, echauffiere ich mich.

»Keine Dollar, kein Einlass!«, antwortet nun Nummer drei bestimmt, und die anderen beiden nicken bestätigend.

»Was ist, wenn ich nur thailändische Baht habe?«

»Geht auch!« Alle drei wippen und schaukeln bestätigend ihre Köpfe.

Ich will wieder zurück zum Taxi, aber Jacob hält mich fest.

»Ich lade dich ein! Sei keine Spielverderberin.« Plötzlich fällt mir wieder etwas ein.

»Wir kommen von Kwanchai!« Abschätzig schaut man mich an.

»Na gut, dann fünfzig Dollar für zwei Personen.«

Jacob zieht eine Geldklammer aus seinem Jackett. Ich traue meinen Augen nicht. Wie zum Teufel hat er es geschafft, sich innerhalb so kurzer Zeit eine neue zuzulegen? Und warum steckt dort schon wieder ein dickes Dollarbündel? Einer der drei Männer kassiert unsere fünfzig Dollar und gibt uns zwei weiße Zettel.

In gleißendem Neonlicht steigen wir in den Keller, wo wir vor einer Eisentür landen. Ein Türsteher kontrolliert die komischen Papiere, schiebt uns in einen schwarzen Gang, und hinter uns fällt die Eisentür schwer ins Schloss. Laute Musik schlägt uns entgegen, als wir weitergehen.

»Jacob, ist das so was wie ein geheimer Untergrundklub?«

Ich war schon so lange nicht mehr tanzen, dass ich in eine alberne ausgelassene Ausgehstimmung komme. Einen Drink brauche ich vielleicht noch, aber dann habe ich nichts gegen einen Ausflug auf die Tanzfläche.

»Ich wusste gar nicht, dass du ein Party-Animal bist!« Ich stoße ihm meinen Ellenbogen in die Seite und lache. Jacob lacht zurück, erwidert aber nichts.

An der Wand des dunklen Raumes, den wir betreten, befindet sich eine provisorische Bar, in seiner Mitte eine viereckige Bühne von der Größe eines Boxrings mit zwei Gogostangen, darum stehen mehrere Reihen Klappstühle und Stehtische mit Barhockern. Gerade tanzt eine Thailänderin oben ohne und im Stringtanga –

im Gegensatz zu der Handvoll Burlesqueshows, die ich bisher gesehen habe, ist an ihrem Tanz nichts Kunstvolles oder Erotisches. Ein Mädchen oben ohne und mit kurzem Rock führt uns an einen Stehtisch, schwankt dabei auf ihren hohen Schuhen, fällt beinahe um, doch fängt sich wieder. Sie dreht sich zu uns um, und ich erstarre vor Schreck: Ihre Wangen sind eingefallen, die Augen leblos, sie scheint alles um sich herum kaum mehr wahrzunehmen, sieht nur noch Jacob und legt ihm eine Hand auf den Arm. Wahrscheinlich ist die Geste verführerisch gemeint, aber sie sieht aus wie eine alte Frau, die sich abstützen muss, obwohl sie wahrscheinlich noch nicht einmal zwanzig ist. Jacob unterhält sich mit ihr, dann verschwindet sie plötzlich. Mein Blick schweift von den billigen Stühlen und weißen Stehtischen bis zur Bar aus Getränkekästen. Die Stühle sind achtlos um die Bühne drapiert, ein weißer Hilfeschrei abgenutzten Plastiks vor kaltem Beton. Richtige Cocktails gibt es auch nicht, und das Mädchen auf der Bühne hat in etwa mein Rhythmusgefühl: Seit wir hier sind, tanzt sie stampfend im Kreis. Dabei entledigt sie sich nun mit sperrigen, ruckartigen Bewegungen ihrer Unterhose.

Ich beuge mich zu Jacob und brülle ihm über die dröhnende Musik ins Ohr: »Und das hier soll eine gute Show sein?«

Jacob beschwichtigt: »Warte ab, du kommst schon noch auf deine Kosten!«

Das Mädchen ist inzwischen rücklings auf allen vieren und zeigt dem Publikum die Genitalien. Ein paar klatschen, doch die meisten schauen nur mit unbewegten Gesichtern auf die nackte Frau. Fast alle Plätze sind besetzt, westliche Touristen, Backpacker, junge Paare, ein paar Thailänder und eine japanische Reisegruppe. Im Publikum sind mehr Frauen, als ich es bei einer normalen Striptease bar erwartet hätte.

Ein anderes Mädchen betritt nun die Bühne, in der Hand eine Dartscheibe und Pfeile. Die Scheibe gibt sie ihrer Kollegin, während sie sich die Pfeile umgedreht in ihre Vagina steckt. Dann bringt sie sich in Position und schießt die Pfeile auf die Dartscheibe. Und trifft. Das Publikum klatscht, das Mädchen verschwindet und wird von der Nächsten abgelöst. Es ist die Frau, die uns zu unseren Sitzen geführt hat. Sie setzt sich nackt mit breiten Beinen und vorgerücktem Becken auf den Boden, in der Hand drei Zigaretten, die sie sich in ihr Geschlechtsorgan steckt. Sie zündet die Zigaretten an, raucht sie im Eiltempo durch das Anspannen ihrer Beckenbodenmuskulatur, mit jeder Anspannung inhaliert sie mehr Rauch in ihren Unterleib. Dabei dreht sie sich, damit alle Gäste einen guten Blick haben.

Mit Grauen starre ich auf das Spektakel vor uns. »Jacob, wo sind wir hier?«, flüstere ich, doch meine Worte gehen in der dröhnenden Musik unter.

Irgendwann zieht sie die Zigarettenstummel heraus und verlässt die Bühne. Kaum jemand klatscht, alle starren nur vor sich hin, als würde so niemand sehen, dass sie Voyeure dieser Schau des Grauens sind. Ich glaube, sie schämen sich, dass sie hier sind und dass sie sich die Erniedrigung dieser Frauen ansehen. Und doch steht niemand auf und geht. Auch ich nicht. Ich starre immer weiter und weiß nicht, was ich schlimmer finde, die Show, das teilnahmslose Publikum oder mich selbst.

In den nächsten Minuten wird klar, warum die Show Pingpong heißt: Die Mädchen schießen Tischtennisbälle aus ihren Unterleibern. Dann blasen sie Kerzen aus und öffnen ploppend Flaschen mit drehbaren Kronkorken. Sie wechseln zwischen Zuschauerraum und Bühne, machen keine Pause. Auf die Bühne, sich irgendwas in den Unterleib stecken und abstruse Dinge damit machen, von der Bühne runter und neue Zuschauer, die ihnen gleich zwischen die Beine schauen, auf ihre Plätze führen.

Jacob unterhält sich, wenn sie kurz freihat, mit dem weggetretenen Mädchen, aber die Musik ist zu laut, als dass ich sie verstehe. Ich will auch gar nicht wissen, was sie reden, denn eigentlich will ich nur eines: ganz weit weg sein.

Als ich gerade denke, dass es eigentlich nicht mehr viel schlimmer werden kann, kommt das weggetretene Mädchen wieder auf die Bühne. Eine ihrer Kolleginnen hält ein Glas, in dem sich etwas bewegt: kleine Babykrabben. Ohne zu zögern oder die Miene zu verändern, schiebt sich das Mädchen eine Krabbe nach der anderen in die Vagina. Nach fünf höre ich auf zu zählen. Dann steht sie für eine halbe Minute hochaufgerichtet da, bewegungslos. Nur die Musik dröhnt noch immer, allerdings verlangsamt sie sich in meinem Kopf zu einem dunklen Schleifen: Das Mädchen, die Zuschauer, alles ist für ein paar Sekunden reglos wie eingefroren. Jetzt verstehe ich, in was für einem teuflischen Kreis sie gefangen ist. Wie kann ein Mensch so etwas ertragen?

Irgendwann kommt wieder Leben in sie. Langsam zieht sie die Krabben heraus und schmeißt sie zurück ins Glas. Die Krabben bewegen sich, doch das Gesicht des Mädchens ist tot und ausdruckslos. Sie muss schon viele Tode gestorben sein, jeden Abend auf dieser Bühne einen neuen. Es ist sicher einfacher, nichts mehr zu spüren, als das hier zu erleben.

»Lass uns gehen!«, rufe ich Jacob durch die dröhnende Musik zu. Nichts von meiner anfänglichen Euphorie ist übrig. Ich fühle mich dreckig und schuldig, angewidert vom Gesehenen und von mir selbst. Und keiner der Gäste hat Spaß, in den Gesichtern Schock, Ekel, Schuld, Verwunderung. Das Gegenteil von Leidenschaft, Bewunderung oder der Begeisterung, die eine Performance auf der Bühne mit sich bringen kann. Ich frage mich, warum ein Menschenzoo wie dieser existieren darf und warum die Regierung nicht stärker durchgreift – aber zugleich weiß ich, dass es ist nicht die Schuld der thailändischen Regierung ist. Für die Existenz von Pingpong ist lediglich unsere Nachfrage verantwortlich. Mit Grauen sehe ich plötzlich, wie viele verschiedene Welten es geben kann, wie viele verschiedene Universen in jedem von uns existieren. Die Frauen unseres Pingpongabends sehen jeden Tag in die Gesichter, die ihre Industrie antreiben. Und ich war an diesem Abend eines davon. Was sie dort wohl aus ihrer Sicht wahrnehmen? Vielleicht Menschen, die sich mit Geld alles kaufen können, auch wenn die Sklaverei offiziell nicht mehr existiert – andere Menschenleben, andere Realitäten und ein gutes Gewissen. Ist das das Bild, das irgendjemand von uns haben soll?

Jacob teilt meine bedrückte Stimmung keineswegs. »Thailand ist ja toll!«, sagt er im Taxi.

»Spinnst du, hast du überhaupt mitbekommen, was da passiert ist?«

»Ach, ich meine doch nicht die Show! Ich habe die kleine Drogenhure gefragt, wie viel es kosten würde, wenn ich sie für einen Tag buchen würde. Und jetzt pass auf: 1000 Baht, um sie für den Abend aus der Bar rauszukaufen, und 2500 für 24 Stunden. 65 Euro, das ist nichts! Dann habe ich sie gefragt, ob es extra kostet, wenn sie sich für mich einen Hummer hineinschiebt. Und was hat sie geantwortet?«

Jacob schaut mich an, als würde es jetzt einen Trommeltusch geben.

»Sie hat gesagt: ›Für 1000 Baht mehr alles, was du willst.‹ Für 115 Euro kann ich mir für 24 Stunden die vollkommene Kontrolle über einen Menschen kaufen. Das ist doch faszinierend.«

»Weißt du eigentlich, was du da sagst?«

»Stell dich nicht so an, ich habe es ja nicht getan.«

»Hat dir die Show gefallen?«

»Angemacht hat es mich nicht, aber es hatte doch einen sehr hohen Unterhaltungswert. Komm schon, du kannst zugeben, dass das eine gute Idee war. So was muss man mal gesehen haben.«

»Nein, ehrlich gesagt finde ich gar nicht, dass man so was mal gesehen haben muss. Und ich finde noch weniger, dass es so was geben muss. Diese Frauen ... waren wie tot! Total gebrochen! Damit Leute wie du ... damit Leute wie wir uns amüsieren können. Oder ekeln. Oder was auch immer. Ich finde das widerlich! Kannst du das mit deinem Gewissen vereinbaren?«

»Jetzt komm mir nicht mit der Gewissenskeule. Die Welt ist ungerecht.«

»Du glaubst, du bist mehr wert als sie. Ist das nicht so? Dich stört es gar nicht, dass diese Frauen so leben müssen.«

Jacob sagt nichts und schaut aus dem Taxifenster auf die bunten Lichter in den Wolkenkratzern um uns herum. Seine schönen Züge zeichnen sich hart vor der lichtdurchbrochenen Dunkelheit der lebhaften Stadt ab. Er ist so kalt, dass es mich fröstelt. Seelenlos, ohne Mitgefühl, ohne Empathie. Ich denke an alle Menschen, die mich in den vergangenen Monaten berührt haben, Schenja, Igor, Kia, die Familie in Pakistan, Pawan, Nima in Nepal. Egal, wie schwierig ihr Leben ist, sie sind lebendig, haben Mitgefühl und mir etwas von sich mit auf den Weg gegeben, und ich will sie in meinem Herzen mitnehmen. Da ich ihnen vertrauen konnte, begann ich der Welt zu vertrauen, sie haben meine inneren Tore geöffnet. Vielleicht habe ich gehofft, dass auch in Jacob etwas aufgehen würde. Aber wie soll ich mit ihm befreundet sein, wenn er keinen Respekt und kein Einfühlungsvermögen für andere Lebensrealitäten hat? Ich schaue noch einmal aus dem Fenster. Wie lustig und fröhlich die Lichter doch blinken und jedes für all die Menschen steht, die die Stadt zusammenführt.

»Jacob, wir werden uns nicht wiedersehen«, sage ich mich fester Stimme.

Er lacht sein tiefes Lachen. »Komm schon, Baby, jetzt sei nicht eingeschnappt!«

Ich gebe mir vier schlaflose Stunden in der Lobby des Hotels, um auszunüchtern. Dann packe ich mein Motorrad und fahre in der Dunkelheit los. Als die Sonne aufgeht, blicke ich auf das Meer, das in ein Orangerot getaucht ist, als würde es bluten.

Loslassen

WORAN HÄLTST DU DICH FEST? AN DEINEM PARTNER,
DEINEM JOB, DEINEN IDEALEN, DEINEM GLÜCK?
WAS PASSIERT, WENN DU DEINEN GRIFF LÖST –
WIRST DU FALLEN ODER WIRST DU STEHEN?

Spuren der Vergangenheit

AUSTRALIEN, SYDNEY

KILOMETER: 28 800

Ich bin ein Niemand. Eine unter Hunderten, Tausenden. Niemand dreht sich nach mir um, will mir etwas verkaufen oder meine Haut, meine Haare oder meine Kleidung anfassen. Ich werde nicht angestarrt und falle nicht auf, denn ich sehe aus wie die anderen. Nur meine Kleider sind etwas ungebügelter und mein Gesicht wettergegerbter. Aber das fällt niemandem auf. Die größte Entbehrung der vergangenen Monate waren nicht warme Duschen oder Federbetten, sondern die Anonymität der westlichen Großstadt, in der ich nicht sofort als Touristin oder Reisende enttarnt werde.

Ich sitze im Hyde Park in Sydney; durch die Blätter der Bäume sprenkelt Sonnenlicht, und es ist angenehm warm. Geräusche dringen gedämpft an mein Ohr: das Lachen eines Kindes, die Unterhaltung zweier Freunde, das Bremsen eines Autos. Kein Smog, kein aufdringliches Hupen, kein Marktgeschrei. Alles kommt mir ein bisschen zu leise und ruhig vor. Fast alle Menschen um mich herum sprechen eine Sprache, die ich verstehe, ich kann mich mit ihnen in ganzen Sätzen unterhalten, als hätte ich plötzlich Wörter im Überfluss zur freien

Verschwendung. Ich könnte sogar Hotpants anziehen oder ein knallenges, ärmelloses und bauchfreies Trägertop. Überhaupt kommen mir alle unerhört nackt vor! Bei dem Gedanken muss ich lachen. Ging es nicht seit der Pubertät immer darum, dazuzugehören, aber zugleich aus der Masse herauszustechen und nicht so zu sein wie alle anderen? Jetzt und hier bedeutet Anonymität, Gleichförmigkeit im Schwarm, plötzlich Freiheit. Es fühlt sich so vertraut nach Heimat an, sogar die Luft riecht nach zu Hause. Sie schmeckt nach einem warmen Sommertag – aber in Deutschland würde sie sich an diesem Nachmittag im Dezember nach kalten Wintertagen anfühlen. Ich bin am anderen Ende der Welt und war noch nie weiter entfernt von meiner Heimat als gerade.

Vor etwa fünfzig Jahren war mein Vater hier, in Sydney. Ob er auch auf dieser Bank in diesem Park gesessen hat? Wir haben es versäumt, gemeinsam hierherzureisen und sein Australien neu zu entdecken. Inzwischen ist mein Vater über siebzig und schon seit Jahren nicht mehr geflogen.

»Warum noch in die Ferne schweifen, wenn ich alles, was ich liebe, gefunden habe?«, pflegt er zu sagen. Ich fand das furchtbar langweilig. Aber jetzt frage ich mich, warum ich eine unstillbare Neugierde auf das Fremde, auf das Andere habe, aber die Vergangenheit meiner Familie kaum kenne. Mir wird klar, wie wenig ich über meine Eltern weiß – sie sind bisher in meinem Leben nur als Mutter und Vater präsent gewesen. Habe ich die Ferne gebraucht, um eine bessere Sicht auf das mir Nahe zu bekommen? Es fühlt sich an, als würde ich der Geschichte meiner Eltern langsam näher kommen, als würde sie mich jetzt, wo ich am weitesten von zu Hause weg bin, einholen.

Wir schreiben das Jahr 1970. Die Beatles trennen sich, Jimmy Hendrix stirbt an seinem eigenen Erbrochenen und Tabletten, Janis Joplin an einer Überdosis Heroin. Für meinen Vater war es jedoch ein Jahr des Aufbruchs: Sein Arbeitgeber wollte in Australien Immobilien- und Handelsgeschäfte hochziehen, und so landete mein Vater im Frühjahr 1970 ohne Rückflugticket in Sydney. Er blieb auch nach Insolvenz seines Arbeitgebers in Down Under und wollte zunächst mit dem Suchen von Opalen seinen Lebensunterhalt verdienen. Das stellte sich jedoch als komplizierter heraus als erwartet, also arbeitete er stattdessen auf dem Bau und in einer Großschlachterei. Auch wenn diese Tätigkeiten nicht der Kategorie »Traumjob« angehörten, so waren sie seinem Zweck dienlich: Er wollte lieber reisen und das Land sehen als einen mittelmäßigen Job und Sicherheit. Sein Motorrad, eine Kawasaki 900 Z1, wurde im Handumdrehen zu seiner engsten Vertrauten im neuen Land. Zweimal umrundete er Australien, bevor ihn sein ehemaliger Arbeitgeber mit neuem Unternehmen wieder zurück nach Europa holte.

»Und warum dann ausgerechnet Australien? Du hättest doch für deinen Boss auch einfach nach Italien gehen können«, habe ich meinen Vater ziemlich genau dreißig Jahre später einmal an einem lauen Sommerabend gefragt. Ich konnte mir damals kaum etwas Schlimmeres vorstellen, als irgendwo mutterseelenallein in der Natur zu sitzen. Überhaupt hasste ich das Reisen, besonders mit meinen Eltern in unserem uralten roten VW Golf, in dem es immer nach einer betörenden Mischung aus frisch eingefülltem Frostschutzmittel, belegten Käse-Schinken-Brötchen und Benzin roch und in dem ich mich spätestens zur fünften Serpentine übergab, wenn wir wie jede Ferien zum Bergbauernhof in Österreich fuhren, auf dem meine Mutter aufgewachsen war.

»Ach, ich weiß auch nicht genau. Weil es nicht zu Hause war. Weil es weit weg war«, sagte er und lachte. Dann erzählte er von

Nächten im Busch; von Blutegeln, die sich in seinen Schuhen so vollgesogen haben, dass er die Stiefel abends nur noch mit roher Gewalt und unter Schmerzen ausziehen konnte; von Lagerfeuerromantik und exotischen Tieren, und auch Bob Dylan und Leonard Cohen spielten eine Rolle. Er zeigte mir ein altes Fotoalbum, die Seiten braun und vergilbt, darin 48 verwaschene Bilder mit einem schicken Motorrad, unverkennbar irgendwo im Outback Australiens. Auf ein paar der Aufnahmen war auch mein Vater selbst zu sehen. Seine Kleidung bestand aus ausgewaschenen Schlaghosen, buntem Hemd, Lederjacke und offenem Helm. Bis auf seine Klamotten hat sich mein Vater eigentlich kaum verändert. Doch wie auf diesen Bildern hatte ich ihn noch nie gesehen. Unbeschwert. Zufrieden. Frei.

»Wow, Papa, du warst ja mal ein richtig cooler Hund!«, sagte ich beeindruckt.

Er lachte: »War?«

Ich deutete auf die Trekkingsandalen, die er an dem Tag trug.

Er lachte wieder. »Alle Beweise, die ich von meiner Zeit in Australien habe, hältst du gerade in den Händen«, sagte er zu mir. »Wenn man über die Zeit nicht redet, vergisst man sie. Die Erinnerungen vergilben im Kopf wie dieses Fotopapier, sie verlieren ihre ganze Farbe.«

Eigentlich wollte ich nie nach Australien. Aber nicht jede Route, die man sich zu Beginn einer Reise ausdenkt, funktioniert auch in der Realität. Als ich im Juli bereits tief in Kirgistan steckte, erfuhr ich von einem anderen Reisenden, dass sich die Gesetze zur Einreise in Thailand mit eigenem Fahrzeug gerade geändert hatten. Ab sofort war eine vorherige Genehmigung zur Einführung des Motorrads verpflichtend. Ein komplizierter und kostspieliger Prozess, der die Aufenthaltserlaubnis auf zwei Wochen limitierte. Kaum war ich in Thailand angekommen, starb der populäre König Bhumibol, und es war unklar, ob es Aufstände geben würde. Deshalb beschloss ich, nach meinem überstürzten Aufbruch in Bangkok, nicht weiter durch das Land zu reisen, sondern nach Malaysia zu fahren. In Kuala Lumpur fand ich mit mehr Glück als Verstand einen günstigen Kargoflug nach Sydney. Die Zollformalitäten waren erstaunlich unkompliziert. Weder musste ich Cleo (wie oft bei Motorradtransporten) in einer Holzbox verpacken noch irgendwelche Räder demontieren; Cleo wurde einfach in das Flugzeug gerollt und festgezurrt. In Australien hingegen kam sie in eine waschechte Quarantäne. Ein Beamter für »Biosecurity« sollte sie untersuchen, bevor ich mit ihr weiterfahren durfte.

Während ich hier in Sydney darauf warte, dass der Zoll mein Motorrad freigibt, genieße ich das Meer, surfe am Bondi Beach, wandere durch die Stadt, als wäre sie meine Heimat, schlafe in einem Hostel und esse jeden Tag Burger und Salat. In Deutschland habe ich bestimmt seit fast einem Jahrzehnt keinen Burger mehr bestellt, hier schreit mein Körper täglich nach Fleisch. Alles, was über Monate verboten war, weil zu heilig oder zu unrein, vermengt zu einer einzigen großen Burger-Rinder-Schweinerei. Es gibt an diesen Tagen nichts, was ich befriedigender finde. Mit der Großstadt und all der Zeit, die ich hier warten muss, finde ich plötzlich zurück zu alten materiellen Gelüsten, von denen ich glaubte, sie abgelegt zu haben. Ich habe in den letzten Monaten wenig über Konsum nachgedacht, weil ich nichts brauchte und mit meinem beschränkten Gepäck sowieso keinen Platz für unnötige Einkäufe hatte. Aber plötzlich fühlen sich meine Kleider zu unmodisch und abgetragen an. Und ... sind das etwa meine ausgelatschten Turnschuhe, die hier so müffeln? Am liebsten würde ich mich neu ausstatten, inklusive

Nagellack und Lippenstift. Und finde es zugleich erschreckend, dass nur wenige Tage in der normalen Konsumgesellschaft in mir all das Begehren nach Dingen erwacht, von denen ich weiß, dass ich sie nicht mehr benötige. Nur in einer Sache scheint sich der Staat um die Schonung von Ressourcen und die Selbstoptimierung und Lasterfreiheit seiner Bürger zu sorgen: Zigaretten kosten 25 Dollar anstatt 50 Cent, und so gebe ich die schlechte Angewohnheit des Rauchens erst einmal wieder auf.

Als ich von meinem Spaziergang an diesem Tag zurück ins Hostel komme, merke ich plötzlich, dass ich der Silversurfer bin, das Fossil unter den Gästen – außer mir sind hier nur Teenager.

»Und, was machst du so?«, frage ich das Mädchen auf dem Hochbett gegenüber. Sie bürstet sich gerade die langen blonden Haare.

»Ich habe gerade Abi gemacht und beginne mein Work and Travel!«, antwortet sie aufgeregt.

»Und du?«, frage ich eine andere.

»Ich bin Rebecca, aber du darfst mich Becky nennen. Ich beende gerade mein Work and Travel«, sagt sie weit weniger aufgeregt und mit einer Arroganz in der Stimme, die jemand hat, der glaubt, die Welt zu verstehen. Sie ist bildhübsch, ihre Haut zart, aber die Lippen sind mit zu viel Lipliner umrandet und die großen blauen Augen etwas zu schwarz umschminkt.

»Und du, machst du auch Work and Travel?«, fragt sie mich.

»Nein, ich reise auf dem Motorrad.«

»Echt? Ist ja strange. Deswegen hast du die hässlichen Klamotten dabei.«

Ich lache und nicke. Und verschwinde dann schnell unter der Dusche, bevor eines der anderen Mädchen unser gemeinsames Badezimmer wieder für eine halbe Stunde belegt, um sich zu schminken.

»Was soll ich mir in Sydney ansehen?«, habe ich meinen Vater vor ein paar Tagen am Telefon gefragt.

»Das gibt es sicher alles nicht mehr«, hatte er gegrummelt.

»Ach komm schon, wenigstens deine Lieblingsbar.«

Von zwei der drei Kneipen, die er nennt, hat noch nicht mal Google etwas gehört, aber das Lord Nelson Brewery Hotel existiert noch. Leider stolpere ich am Ausgang des Hostels über Becky, als ich mich gerade auf den Weg machen will.

»Was machst du? Wohin willst du?«, schnurrt sie und schaut mich aus ihren großen, schwarz umrundeten Augen an.

»Ich wollte gerade in eine Bar …«

»Hast du ein Date?«

»Nein.«

»Darf ich mitkommen?«

Ich schaue sie zweifelnd an. »Ich möchte in eine alte Bar, in der mein Vater früher war … weiß nicht, ob dir das gefällt.«

»Also Vintage? Ich liebe Vintage! Warte, ich sage den anderen Bescheid.«

Ohne eine Antwort abzuwarten, entschwindet sie mit wiegendem Gang und kommt mit acht weiteren Travellern zurück, die alle aussehen, als wären sie dem Teenageralter noch nicht entwachsen.

»Das ist Lea, sie zeigt uns eine abgefahrene Vintagebar!«, flötet sie. Ich weiß nicht, ob es daran liegt, dass die Jungs Becky hörig sind, oder ob mein Alter mich zur Respektsperson macht, aber keiner widerspricht. Die Kids sind noch stark geprägt vom Respekt und der Unterwürfigkeit, die einem zeitlebens gegenüber Autoritätspersonen eingebläut werden. Trotzdem bewundere ich sie für ihren Entdeckerwillen. Vielleicht ist dies außerdem eine gute Gelegenheit für mich, mehr über das Land herauszufinden, denn schließlich haben viele in dieser Gruppe schon Monate hier verbracht.

Ich seufze: »Na dann los.«

Wir nehmen die Metro und laufen das restliche Stück zum Millers Point, von wo aus es nur noch ein Katzensprung zur berühmten Oper und Harbour Bridge ist. Meine neuen Kameraden zu navigieren, ist, wie eine kalmückische Ziegenherde mit störrischen Jungtieren zusammenzuhalten. Obwohl ich ein miserables Namengedächtnis habe, merke ich mir alle innerhalb kürzester Zeit, da immer irgendwer verloren geht, den wir laut rufend suchen müssen. Das Lord Nelson liegt an einer Straßenecke, ein Gebäude aus Sandstein mit Bierfässern davor, die als Stehtische benutzt werden. Dahinter gibt es ein paar normale Tische, an die sich sofort einer der Jungs fallen lässt.

»Wir bleiben draußen, oder?« Alle nicken und setzen sich zu ihm.

»Ich gehe mal rein bestellen«, sage ich und husche schnell davon, bevor sich einer der anderen mir anschließen kann. Diesen Moment will ich für mich. Ich trete ein, mache einen Sprung in der Zeit und sehe, wie mein Vater hier saß, gerade mit der Lederjacke vom Motorrad gestiegen. Es ist verrückt, dass ich jetzt am genau selben Ort stehe wie er damals, wahrscheinlich an einem ähnlichen Punkt unseres Lebens: ein bisschen verloren, aber auch sehr neugierig. Ich komme mir vor, als wären wir uns plötzlich ganz nah, obwohl wir nie weiter entfernt voneinander gewesen sind. Ob er glücklich ist, dass er zurück nach Deutschland gegangen ist? Ich habe ihn das nie gefragt.

Die dunkle Holztheke ist gesäumt von Barhockern, auf denen Menschen vor halb vollen Biergläsern sitzen. Von der ebenso dunklen Holzdecke hängen ein paar Fahnen und ein Bierfass, auf einem Bildschirm an der Wand flimmert ein Rugbyspiel. Den Fernseher gab es in den 1970er-Jahren bestimmt noch nicht, vielleicht eher ein Radio, bei dem alle mitfieberten. Ob mein Vater einen Stammplatz hatte? Hier an der Theke? Auf dem Tresen liegen längliche Tischsets. Ich schiebe sie unauffällig zur Seite und streiche über das Holz darunter.

»Mann, die sind ja alle alt hier! Sogar die Leute sind vintage. Noch älter als du!«

Ich fahre erschrocken zusammen.

»Sorry, wollte dir nur tragen helfen!«, entschuldigt sich Becky, als ich sie strafend ansehe.

Ich schaue mich noch einmal um, doch plötzlich erkenne ich nichts Vertrautes mehr. Ich stehe in einem beliebigen Pub, der gemütlich, aber bei genauer Betrachtung wenig spektakulär wirkt. Das Publikum sieht zwar so aus, als wäre es in den wilden Siebzigern auch schon hier gewesen, aber als wäre ihnen mittlerweile das Wilde abhandengekommen. Ich weiß auch nicht, was ich erwartet habe, bin aber plötzlich enttäuscht, dass diese alte Bar so normal ist und niemand mir entgegenspringt, der sich an meinen Vater erinnert; die Bedienungen an der Bar sind definitiv zu jung. Ich mache ein paar Bilder und nehme mir vor, sie später nach Hause zu schicken.

Wir bestellen Bier und bugsieren die Gläser hinaus.

»Schau nicht so!«, sagt Becky und rückt näher an mich heran.

»Was ist dir denn drinnen über die Leber gelaufen? Jemand Ü70?«, fragt mich Kyle, ein junger Typ Anfang zwanzig, der mir von Anfang an sympathisch war, weil er etwas forscher ist als alle anderen, als Portier in einem Luxushotel arbeitet und auf dem Weg hierher sehr skurrile und lustige Geschichten von seinem Arbeitsalltag unter den Reichen und weniger Schönen erzählt hat.

»Nein, sie hatte ein Date mit der Vergangenheit. Ihr Vater war früher mal hier.«

»Wann denn?«

»In den Siebzigern«, sage ich.

Kyle denkt kurz nach. »Also der einzige Ort, an dem du garantiert noch die Sechziger und Siebziger finden kannst, ist Nimbin. Da musst du hin!«

Als er den Namen der Stadt sagt, geht ein Seufzen durch die Runde.

»Was gibt es denn da?«, frage ich neugierig, da mir der Name nichts sagt.

Ein Franzose mir gegenüber will gerade antworten, doch Kyle schneidet ihm das Wort ab.

»Du magst doch Abenteuer. Dann musst du das selbst herausfinden! Wenn man eine zu genaue Vorstellung von dem hat, was man sucht, ist es sehr schwer zu finden«, sagt er mit blitzenden Augen.

»Kein Respekt vor dem Alter!«, antworte ich empört.

Kyle lacht und zieht spielerisch die Augenbrauen nach oben. »Ich kann dich auch begleiten und mit dir auf dem Motorrad fahren …«

»Willst du, dass ich mich strafbar mache?«

»Man kann es ja mal probieren!«

Je betrunkener alle werden, desto freier reden sie sich alles von der Seele. Als irgendwer vorschlägt, tanzen zu gehen, schwappt eine Welle der Begeisterung über unseren Tisch hinweg. Mich wundert es sowieso, dass die quirlige Gruppe es hier so lange ausgehalten hat. Wahrscheinlich haben sie das nur für mich getan.

»Kommst du mit, Lea?«, fragt mich Becky, die mir inzwischen gar nicht mehr so arrogant vorkommt, sondern hinter ihrer überschminkten Fassade ein gutes Herz zu verstecken sucht. Jetzt kann ich die gespannte Energie und das Knistern der noch jungen, aufregenden Nacht fast greifen. Ich winke in üblicher Langweilermanier ab, denn ich bin todmüde. Morgen würde ich endlich mein Motorrad auslösen und diesen Kontinent erkunden, den mein Vater so geliebt hat. Und das stimmt mich aufgeregter als jeder Klubbesuch.

Zweierlei ist in Australien unerwartet: Erstens finde ich das Land und besonders die kleinen Dörfer charmant. Und zweitens ist die Ostküste alles andere als flach und langweilig. Schnell merke ich, dass es durchaus eine Menge Berge gibt, die ich in den ersten Wochen erkunde: den Blue Mountains National Park bei Sydney, den Kosciuszko-Nationalpark, die Snowy Mountains und die Great Alpine Road auf dem Weg nach Melbourne. Ich muss mich erst daran gewöhnen, dass die Asphaltstraßen gepflegt sind und nicht hinter jeder Ecke ein Schlagloch, eine Kuh oder ein korrupter Polizist lauern. Überall riecht es nach Eukalyptus und exotischen Pflanzen, die ich zuvor noch nie gesehen habe, bunte Vögel begleiten mich mit ihrem Gesang. Und sogar der Tagesrhythmus der Menschen ist mir zutiefst sympathisch. Alle sind Frühaufsteher und dementsprechend auch schon abends um sechs betrunken, wenn ich nach einem langen Tag in einem Dorfpub ankomme. Wer es vermeiden kann, fährt nicht nachts, das ist viel zu gefährlich: Die Straßen sind gesäumt von angefahrenen Kängurus. Als ich das erste Mal ein hüpfendes, lebendiges sehe, bin ich vor Freude ganz aus dem Häuschen. Aber schnell lerne ich, dass die Tiere für einen Motorradfahrer eine enorme Gefahr sind: Ein rotes Riesenkänguru kann stehend einen Meter achtzig groß und manchmal bis zu neunzig Kilogramm schwer werden, eine Kollision würde aber auch mit einem kleineren Exemplar wohl eher weniger gut enden. Die Kängurus springen einem natürlich immer dann vor die Reifen, wenn man es am wenigstens erwartet, und schauen erst mal irritiert und anklagend – bei der Vergabe von Reaktionsgeschwindigkeit sind sie wohl zu kurz gekommen.

Die australische Mentalität ist wirklich »easy going«. Erst nachmittags aus dem Zimmer über dem kleinen Dorfpub auschecken? Kurz auf mein Motorrad aufpassen, während ich einen Spaziergang durch das Dorf mache? »No worries.« Alles ist einfach, das Reisen, die Verständigung, das Leben. Doch dann passiert etwas Unerwartetes, das ich nicht erklären kann: Meine Laune und Zufriedenheit sinken, obwohl alles so einfach ist. Mit jedem Kilometer, den ich zurücklege, wird mein Nacken steifer durch meine Anspannung. Als wäre ich auf der verzweifelten Suche nach etwas, das ich hier nicht finden kann. Aber ich verstehe selbst nicht so recht, was los ist, und tue, was ich immer tue, wenn das passiert: abwarten und beobachten.

»Who cares what you wear« steht auf einem großen Schild über mir, um mich ist alles in Regenbogenfarben getaucht. In kleinen Läden am Rand der Straße werden T-Shirts mit psychodelischen Prints verkauft, die auf den Kleiderbügeln vor den Geschäften im Wind flattern. »Let it grow!« steht auf einem Plakat im Schaufenster – und ein riesiger Joint aus Pappmaschee beseitigt jedes Missverständnis, dass es sich vielleicht um einen Friseur handeln könnte. Ich habe das leise Gefühl, dass sich die Kids in Sydney einen Spaß mit mir erlaubt haben, als sie mich auf der Suche nach der Vergangenheit nach Nimbin geschickt haben. Die Nacht hatte ich in Bellingen verbracht, einem alten, mittlerweile angehipsterten Dörfchen mit kleinen Häusern und gemütlichen Cafés. Nimbin dagegen ist ein richtiges knallbuntes Hippieparadies. Es ist erst früher Vormittag, und überall schauen mir rotäugige zufrieden grinsende Menschen entgegen. Eigentlich ist Marihuana in Australien verboten, lediglich für medizinische Zwecke wird eine Ausnahme gemacht, doch das kann man sich in Nimbin kaum vorstellen. Egal wohin man geht, der Geruch von Marihuana ist schon da. Die Polizei duldet es wohl stillschweigend, solange kein Gras auf der Hauptstraße verkauft wird. Ungefähr einmal im Jahr lässt sie dann einen Dealer hochgehen – gegen Touristen richtet sich das allerdings nie, und es wirkt auch mehr wie ein Exempel.

Ich falle in meinem grau-gelben Motorradanzug überhaupt nicht auf, die meisten schweben sowieso in ganz anderen Sphären. Irgendwie passe ich mit meinem Astronautenstil sogar ganz gut zu all den Menschen mit Dreadlocks, langen bunten Wallekleidern und Jamaikahüten. Ich laufe durch die Arkaden der Häuser; hier gibt es alles aus Hanf, was man sich vorstellen kann: Hanföl, Hanfkleidung, Hanfgummibärchen.

»Hey, Girl!«, krächzt mich auf dem Bürgersteig eine alte Frau an. »Willst du Spacecookies?«

»Ich muss noch fahren!«, sage ich abwehrend.

Die Dame schaut mich mit roten Augen an, als würde sie nicht verstehen, ihre marihuanageschwängerte Reaktionszeit gleicht in etwa der eines Kängurus. Dann wirft sie einen Blick auf den Helm an meinem Arm. Wieder vergehen ein paar Sekunden, bis sie den Kopf schief legt.

»Fährst du Motooooooorad?«, fragt sie mich. Ich nicke und will an ihr vorbei, doch sie schiebt sich mir in den Weg.

»Woher kommst du?«

»Aus Deutschland!«

»Und woher ist dein Motorrad?«

»Auch aus Deutschland.«

»Und was willst du hier?«

»Weiß ich auch nicht so richtig. Ich dachte, hier wäre es wie früher.«

»Wann früher?«

»In den 1970ern.«

»Woooooooow! Erinnere ich mich kaum mehr dran«, sagt sie. Dann schüttelt sie ein paarmal langsam den Kopf, als könnte er ihr durch eine zu schnelle Bewegung vom Hals fallen. »70er ... laaaange her. Hier hast du einen Spacecookie!«

Bevor ich mich versehe, schiebt sie mir den Keks, eingewickelt in Frischhaltefolie, in die Jackentasche.

»Aber ich muss noch fahren!«, antworte ich ihr wieder. Sie zuckt mit den Schultern.

»Irgendwann musst du nicht mehr fahren. Entspaaaannn dich!«

»Aber ...!« Sie schüttelt den Kopf und schneidet mir mit einer Handbewegung das Wort ab.

»Du bist weeeeit gereist. Und du hast gefunden, was du suchst. Aber du machst dir Soooorgen. So vieeele Sooooorgen. Du brauchst zwei Coooookies. Helfen dir gegen die Sooorgen. Entspaaaann dich.« Sie schiebt mir einen zweiten Cookie in die andere Tasche. »Mach langsaaam. Sonst ist dein Hirn ruhelos ... Kollaps ...« Mit einer Hand gibt sie mir eine leichte Kopfnuss.

»Heee!«, rufe ich empört und lache. »Danke für die Kekse.«

Sie schaut mich ein paar Sekunden weiter fragend an, als könnte sie eine Antwort auf eine unausgesprochene Frage in meinem Gesicht finden. Als ich gerade denke, dass sie inzwischen ganz woanders ist, abgedriftet in ihre eigene Welt, die sicher noch farbenfroher ist als die ganzen Häuser um uns herum, regt sie sich noch einmal.

»Pass auf deinen Kopf auf. Du bist zu schnell ... zu schnell ...« Wie in Zeitlupe dreht sie sich weg von mir und geht ein paar Schritte unter den Arkaden, bevor sie wieder stehen bleibt, als hätte sie etwas vergessen.

Zu schnell?, denke ich mir halb amüsiert, halb eingeschnappt. Ich bin nicht zu schnell, sie ist zu langsam. Ich gehe zu meinem Motorrad, von hinten höre ich die Stimme der alten Frau: »Spacecookie?« Kurze Zeit später verschwinden Nimbins bunte Farben im Rückspiegel.

Abends schreibe ich meinem Vater aus Byron Bay eine Nachricht. Ob er in Nimbin gewesen sei und ob man früher wirklich so viel Marihuana konsumiert habe.

»Na ja, vielleicht am Lagerfeuer«, antwortet er, »dazu haben wir einen Hasen gehäutet, Bob Dylan gehört und uns die vollgesogenen Blutegel von den Füßen gepellt, die jede Nacht in unsere Schuhe gekrochen sind.« Plötzlich habe ich schlagartig diesen Nachmittag vor Augen, an dem mir mein Vater das erste Mal von Australien erzählt hatte.

»Danke« erscheint dann auf meinem Telefon.

»Wofür?«

»Dass du die Erinnerungen mit mir noch einmal wachgerufen hast. Jetzt, wo du in Australien bist, gewinnen sie wieder an Kontur.«

Wahrscheinlich funktioniert Vergangenheit immer nur in den Geschichten, die wir erzählen. Eine Parkbank, ein Pub, eine Hippiestadt – sie gibt es immer nur im Jetzt. Die Zeit von früher existiert nur an einem ort, an dem ich noch nie nach ihr gesucht habe: zu Hause, als Erinnerung, in den Köpfen meiner Eltern. Nur dort würde ich finden, was ich hier in Australien gesucht habe.

Trotzdem bin ich froh, dass ich den Spuren gefolgt bin. Denn ab jetzt haben wir etwas gemeinsam: der Weg durch Australien, ohne festen Plan und Ziel. Dadurch, dass sich unsere Geschichten doppelt schreiben, sind wir uns näher als je zuvor.

Ganz unten und ganz oben

AUSTRALIEN, TASMANIEN

KILOMETER: 32 490

Zwölf Seestunden und die wilde Meerenge Bass Strait liegen hinter mir, als Cleo und ich um sechs Uhr morgens in Davenport von der Fähre rollen. Tasmanien ist eine Insel im Süden Australiens, von der ich nicht viel mehr weiß, als dass sie zu zwei Fünfteln aus Nationalparks besteht, der Westen wild, unberührt und regnerisch ist, der Osten touristisch und sonnig. Von Norden nach Süden wie von Westen nach Osten misst Tasmanien ungefähr dreihundert Kilometer, und endlich, angesichts der überschaubaren Ausmaße, habe ich es nicht mehr eilig. Nur irgendwann in ein paar Wochen, zu Weihnachten und Neujahr, wäre ich gern in Südamerika. Aber vorerst nehme ich einfach jede Abzweigung, die mir sympathisch aussieht – denn erst mal kann ich mich einfach treiben lassen und muss nicht jeden Kilometer meiner Route planen. Ich fahre in den Westen der Insel, weil die Wettervorhersage gerade gut ist. Je weiter ich in die Wildnis der Arthur-Pieman-Conservation-Area eindringe, desto einsamer werden die Straßen. Nur Straßenschilder weisen auf Gesellschaft hin, etwa den Tasmanischen Teufel; das Tierchen ist vom Aussterben bedroht, und die Tasmanier schützen es deswegen wie ihren Augapfel. Leider ist Cleo zu laut, als dass ich den Teufel jemals zu Gesicht bekomme. Einige Schilder warnen vor den schlechten Straßenverhältnissen, dann taucht ein großer rot umrandeter Hinweis auf: »Kein Mobilfunknetz in den nächsten hundert Kilometern«. Mein Vorderreifen trifft auf losen Untergrund, vor mir tauchen Bilder auf: Schlamm, Sand, Schlingern, Kontrollverlust, Sturz. Trotz der Erfahrungen der vergangenen Monate bin ich nicht sicherer, sondern unsicherer geworden. Das Bewusstsein ist geschärft dafür, was alles schiefgehen kann: Mein ganzer Körper verkrampft sich, mein Hals ist plötzlich eng, und ich bekomme kaum mehr Luft. Ich zittere unkontrolliert, komme schlitternd zum Stehen und reiße mir den Helm vom Kopf. Nicht mal die Aussicht auf die Begegnung mit einem Tasmanischen Teufel kann mich weiterbewegen. Gerade als ich vom Hyperventilieren wieder auf normale Atmung umschalte, kommt ein Auto, ein kleiner Van, auf dessen Kühlerhaube ein Peacezeichen und daneben ein Joint prangen.

Der Fahrer spring aus dem neongrellen Auto und ruft: »Hola, chica!« Im Beifahrerfenster erscheint ein zweiter Kopf.

»Perdón, mein Freund hat kein Benehmen. Ich heiße Antonio, er heißt Juan.«

Der Fahrer, also Juan, läuft auf mich zu, schnappt sich meine Hand und schüttelt sie wild. »Und du?«

»Lea. Wo kommt ihr her?«

»España, claro!«

»Ich meine nicht, woher ihr ursprünglich kommt, sondern gerade. Ich fahre seit drei Stunden hier entlang und habe niemanden gesehen ... so ein Auto wäre mir aufgefallen.«

»Das ist nicht unser Auto, das haben wir gemietet!« Juan dreht sich Richtung Auto. »Jetzt komm schon, Antonio, steig auch aus und begrüß die Chica. Kein Wunder, dass du immer Single bist!«

Mit einem Seufzen öffnet Antonio die Tür, schlurft heraus, lässt sich neben mich an den Straßenrand fallen und rollt einen Joint.

»Chica hier, Chica da ...«, knurrt er und schenkt seinem Freund einen bösen Blick.

Der fährt fort, als hätte er nichts gemerkt. »Wir haben dahinten unter dem großen Baum eine Pause gemacht und überlegt, ob wir vielleicht über Nacht hierbleiben. Aber dann haben wir dein Motorrad gehört. Das erste Geräusch seit Stunden! Gott sei Dank. Jetzt können wir gemeinsam weiterfahren! Die Straße ist ja etwas unheimlich.«

Antonio schaut auf. »Juan hat Angst!«

Juan tritt wütend einen Schritt auf ihn zu. »Lügner! Er selbst hat Angst wie ein Baby.«

Ich räuspere mich. »Vielleicht ... sollten wir bis morgen warten. Hundert Kilometer bei schlechten Bedingungen können ein paar Stunden dauern.«

»Unsinn! Jetzt hast du ja uns! Wir passen auf dich auf!« Juan wirft sich stolz in die Brust.

Zweifelnd schaue ich die beiden an. »Wie alt seid ihr überhaupt?«

»23«, sagt Juan stolz, »24!«, übertrumpft ihn Antonio.

»Wir sind gerade mit dem Studium fertig und suchen jetzt nach Chicas. In Byron Bay gab es ein paar Chicas, in Melbourne auch. Aber hier gibt's nur komische Tiere! Alle sagen, es ist so wunderschön und so toll in Tasmanien. Und dann das!« Verzweifelt deutet Antonio auf die atemberaubende Natur. »Nur Pflanzen, Felsen und Kängurus!«

Der beißende Geruch von Gras steigt in die Luft.

»Willst du mal?« Ich schüttele den Kopf. Antonio gibt den Joint an Juan weiter, der dazu wie aus dem Nichts eine Dose Bier gezaubert hat.

»Ihr wollt wirklich noch fahren?«

»Keine Angst. Antonio nimmt nur einen Zug zum Aufwachen und trinkt keinen Alkohol. Er ist der Rennfahrer von uns beiden. Und ich der Renntrinker!« Juan schüttelt sich vor Lachen und kippt seine Dose Bier hinunter.

»Das Beste an Straßen, auf denen es hundert Kilometer keinen Handyempfang und keine Tankstelle gibt: Es gibt auch hundert Kilometer keine Polizei. Polizisten hängen immer nur in Dörfern oder Städten rum – oder ebenda, wo man Geld machen kann. Sie sind niemals dort, wo es nichts gibt.«

Nach einer Weile haben die beiden mich mit ihren Witzen von meiner Panik abgelenkt. Schließlich beschließen wir weiterzufahren. Tasmanien entpuppt sich als wahres Wunder der Natur. Es ist, als wären wir in einer Dinosaurierwelt gelandet, als hätten wir uns aus der Realität in die Vegetation der Steinzeit katapultiert. Wir fahren zwei Stunden ohne Pause, vorbei an Riesenfarnen, dem mächtigen Königseukalyptus, der als größter Laubbaum der Welt gilt, und durch die letzten kaltgemäßigten Regenwälder, die hier Tarkine heißen und von denen Forscher vermuten, dass sie seit dem Ende der letzten Eiszeit vor 35 000 Jahren wachsen. Für die Aborigines Tasmaniens, an denen die frühen europäischen Siedler einen grausamen Genozid begingen, hieß der wilde Nordwesten Takayna, was die Europäer später als Tarkine in ihrem Sprachgebrauch behielten.

Im Rückspiegel sehe ich irgendwann, wie Juan seinen Kopf aus dem Fenster steckt und johlt, während Antonio den Wagen gnadenlos durch jedes noch so tiefe Schlagloch prügelt. Unsere Laune scheint sich genau gegensätzlich zu entwickeln, obwohl diese einsame raue Landschaft doch mein Ding ist und nicht ihres! »Reiß dich zusammen! Sei glücklich, dass du hier sein darfst. Du hast keinen Grund für jämmerliche Laune!«, ermahne ich mich. Aber je glücklicher ich sein will, desto tiefer zieht es mich runter. Als würde ich in einen unendlichen Tunnel rasen, in dem ich nicht umdrehen kann und aus dem ich nicht wieder herauskomme. Kann zu viel Schönheit taub machen für alle anderen Empfindungen? Wo Bewegung und Natur mir sonst immer guttun, verstärken sie jetzt meinen dunklen Gemütszustand.

Ich erreiche die Gabelung einer asphaltierten Straße, halte an, steige ab und setze mich auf einen Schotterhügel, der den weiten Blick in ein friedliches grünes Tal freigibt. Der Schotter spritzt, als Antonio das quietschbunte Peacemobil mit einer Vollbremsung zum Stehen bringt. Er springt aus dem Auto.

»Was für eine Fahrt!«, ruft Juan begeistert.

Antonio lacht wie irr. »Es ist doch nicht alles öde hier in Tasmanien!« Dann merkt er, dass ich nur unbeteiligt vor mich hin starre und mich nicht rühre. »Guapa, alles in Ordnung?«

Ich nicke und breche in Tränen aus. Die beiden schauen mich geschockt an. Sekunden vergehen.

»Scheiße, du Idiot! Was hast du angerichtet! Was hast du gesagt?«, schimpft Juan Antonio.

»Selbst Idiot! Gar nichts! Ich wollte nur nett sein!«

Hilflos schauen die beiden einander an. Juan rückt etwas näher und legt mir den Arm um die Schultern.

»Heeeeey, wir haben dich doch heil hier rausgebracht, nur noch zwei Kilometer und du bist sicher.«

Das bringt mich nur noch stärker zum Heulen.

»Nur noch zwei Kilometer und du bist uns los.«

Ich schüttele den Kopf. »Nein ... es ist nicht ... euretwegen ...«

»Du bleibst jetzt bei uns im Bus, rauchst einen Joint mit uns und trinkst eine Dose Bier, und dann bist du wieder glücklich. Wirst schon sehen!«

»Danke, aber es geht schon wieder ... ich bin nur müde.«

Antonio zuckt mit den Schultern und umarmt mich. »Aber Chica, wir sind für dich da!«

Ich fange sofort wieder an zu heulen, weil ich so gerührt bin. Antonio und Juan haben nun beide einen Arm um mich gelegt. »So lassen wir dich nicht allein!«

»Kein Wunder, dass du traurig bist, ganz ohne Freunde und Familie.«

»Ja, genau, schau, Antonio nervt, aber man kann mit ihm reden. Über Chicas ... und alles andere.«

Antonio gibt Juan eine wütende Kopfnuss über meine Schulter hinweg.

»Ich nerv gar nicht! Du nervst!«

»Was ich sagen will: Wir sind hier auf einer Insel, aber du bist keine. Du kannst mit uns reden.«

Ich habe in diesem Moment nicht die Kraft, jemanden neu in mein Leben zu lassen, wieder zu erzählen, wer ich bin oder wer ich gerne wäre. Ich bin zu müde, um von vorn zu beginnen, und zu müde, um mich zu erklären, und weiß gar nicht, ob ich mich überhaupt selbst verstehe. Also reiße ich mich noch einmal zusammen, höre auf zu heulen, wühle in meinen Jackentaschen, bis ich die Folie eines Spacecookies zwischen den Fingern fühle. »Hier, das ist aus Nimbin für euch. Damit ihr heute Abend an mich denkt, falls ihr keine Chicas findet!«

Juan macht große Augen, und Antonio nimmt es an wie eine olympische Goldmedaille. »Wir werde es in Ehren halten!«, sagt er feierlich.

Als wir Abschied nehmen, schaut er mich noch einmal fest an: »Keine Sorge, morgen ist alles wieder gut.«

Als ich allein weiterfahre, klingen mir diese Worte hilflos im Ohr. Hoffnung in eine Zukunft zu stecken, wenn alles nur schwarz und grau ist, wie soll das funktionieren? Es heißt, Hoffnung kann antreiben und stärken – aber ist sie nicht auch immer begleitet von der Angst, dass das Erhoffte nicht eintreten wird? Was, wenn morgen nicht alles besser wird? Was, wenn der dunkle Tunnel nicht endet?

Ich nehme mir ein Zimmer in einem viel zu teuren Hotel, und das auch gleich noch für drei Nächte. Wenn alles egal ist, dann wohl auch Geld. Anders als in den Hostels und auf den Campingplätzen ist die Internetverbindung hier fantastisch, sodass ich als Erstes (wie bei jeder Krankheit) meine Symptome google: Desinteresse, Traurigkeit, schwarzes Loch. Alle Begriffe stoßen mich auf dieselbe Diagnose: Depression. Und wo eine Onlinediagnose ist, ist auch die Therapie nicht fern – das Internet kuriert alles. Selbsthilfe bei Depression: »Bewegung, Ernährung und gute Gespräche«, steht dort, Johanniskraut und Vitamin D könnten helfen. Aber ich bin doch seit Monaten in der Sonne, und überhaupt bewege ich mich ständig, mein ganzes Leben ist gerade eine einzige Bewegung. Also verordne ich mir das exakte Kontrastprogramm, ziehe die Vorhänge zu und setze anstatt auf Vitamin D auf Entschleunigung, Dunkelheit, Vitamin S (aka Schokolade). Ich bewege mich die nächsten 24 Stunden nicht aus dem Bett und schaue mir zwei Staffeln *Sex and the City* an, weil ich nicht die Energie aufbringe, mir etwas zu suchen, das ich noch nicht kenne. Zwischendurch poste ich auf Instagram ein paar fröhliche Bilder von mir und Cleo an den Traumstränden Australiens. Wenigstens mein digitales Ich sieht aus wie die glückliche Reisende, die ich eigentlich sein sollte. Hier, wo alles leicht ist, werde ich selbst plötzlich ganz schwer. Unmotiviert klicke ich mich durch alle E-Mails, die wegen chronisch schlechter Internetverbindung noch ungelesen sind.

Zwischen den Nachrichten eine Überraschung. Arne.

»Bist du noch in Australien? Ich bin in drei Tagen geschäftlich dort. Lust auf eine Ausfahrt?«

»Bin auf Tasmanien. Das ist dir sicher zu weit.«

»Da wollte ich schon immer hin. Ich fliege nach Hobart, miete ein Motorrad, und wir treffen uns dort. Oder bist du beschäftigt?«

Gut, dass ich in der Schule Mathematik als Leistungskurs hatte, er hilft mir jetzt, die wirklich bedeutenden Dinge in meinem Leben zu regeln: Drei Tage sind 72 Stunden, und wenn ich an jedem höchstens fünf schlafe, bleiben 57 Stunden zum Serienschauen. Ergo: Für die finale Staffel von *Sex and the City* könnte es ein wenig knapp werden.

»Ich bin eigentlich total im Stress«, würde ich am liebsten antworten, aber zu sehr möchte ich die fröhliche Reisende ohne Probleme sein. Locker und easy, wie die Einheimischen um mich herum.

»Okay, sag mir, wo ich dich abholen soll.«

Als ich begann, Motorrad zu fahren, hatte ich keine Freunde, die meine Leidenschaft teilten. Dafür auch keinen Konkurrenzdruck, es ging um nichts, und das Alleinfahren ist herrlich selbstfokussiert. Aber es gab auch niemanden, der mir sagte, wenn ich etwas falsch machte.

Gerade war ich zum ersten Mal das berühmte Stilfser Joch gefahren, machte an einem Straßenimbiss eine Pause, als mich ein Motorradfahrer ansprach: »Wie schmeckt der Käse?« Er war fast einen Kopf größer als ich, hatte ein kantiges Gesicht, blaue Augen und strahlte Ruhe aus.

»Gut«, antwortete ich.

Er nahm auf der Bank neben mir Platz – und bestellte Würste.

»Na, du hast aber viel Wert auf meine Empfehlung gelegt.«

»Du würdest ja auch nicht auf meine hören.«

»Natürlich!«

»In welche Richtung willst du?«

»Gaviapass.«

»Ich habe dich vorhin am Stilfser Joch fahren sehen. Ich empfehle dir, ein paar Kurven hinter mir herzufahren. Wir haben sowieso denselben Weg.«

»Das war ja klar, Motorrad-Mansplaining!«

»Eine Empfehlung, keine Aufforderung.«

Ich rollte mit den Augen und drehte mich mit einem Lachen von ihm weg und widmete mich meinem Käse. Irgendwie rechnete ich damit, dass er mich noch mal ansprechen würde, doch er machte keine Anstalten. Als ich aufbrach, nickte er mir kurz zu, ohne richtig aufzusehen.

Natürlich dauerte es nicht lange, bis er mich auf der kurvigen Straße zur Passhöhe überholte. Ich schluckte meinen Stolz hinunter und folgte ihm.

An diesem Tag übernachteten wir im selben italienischen Gasthof und aßen miteinander zu Abend. Ich fand heraus, dass er Arne hieß, sehr bedacht sprach und überhaupt nur sehr wenig erklärte.

»Was willst du machen?«, fragte er mich irgendwann, noch bevor es darum ging, was wir beruflich tun.

»Was ich machen will ... eine Weltreise auf dem Motorrad!« Es war die erste Antwort, die mir kam, und natürlich meinte ich es überhaupt nicht ernst.

Doch er nickte. »Das finde ich gut. Vielleicht komme ich mit.«

Ich schaute ihn erschrocken an. »Wenn, dann würde ich sie allein machen.«

»Das kann ich verstehen.«

»Und was willst du machen, Arne?«

»Warten und hoffen.«

»Warten worauf?«

»Warten auf Godot. Landstraßen haben mir schon immer am besten gefallen.«

Seither trafen wir uns oft zum Motorradfahren, und Arne brachte mir nicht nur das Kurvenfahren bei, sondern erinnerte mich ein ums andere Mal an diese Weltreise, die ich unvorsichtigerweise erwähnt hatte. Er tat das in einer sehr bestimmten Regelmäßigkeit, die nur ganz knapp entfernt von Lästigkeit war. Daher war er der Erste, dem ich schrieb: »Ich habe den Job, aber ich mache eine Weltreise auf dem Motorrad!«

Doch dann wurde unser Kontakt plötzlich dünn wie ein Bindfaden. Er war beruflich ständig verreist und ich allzu beschäftigt mit den Vorbereitungen, um mit ihm spontane Ausfahrten am Wochenende zu machen. Wir sahen uns nicht wieder, bevor ich aus Deutschland losfuhr.

Arne trägt Jeans und Turnschuhe und sieht aus, als wäre er auf dem Weg in den Supermarkt. Er steht schon vor der Motorradvermietung und hebt die Hand kurz zum Gruß, als ich in Hobart, der tasmanischen Hauptstadt mit ihren puppigen Häusern, unseren Treffpunkt ansteuere. Dann umarmt er mich – und ich versuche, mich sofort wieder zu befreien. Ich habe seit Tagen nicht geduscht und bis gerade auch nicht darüber nachgedacht; Arne scheint sich aber weder an meinem Geruch noch an meinen derangierten Haaren zu stören.

»Lange nicht gesehen, Fremde. Können wir los? Kann es kaum erwarten.« Und schon sitzt er auf seinem Motorrad.

»Klar«, sage ich, obwohl mir noch immer mehr nach Bett und Staffel 6 von *Sex and the City* ist. Aber vielleicht hatten die beiden Spanier recht, und alles, was ich brauchte, war ein bisschen Gesellschaft, Zeit mit einem Freund. Also folge ich ihm.

An diesem Sommertag im Dezember komme ich mir mit meiner ganzen Ausrüstung übertrieben vor, als würde ich schwer bewaffnet bei einer Gartenparty aufkreuzen. Haben wir uns wirklich schon seit fast einem Jahr nicht mehr gesehen? Es fühlt sich merkwürdig normal an. Aber zugleich nagen in mir tiefe Zweifel; Szenen mit Jacob aus Istanbul und Bangkok flimmern immer wieder vor meinem inneren Auge auf: Brauchen Freundschaften das richtige Ökosystem, um zu funktionieren? Oder zeichnet sich richtige Freundschaft dadurch aus, dass sie überall besteht und allen äußeren Umständen trotzt?

An einem Aussichtspunkt halten wir, Arne strahlt mich aus seinen blauen Augen an, ohne dabei zu lächeln, und wir schauen gebannt über die grün bewachsenen Felsen. Das Meer liegt unter uns, die Nachmittagssonne bricht sich darin. Ein Spiel Tausender goldener Tupfer in sich kräuselnden Wellen.

Arne zieht den Helm ab, steckt sich eine Zigarette in den Mund, dreht sich von mir weg und pinkelt in gottgegebener Seelenruhe hinunter auf die Klippen. Ich bin etwas beschämt und drehe mich demonstrativ weg.

»Wo schlafen wir eigentlich heute Nacht?«, fragt mich Arne über seine Schulter hinweg.

Ich zucke mit den Schultern. »Na dort, wo wir landen.«

»Wo wir landen ...«, wiederholt er und scheint kurz darüber nachzudenken. »Also buchen wir kein Hotel?«

»Nein, natürlich nicht. Wir finden schon was Schönes!«

»Was Schönes ...«, echot er, als hätte ich etwas sehr Unverständliches und Merkwürdiges gesagt. Aber er fragt nicht noch mal nach, sondern schließt nur den Reißverschluss seiner Jeans und schaut mich an, als würde er erst jetzt erkennen, wer da vor ihm steht.

»Ist das okay für dich?«, frage ich vorsichtig. Ich bin wie selbstverständlich davon ausgegangen, dass wir zu zweit so reisen, wie ich das allein getan habe. Mir ist der Gedanke überhaupt nicht gekommen, dass sich Arne vielleicht etwas ganz anderes vorgestellt hat.

»Klar, ich will doch wissen, wie du jetzt lebst«, antwortet er.

Als sich unsere Blicke treffen, hält er meinen fest, doch ich kann seinem nicht standhalten, sondern schaue beschämt zu Boden. Arne mitzunehmen ist, als hätte ich ihn in mein eigenes Zuhause eingeladen und erst jetzt, da ich ihm die Tür geöffnet habe, festgestellt, wie unaufgeräumt und chaotisch es ist. Ich spüre etwas in mir, das ich schon vergessen geglaubt habe – auch weil ich es mir aberzogen hatte: dieses Ziehen, wenn die Meinung eines anderen plötzlich wichtig ist und man sich vor seinem Urteil fürchtet. Ich möchte, dass Arne mein Zuhause gefällt und dass er es von seiner besten Seite kennenlernt und sich wohlfühlt.

»Auch das noch, du Idiot!«, schimpfe ich mit mir. Als hätte ich nicht schon genug Probleme, bin ich auch noch zielsicher in die Falle der Gefallsucht getapst.

Wir fahren stundenlang, unterhalten uns kaum und halten wenig. Am späten Nachmittag erreichen wir die 140 Meter hohe Talsperre des umstrittenen Gordon-Damms, der die Natur mit seinem rohen Beton wie ein geschwungener Säbel brutal durchschneidet. Hier biegen wir in eine abgelegene Straße ab, und alles könnte so verdammt idyllisch sein: das sanfte Licht, das hier im Süden Tasmaniens intensiver ist als überall sonst auf der Welt, die grünen Hügel, der Wald, der uns sofort wieder umschließt, sobald wir die offenen Seen hinter uns lassen.

An einer Abzweigung knickt die einspurige Hauptstraße nach rechts weg, geradeaus führt ein kleiner Schotterweg. Arne schaut mich fragend an. Ich nicke. Mir persönlich wäre mehr nach Bett, aber ich möchte keine Spielverderberin sein. Außerdem will ich noch immer, dass Arne das sieht, was ich normalerweise so liebe. Und das sind eigentlich genau diese Momente, in denen man den vorgeschriebenen Weg verlässt und sich ins Ungewisse stürzt.

Zwanzig Kilometer fahren wir auf der unwegsamen Schotterstraße, nach einer Weile wird der Untergrund lose, dann schlammig. Immerhin zu zweit, da kann man die Verantwortung teilen. Doch obwohl ich weiß, dass wir zu zweit sind, und weiß, dass ich den Verhältnissen gewachsen bin, kehrt plötzlich wie aus dem Nichts die Unsicherheit zurück. Dass wir hier so über die Pisten donnern, kommt mir grob fahrlässig vor. Ein falscher Ruck, ein zu großes Schlagloch, eine rutschige Stelle, eine Sekunde Unachtsamkeit. Die Gedanken in meinem Kopf rasen, und ich kann sie nicht mehr ausblenden. Zittrig werde ich langsamer, Arne holt auf.

»Ist alles in Ordnung?« Seine Stimme geht fast unter im Lärm der Motoren.

Ich tue, als würde ich ihn nicht hören. In konzentrierter Starrsinnigkeit schaue ich stumm geradeaus und fahre im Schneckentempo weiter, als würde ich mich immer so langsam bewegen. Arne gibt Gas, schert vor mir ein, bremst ab und zwingt mich zum Anhalten. Mein Herz rast, mein Atem geht viel zu schnell und dröhnt in den Ohren. Wie einen Fremdkörper umklammere ich den Lenker.

»Verdammt Lea, was ist los? Du fährst … mies! Du hast doch gar keinen Bock mehr! Warum hast du das nicht früher gesagt?«

Ich schweige noch immer beharrlich.

Arne schüttelt den Kopf. »Fünfzig Kilometer bis zum nächsten Dorf, wenn wir in diese Richtung weiterfahren und nicht umdrehen. In diesem Tempo und bei diesen Verhältnissen schaffen wir das heute nicht mehr. Ich glaube, das ist keine gute Idee. Wir drehen um.«

Ich schüttele stumm den Kopf. Umdrehen ist wie verlieren. Bisher ist es immer weitergegangen. Und jetzt, zu zweit, ohne akute Gefahr oder Dringlichkeit, sollte ich umdrehen? Ich kann die Tränen nur noch mit großer Mühe zurückhalten. »Ich gehe langsam, aber nie zurück … Irgendjemand hat das mal gesagt. Lincoln vielleicht«, presse ich heraus. Arne mustert mich mit seinen durchdringenden stahlblauen Augen.

»Absteigen«, sagt er leise.

Ich bewege mich nicht.

»Absteigen!«, wiederholt er, und seine Stimme klingt ruhig, ohne jegliche Schärfe, aber zugleich so bestimmt, dass ich ihn jetzt doch ansehe.

»Und komm mir nicht mit noch mehr blöden Sprichwörtern und Zitaten.« Er hält mir seine Hand hin.

Kurz schaue ich darauf, als wäre sie etwas Ungeheuerliches. Dann gebe ich mir einen Ruck, lege meine hinein und lasse mich vom Motorrad ziehen. Wir setzen uns am Straßenrand in die verästelte Krone eines umgestürzten Baumes. Arne verschmilzt mit seiner dunklen Jacke fast mit dem Grün und Braun der Äste, seine Augen blitzen wie die eines Panthers im Halbdunkel des Waldes; in meiner grau-gelben Montur sehe ich wahrscheinlich eher aus wie ein zitternder Wellensittich. Ich rieche Eukalyptus, mein Atem beruhigt sich.

»Können wir hierbleiben? Dann müssen wir nicht zurückfahren und auch nicht weiter«, frage ich Arne halb ernst durch das Eukalyptusdickicht.

Er nickt. »Ja, das ist dann wirklich wie Warten auf Godot.«

»Was meinst du eigentlich damit?«

Er seufzt, als wäre das vollkommen offensichtlich. »Na ja, in der Geschichte gibt es diese zwei Typen, die an der Landstraße sitzen und auf jemanden namens Godot warten, sie wissen aber nicht, warum sie warten und ob Godot jemals kommen wird.«

»Und das sollen wir sein?«

»Eher unsere Erwartungen. Wir hoffen darauf, dass sich etwas erfüllt – oder eben auch nicht. Godot kommt vielleicht nicht, auch wenn du für immer stur hier sitzen bleibst.«

Irgendwo in mir legt sich bei seinen Worten ein Schalter um. Ich muss mich am Ast neben mir festkrallen, obwohl die raue Rinde in meine Hand schneidet. Niemand würde kommen, um mich zu retten, um mich aus der Schwärze zu ziehen wie so oft aus dem Schlamm. Die Traurigkeit darüber, dass ich mich nur selbst retten kann, ist so einschneidend und schmerzhaft, dass ich keine Luft mehr bekomme. Die Einsamkeit ist in diesem Moment so präsent, dass ich glaube, sie anfassen zu können, würde ich nur die Hand ausstrecken.

Arne gibt mir Zeit; wahrscheinlich sieht er, dass ich irgendwo in mir einen Kampf austrage.

»Was willst du?«

»Wieder froh sein.«

»Hast du nichts gelernt bei deinen Buddhisten in Nepal und Myanmar?«

Ich schaue ihn zweifelnd an. Arne ist nicht gerade die personifizierte Spiritualität oder Religiosität. »Es gibt nichts Gutes, außer man tut es?«

Er rollt mit den Augen und gibt ein tiefes, erschöpftes Brummen von sich. »Nein. Das Schlimme an deinem Leid ist nicht das Leid selbst, sondern dass du etwas Vergangenes festhalten willst.«

»Du meinst, ich klammere mich an mein Glück von gestern, und daraus entsteht mein Leid?« Er nickt.

»Die Situation ist, wie sie ist. Sie ist objektiv betrachtet weder besonders glücklich noch besonders unglücklich. Dein Glück und Unglück entstehen in deinem Kopf.«

Vielleicht hat er recht, denn tatsächlich ist kein Glück der Erde ein Dauerzustand. Jede Situation, jeder Zustand löst sich irgendwann auf, alles zerrinnt zwischen den Fingern.

Arne steht auf, klopft sich energisch den Dreck von seiner

Jeans und tritt wieder einen Schritt auf mich zu. »Willst du noch immer hierbleiben? Oder wohin willst du jetzt?«

Es fröstelt mich, und plötzlich sehne ich mich nach einer ordentlichen Unterkunft.

»Weiter!«, sage ich.

Arne schüttelt den Kopf. »Wir drehen jetzt um.«

Ich will protestieren, doch bleibe still. Er streckt mir wieder seine Hand hin. Diesmal lege ich meine, ohne zu zögern, hinein und lasse mich von ihm hochziehen. Fast bin ich ein bisschen enttäuscht, als er sie wieder loslässt. Und wirklich rinnen mir sofort ein paar Tränen hinunter, als ich mich auf Cleo setze und an den Verlust der entzogenen Wärme seiner Hand denke, den Verlust des kurzen Moments, in dem das Schwarz nur Grau war. Mein abgeklärtes Ich verhöhnt mich in meinem Kopf: »Lächerlich! Absolut lächerlich!«, schreit es wütend. Aber diesmal schiebe ich die Regung nicht wie sonst zurück. Wir fahren los, in einem ordentlichen Tempo, zurück auf der Straße, die wir schon kennen.

Tränen fließen mir über die Wangen, aber ich denke nicht daran, dass ich nicht mehr traurig sein will. Ich gebe mir Zeit. Ich weine um alles, was mich berührt. Ich weine um jeden Menschen, den ich zurückgelassen habe, um die guten und um die verlorenen Seelen. Ich weine, weil ich Schönheit nicht konservieren kann und weil ich Schönheit sehen durfte. Ich weine um die Länder, die mich fasziniert haben und in denen ich gerade nicht bin. Ich weine um die Orte, die mich schockiert haben und wo ich niemandem helfen konnte. Ich weine um alles, was ich niemals weitergeben kann. Ich weine um die Vergangenheit und weine um die Zukunft, ich weine um die Ungerechtigkeit der Welt und ihre Güte. Dann weine ich um alle Momente des Glücks. Davon habe ich in den letzten Monaten so viele gesammelt, dass ich sehr lange weinen muss. Mein Herz öffnet sich und zieht sich in der nächsten Sekunde wieder schmerzvoll zusammen.

Dann öffnet sich der Käfig, den ich mit meinem Leid und meiner Angst um mein Glück gebaut habe, die Tränen werden weniger, und es kehrt eine ohrenbetäubende Ruhe in mir ein, eine Stille, die ich schon lange nicht mehr gehört habe. Wenn alles in einem so laut ist, dann ist das Ausbleiben jedes Tons, die plötzliche Stille, durchdringender und heilender als jedes Geräusch.

»Jetzt brauche ich einen starken Drink!« Ich bestelle an der Bar des Pubs, in dessen Obergeschoss wir zwei Betten ergattert haben, zwei Gin Tonics, denn wenn ich sonst schon nichts von Jacob gelernt habe, dann wenigstens ein bisschen Übergriffigkeit. Die Eiswürfel klirren im Glas wie eine kühne Versprechung, und ich stürze den Inhalt hinunter, während Arne vorsichtig an seinem nippt. Maßlosigkeit in Extremsituationen ist offensichtlich mehr mein Ding als seines. Er mustert seine Turnschuhe, die von unserer kleinen Schlammfahrt dreckig sind und ein paar getrocknete Schlammklumpen auf dem Teppichboden hinterlassen haben.

»Willst du zurück?«, fragt er mich.

»Zurück? Du meinst, zurück nach Hause?« Ja, es gibt nicht nur Stillstand und ein Weiter. Das Umdrehen und Zurückgehen ist eine Möglichkeit. Auch für mich. Aber ich spüre, dass es noch nicht so weit ist. »Irgendwann schon. Aber noch nicht jetzt.«

»Wovor hast du dann Angst?«

»Vor Schlamm und Sand.«

»Nein, ernsthaft!«

»Hm ... Dass mir das Geld ausgeht? Davor habe ich ständig Angst. Ich habe ja nur noch dieses Motorrad und ein paar Ersparnisse.«

»Wenn das wirklich passiert, arbeitest du, bis du dir einen Flug zurück leisten kannst. Oder du bittest uns, deine Freunde, um eine Spende. Wir lassen dich schon nicht irgendwo in der Ferne verhungern.«

»Wenn du das sagst, dann klingt das so einfach. Sorgst du dich nie?«

»Wenn überhaupt, dann um Menschen. Nie um Dinge. Bringt doch nichts. Wie oft haben dich Sorgen und Ängste weitergebracht?«

»Na ja ... ich schätze mal: nicht so oft.«

»Und wie oft von etwas abgehalten?«

Ich denke an die Straße, an denen ich die Spanier und das Peacemobil getroffen habe, und an heute. »Weiß nicht«, knurre ich unwillig.

»Wenn du nicht so viel Angst vor dem Umkehren hättest, dann würde dir auch das Vorankommen leichterfallen.«

Interessiert mustere ich ihn. Er trägt jetzt ein kariertes Flanellhemd, das er eigentlich immer anhat, wenn wir nach dem Motorradfahren irgendwo sitzen. Die Ärmel hat er hochgekrempelt, seine Unterarme sind gebräunt. Unsere Freundschaft hat bislang eine unsichtbare Grenze immer eingehalten, doch ich fühle, dass wir uns langsam in eine unbekannte Zone vortasten, von der wir beide noch nicht wissen, was uns dort erwartet.

»Sag mal, Arne, wann bist du eigentlich so weise geworden?«

»Die eine reist, um ihren Horizont zu erweitern, der andere liest. Musste mich ja ein bisschen informieren über die Länder, die du bereist hast. Ein zu großer Wissensvorsprung tut dir nicht gut.« Ich rolle mit den Augen und muss doch lächeln.

Er nickt. »Okay, du hast recht, eigentlich halte ich gar nichts von dem ganzen Zeug. Am Ende geht es darum: Lass es raus und dann ist's gut.«

»Das Klugscheißen stand dir irgendwie besser.«

Arne schaut mich aus dem Augenwinkel an, und für den Bruchteil einer Sekunde sehe ich etwas in ihm, das ich noch nie wahrgenommen hatte, etwas, das tiefer ist als alle Worte, die er je gesagt hat. Ich räuspere mich. »Na gut. Ich sage dir, wovor ich wirklich Angst habe. Wenn man seinen Traum lebt und der irgendwann zu Ende geträumt ist, was tritt dann an seine Stelle? Ein großes Nichts?«

»Der nächste Traum?«

»Und was soll das sein? Es heißt ja immer, man soll große Träume haben ...«

»Höher, größer, weiter, schneller ... das gilt vielleicht für die Wirtschaft, aber doch nicht für echte Träume. Manche Träume brauchen Zeit, die sind nicht von heute auf morgen da. Und manche Träume sind klein und zart, andere verstecken sich gut. Das müsstest du doch am besten wissen.«

»Zumindest weiß ich, dass dieser Traum mit der Reise erst der Realität näher gekommen ist, als ich ihn zum ersten Mal laut ausgesprochen habe. Als hätte der heimliche Wunsch damit einen Körper bekommen. Und jetzt sitzen wir hier.«

Arne nimmt sich eine Erdnuss aus einer Schale, die der Barkeeper gerade vor uns auf den Holztresen stellt. Seine Miene ist jetzt wieder undurchdringlich, und ich bin mir nicht ganz sicher, ob ich mir diesen Moment der Offenheit, in dem alles möglich schien, nur eingebildet habe. Dann seufzt er und wendet sich mir zu, als würde er gleich etwas Bedeutendes sagen.

»Ich habe ja immer davon geträumt, mit dem Motorrad durch Utah und Colorado zu fahren. Wollen wir im Sommer gemeinsam ein Stück die USA und Kanada bereisen? Du bist ja dann sowieso auch dort, und ich könnte mir freinehmen.«

»Klar können wir eine Woche gemeinsam reisen.«

»Ich meinte eher einen Monat als eine Woche.«

Ich setze mein bestes Pokerface auf, um etwas Zeit zu schinden. »Ein Monat ... dreißig Tage ... Arne ... es tut mir leid ... ich weiß es noch nicht.«

Wieder muss ich an die Spanier denken, wie gut es für sie funktioniert, miteinander zu reisen. Und dass auch mir es guttun könnte, die täglichen Erlebnisse und die Verantwortung mit jemandem zu teilen. Aber in den vergangenen Monaten konnte ich das Tempo nie selbst bestimmen. Visa, die eingehalten werden mussten, die geführten Touren durch China und Myanmar, der gebuchte Flug für Cleo nach Australien. Die Freiheit des Reisens wird, wie die meisten Freiheiten, eingeschränkt durch Bürokratie, Gesetze, jede Menge Regeln und Papierkram. In Südamerika würde sich das ändern. Mit meinem deutschen Pass bekomme ich jedes Visum direkt an der Grenze. Ich würde endlich die Geschwindigkeit bestimmen, in der ich reise.

Vor uns baut sich ein Schweigen auf, das so dicht ist, dass ich den Arne, den ich gerade meinte entdeckt zu haben, überhaupt nicht mehr sehen kann.

Dann schüttelt er den Kopf: »Ich verstehe«.

Die Weihnachtsfrau

ARGENTINIEN, BUENOS AIRES

KILOMETER: 34 000

»Feliz navidad!«, rufe ich der Inhaberin des kleinen Hotels zu, als ich aus meinem Zimmer komme. Sie ist bestimmt über fünfzig, trägt aber kürzere Röcke als ich in meiner wildesten Teenagerzeit, dazu knallrote Pumps und eine beeindruckende Föhnfrisur, die sich wie ein kunstvolles Vogelnest auf ihrem Kopf türmt. Als ich gestern hier in Buenos Aires ankam, trug sie Lockenwickler und ein unauffälligeres Outfit. Aber heute ist Weihnachten, und wann könnte man sich im christlichen Argentinien besser richtig herausputzen?

Normalerweise wähle ich die Unterkünfte in Großstädten nicht nach ihrem Charme, sondern nach ihren Parkmöglichkeiten aus: Ein sicherer Platz für Cleo ist wichtiger als mein eigener Komfort. Das führt mich meistens an den Stadtrand, da es in den gemütlichen Hotels der Innenstadt nur sehr selten sichere und günstige Parkmöglichkeiten gibt. Aber Cleo feiert ihr erstes Weihnachten im Kargoterminal des Flughafens, erst nach den Feiertagen kann ich sie abholen, um mich dann auf den Weg zum Ende der Welt zu machen, an den südlichsten Punkt des amerikanischen Kontinents.

»Feliz navidad!«, schnurrt mir die Inhaberin des Hotels über die Rezeption hinweg zu und nimmt die rote Brille von der Nase. Ich bin schon an der Eingangstür, da räuspert sie sich.

»Ein Wort noch ...«

Bestimmt will sie mich darauf aufmerksam machen, dass meine Shorts schon wieder ein Loch am Hintern haben. Zweimal habe ich es mit mäßigem Erfolg geflickt, zweimal haben die Burger in Australien ihren Tribut gefordert.

»Señorita, heute ist doch Weihnachten.«

Ich nicke. Am Weihnachtstrubel kommt man in Buenos Aires kaum vorbei, auch nicht bei vierzig Grad im Schatten. 92 Prozent der argentinischen Bevölkerung sind römisch-katholisch, und einer von ihnen ist gerade auch noch Papst. Franziskus prangert gern die Missstände an, weshalb ihm manchmal vorgeworfen wird, ein Peronist zu sein. Sicher ist jedoch, dass er sich der Volkskultur aus seiner theologischen Perspektive annähern möchte. »Als ich klein war, habe ich mir gedacht, dass ich Metzger werde. Das hätte mir gefallen«, soll Franziskus einmal gesagt haben. Seit er 2013 zum Papst gewählt wurde, hat er sein Heimatland nicht mehr betreten; es wird vermutet, dass er sich immer mehr von der neoliberalen Wirtschafts- und Sozialpolitik des argentinischen Präsidenten Mauricio Macri distanziert. Religion ist hier auch immer Politik.

»Wo verbringen Sie den Abend?«

Ich zucke mit den Schultern. »In einem Restaurant.«

»Feiern Sie doch mit uns!«

»Das ist sehr nett, aber ich habe schon etwas anderes vor. Die Restaurants haben doch offen, oder?«

»Sicher, sicher«, bestätigt sie und ist zufrieden, da sie für heute ihren Teil Nächstenliebe gelebt hat.

»Ach ja, señorita: Wir feiern nicht hier, sondern bei meinen Eltern. Sie sind schon alt.«

Sie setzt nun die rote Brille wieder auf, als müsse sie mich doch genauer mustern. »Falls das für Sie in Ordnung ist, sind wir erst um elf oder zwölf wieder hier, und die Pension ist so lange geschlossen. Wenn Sie früher wieder reinwollen, rufen Sie mich einfach an.«

Umständlich schreibt sie eine Nummer auf die Rückseite einer Visitenkarte des Hotels. Dann drückt sie mir diese in die Hand, und ich lasse sie fröhlich pfeifend in der Tasche meiner Shorts verschwinden. Ich habe inzwischen schon eine sehr genaue Vorstellung von meinem Date mit dem Steak: Am Abend zuvor habe ich in einem kleinen Restaurant das beste Steak meines Lebens gegessen – und da will ich wieder hin. Außerdem habe ich es satt, bemitleidet zu werden. Jeder, der hört, dass ich Weihnachten allein feiere, zieht augenblicklich eine Miene, als hätte ich eine unheilbare Krankheit. Wenn es einen Tag des Jahres gibt, an den unzählige Wünsche und Erwartungen geknüpft sind und an dem das Alleinsein verrufen ist wie Zyankali, dann Weihnachten. Das stimmt mich so trotzig, dass ich es allen erst recht zeigen will: Weihnachten ist ein Tag wie jeder andere – und wie jeden anderen Tag auch kann ich Weihnachten ganz hervorragend mit mir selbst verbringen. Das Unterlaufen von Erwartungen sollte doch inzwischen meine einfachste Übung sein.

Ich laufe durch die bunten Straßen des Stadtteils Palermo-Soho, die von kleinen Boutiquen und Restaurants gesäumt sind. Die Geschäfte haben geöffnet, schicke Menschen flanieren mit sehr großen Einkaufstüten durch die Straßen oder essen Eis. Die Frauen balancieren auf zwanzig Zentimeter hohen Plateausandalen, bewegen sich aber, als hätten sie Turnschuhe an; was die Sandalen an Zentimetern auftragen, wird dafür bei der Länge der Röcke und Kleider eingespart. Es ist ein Fest der Hintern und Brüste.

Das Selbstbewusstsein der argentinischen Frauen lässt mich an das europäische Schönheitsideal denken. Aus der Ferne betrachtet ist es mir inzwischen vollkommen unverständlich und kommt mir geradezu menschenfeindlich vor. Die Models in den Zeitungen und Zeitschriften, die ich normalerweise lese, scheinen mir im Gegensatz zu diesem Körperbild blass, krankhaft und traurig. Warum zum Teufel will man dünn sein wie ein Hungernder, wenn hier doch ganz eindrücklich bewiesen wird, dass es sich mit ein bisschen Hüfte einfach besser durch die Straßen schwingt? Wie schnell sich doch das Auge an eine neue Umgebung gewöhnen kann, wie schnell das Gehirn ein neues Ideal abspeichert, wenn es nur oft genug damit konfrontiert wird.

Ich klingele an der Tür einer kleinen Boutique, die Läden sind wegen der Kriminalität alle abgesperrt. Argentinien war bis Anfang der 1950er-Jahre eines der reichsten Länder der Erde und hatte ein Wohlstandsniveau vergleichbar mit dem von Kanada und Australien. Gebeutelt von einer Krise nach der anderen, gilt Argentinien heute wieder als Schwellenland, die Inflationsrate beträgt fast 25 Prozent.

Mein Herz macht einen freudigen Sprung, als ich in dem Laden die Stoffe durch die Hand gleiten lasse. Sie sind weich und schmeicheln meiner Haut. Plötzlich sehne ich mich nach etwas zum Anziehen, das ich nicht seit Monaten täglich trage, das noch nicht rau und verwaschen ist. Die Verkäuferin sehnt sich wohl auch – und zwar danach, mir möglichst viele Kleidungsstücke anzudrehen. Sie merkt, dass ich in Kaufstimmung bin, und nutzt ihre Chance. Immer wieder bringt sie mir neue Kleider. Am liebsten würde ich alles mitnehmen; mit einem leichten Bedauern streiche ich über die Textilien.

Irgendwann räuspert sich die Verkäuferin vor der Kabine und reißt mich aus meinem Kleiderrausch. »Señorita, ich muss jetzt leider schließen. Es ist Weihnachten …«

Heiße anstatt weiße Weihnacht klappt hier super, also passe ich mich den lokalen Sitten an.

»Ich nehme die«, sage ich und deute auf grüne Shorts, die beschämend kurz sind. Auch weil ich etwas zu groß geraten bin für lateinamerikanische Maße. »Ich würde sie gleich anziehen. Und ... können Sie die entsorgen?«

Ich halte ihr meine alte Hose hin, die wie ein Fetzen aussieht. Die Verkäuferin lässt die Shorts mit spitzen Fingern hinter sich im Mülleimer verschwinden. Ich bin nun zwar ein bisschen nackter, aber auch fröhlicher. Wer denkt, dass man sich Glück nicht kaufen kann, hat noch nie monatelang in einer Hose mit Loch am Hintern gelebt.

Auf der Straße schlägt mir eine heiße Wand entgegen, alles ist totenstill. Wo gerade alle Läden offen waren und Passanten vorbeispazierten, sind nur noch heruntergelassene Gitter und Rollos zu sehen. Ich schaue auf die Uhr. 18.30 Uhr, ich war mehr als eine Stunde in dem Laden. Unbeholfen mache ich ein paar Schritte in die leere Geisterstadt. Ich stelle mir vor, ich wäre die letzte Überlebende der Zombieapokalypse; aber eigentlich ist es eher wie an einem Sonntag in Bayern: klarer blauer Himmel, Sonnenschein – und absolut tote Hose. In einem Park lasse ich mich auf eine Bank fallen, direkt gegenüber dem Restaurant, in dem ich den Abend verbringen wollte. Es hat ebenfalls geschlossen. Die warme Abendbrise fegt eine leere Nachostüte an mir vorbei. Wo sind eigentlich die ganzen Bettler, die gestern noch hier waren? Mein Magen beginnt zu knurren. Vielleicht sollte ich doch die Frau aus dem Hotel anrufen. Weihnachten, hungrig, allein im Park ... Ich will in die Tasche meiner Shorts greifen, um die Karte mit der Nummer der Hotelinhaberin herauszuholen – doch da ist nichts, nicht mal eine Tasche. Ich trage die falsche Hose. Die Karte mit der Nummer steckt in einem argentinischen Papierkorb. Wie von der Tarantel gestochen springe ich auf und laufe zurück zu dem Laden. Vor dem Schaufenster befindet sich schon ein Gitter. Ich rüttle daran, aber das bringt weder meine Hose noch die Karte zurück. Doch dann fällt mir etwas ein: Ich halte mein Telefon erwartungsvoll in die Luft, und wirklich empfange ich draußen das WLAN-Signal des Ladens, mit dem ich mich zuvor verbunden hatte. Ich lasse mich auf den Gehsteig sinken, lehne mit dem Rücken an der Tür. Während sich die langsame Verbindung aufbaut, schicke ich ein paar Weihnachtsgrüße in die Welt. Ein paar Sekunden später leuchtet der Nachrichtendienst. Arne. Seit Australien chatten wir vorsichtig abtastend mit- oder vielmehr umeinander herum, denn die ungeklärte Frage der Amerikareise steht noch zwischen uns.

»Frohe Weihnachten, Lea. Ich bin bei meiner Familie. Was machst du heute?«

»Sitze allein vor verschlossenen Türen, kann bis 23 Uhr nicht in mein Hotel zurück und habe Hunger.«

»Dann geh doch was essen.«

»Schlaumeier, kein einziges Restaurant ist offen.«

»Ich war mal auf einem Geschäftsessen im Four Seasons, die haben sicher offen. Und es ist schließlich Weihnachten ...«

»Fällt dir nichts anderes ein?«

»Nein, in Deutschland ist doch auch kaum was geöffnet außer Luxushotels. Die Menschen tun ja nur noch so, als wären sie Christen. In Südamerika ist das vielleicht sogar der Fall ...«

Da glaubt man, man könne auf einer Weltreise machen, was man will – aber entweder kommen Einreisebestimmungen dazwischen, ein Militärputsch oder Weihnachten. Ich seufze und öffne meine Karten-App: vierzig Minuten zu Fuß, Taxis gibt es nämlich auch keine mehr.

»Ich melde mich, falls es dort WLAN gibt!«, schreibe ich Arne.

Dann mache ich mich in der heißen Abendsonne auf den Weg ins Four Seasons.

Der Schweiß rinnt mir von der Stirn, und meine neuen engen Shorts kneifen ein bisschen. Das Restaurant ist ausgebucht, doch ich bekomme noch einen Platz an einer Bar im Außenbereich. Als Einzige esse ich dort etwas – und bin überhaupt die Einzige, die allein hier ist. Aber trotzdem herrscht ein reges Treiben mit wechselnder Besetzung, sodass der Abend wie im Zeitraffer an mir vorbeizieht. Ich sitze als stumme Beobachterin am Rande und sehe den Menschen zu, wie sich ihre sozialen Geflechte auflösen und wieder zusammenfügen, als hätten sie sich alle gemeinsam eine Choreografie ausgedacht, deren Rhythmus nur sie kennen. Ein älteres Paar füttert sich turtelnd mit Oliven, eine Familie nimmt gemeinsam einen Aperitif – die Kinder zanken sich darum, wer recht hat, die Eltern ertragen es stoisch. Normalerweise mag ich Hotelbars, weil sie ein Ort sind, an dem sich Fremde ganz leicht begegnen können. Aber heute ist es anders, die Bar ist kein Ort wie sonst, an dem Unbekannte ins Gespräch kommen, an dem Urlauber, Geschäftsleute und andere Besucher sich in einer einzigen anonymen Masse bewegen. Heute schirmen sich die Gruppen ab. Wer nicht dazugehört, hat dort auch nichts zu suchen.

Ich habe schon fast eine Flasche Wein intus. Das weiß ich, weil sie vor mir steht. Im Hintergrund läuft leise Musik, um mich herrscht ein beruhigendes Gemurmel, das Stimmengewirr einer Bar im Freien an einem lauen Sommerabend im Schwebezustand der Trunkenheit, in dem gerade noch alles gut ist. Weihnachten allein, vielleicht doch keine so schlechte Idee.

Ein Mann kommt an die Bar, ich mache ihm Platz, damit er bestellen kann. Er rückt näher heran, und ich kann riechen, dass er noch mehr getrunken haben muss als ich. Angewidert drehe ich mich weg, doch er legt seine Hand auf meinen Arm und hält sich schwankend daran fest. Er muss weit über sechzig sein, seine grauen Haarsträhnen liegen über seiner Halbglatze, und seine Augen mustern mich mit einem gläsernen, gierigen Blick.

»Schätzchen, wie wäre es mit uns beiden heute Nacht?«

»Lassen Sie mich los!«

»Oho, eine kleine Kratzbürste!«

»Kratzbürste, geht's noch?«

»Du hier, so ganz allein, an Weihnachten. Ich weiß, was das bedeutet. Sag mir, wie viel du kostest. Ich bin auch ganz zärtlich.«

»Wie viel ich koste? Nehmen Sie die Finger von mir!«

»Aber Schätzchen, wir können eine tolle Nacht zusammen haben! Ich bezahle alles!«

»Denken Sie, ich bin eine Prostituierte?«

»Natürlich ... was 'n sonst!«

Ich versuche, mich aus seinem Griff zu winden und zugleich meine zu kurzen Shorts ein bisschen weiter nach unten zu ziehen, um nicht ganz so viel Bein zu entblößen. Er dreht sich weiter zu mir und muss sich mit der zweiten Hand auf meinem Oberschenkel abstützen, um nicht umzufallen. Langsam erwache ich aus meiner Schockstarre und werde wütend. Mit einer ruppigen Bewegung reiße ich meinen Unterarm aus seinem Griff und stoße seine andere Hand von meinem Bein. Er greift nach der Bar, verfehlt sie und kippt beinahe um.

»Auf ... geht's! Meine Suite ist groß ... und mein ... du weißt schon ... auch.«

»Muss ich es buchstabieren? An dieser Bar können Sie kein anderes Fleisch kaufen als Weihnachtsgans.«

Sein Blick wird für einen Moment klarer. »Kein ... Escortgirl?« Plötzlich ist er derjenige, der schockiert dreinschaut.

»Nein!«

»Wie ... kann das sein ... Warum ... Ich verstehe nicht ...!« Er

245

sieht so bedröppelt aus, dass er alles Bedrohliche verliert und jetzt nur noch ein alter trauriger Tropf ist, der neben mir an der Bar sitzt. »Kein ... Escortgirl ... aber ganz allein ... ich bin auch allein ...« Er schaut mich noch einmal an, dann schüttelt er den Kopf, als hätte ich ihm höchstpersönlich das Herz gebrochen, und schwankt von dannen. »Traurig ... traurig ...« Dann verschwindet er in der Dunkelheit der heiligen Weihnachtsnacht.

Das ältere Paar füttert sich nicht mehr mit Oliven, dafür streitet es; links neben mir sitzen zwei Männer, von denen einer weint. Von außen betrachtet gleichen die überbrodelnden Weihnachtsemotionen des menschlichen Miteinanders einem skurrilen Theaterstück. Ich schaue auf die Uhr, es ist elf. Bald könnte ich in mein kleines Hotel gehen, weg von diesem ganzen Weihnachtswahnsinn.

Hinter mir räuspert sich jemand. »Ist da frei?« Wieder ein Mann, vielleicht Mitte vierzig. Er hat ein rundes feistes Gesicht, seine Wangen sind gerötet, und er schwitzt leicht unter seinem Sakko. Kurz überlege ich, Nein zu sagen, aber inzwischen sind alle anderen Plätze besetzt, und so nicke ich. Er bestellt einen Scotch, und aus dem Augenwinkel beobachte ich, wie er den Kopf einer Zigarre abschneidet. Als er merkt, dass ich ihn beäuge, lächelt er mir zu.

»Weihnachtstradition. Das stört Sie doch nicht?«, sagt er mit einem texanischen Akzent; ich schüttele den Kopf. Er zündet sie an und hält den Rauch in seinem Mund, bevor er ihn wieder ausatmet wie einen Seufzer.

»Normalerweise rauche ich die mit meiner Frau. Wir machen das einmal im Jahr gemeinsam zu Weihnachten. Aber sie ist krank, der Magen. Kann schon den ganzen Tag das Zimmer nicht verlassen. Sie sagt, wenigstens einer von uns muss die Tradition pflegen. Aber das ist natürlich nicht dasselbe.«

Ich mustere ihn interessiert. Je später der Abend, umso mehr

Menschen versammeln sich, deren Weihnachtsfeier ganz und gar nicht gelaufen ist, wie sie sich das vorgestellt haben. Die Bar als Auffangbecken der enttäuschten Seelen. Fast ist es, als wäre ich ihre Anführerin, obwohl ich meine Erwartungen wieder gut im Griff habe. Aber schon die Tatsache, dass ich allein hier sitze, macht mich zum Geist der gegenwärtigen Weihnacht.

»Darf ich fragen, warum Sie hier ganz ohne Begleitung sitzen? Ist Ihr Freund auch krank?«

»Nein, ich bin allein hier in Buenos Aires.«

Bedauern tritt in seine Augen. Ich winke ab. Vielleicht ist das meine Rolle an diesem Abend: Menschen von ihrer eigenen misslichen Lage ablenken, weil sie denken, ich habe es noch schlechter als sie. »Keine Sorge, ich mache genau das, was ich gern tue.«

»Und was ist das?«

»Ich fahre mit dem Motorrad um die Welt.«

»Um die Welt ... Wahnsinn. Warten Sie mal, ich bin gleich wieder da, nicht weglaufen!«

Fünf Minuten später steht er wieder neben mir, stolz, mit einem Buch in der Hand.

»Das hat mir meine Frau heute geschenkt. Ich habe sie gefragt, ob ich es Ihnen geben darf. Sie würde sich freuen, wenn Sie es lesen.«

»Aber ... Sie können mir doch nicht das Weihnachtsgeschenk geben, das Sie von Ihrer Frau bekommen haben!«

»Doch, doch! Schauen Sie, Sie hat Ihnen sogar eine Widmung hineingeschrieben.«

Ich nehme das Buch, das er mir entgegenstreckt. *The Motorcycle Diaries: Tagebuch einer Motorradreise* von Che Guevara.

»Danke.« Ich schlage das Buch auf. Erst steht da eine Liebeserklärung, darunter in einer anderen Farbe: »Für alle Freiheitskämpfer. Wir alle schreiten durch die Gasse, aber einige wenige blicken zu den Sternen auf.«

Ich will etwas entgegnen, aber in diesem Moment fängt es an zu knallen. Wir beide schauen nach oben. Der Himmel über uns wird von einem mächtigen Feuerwerk erleuchtet. Alle anderen sitzen im Schatten, aber unsere Truppe der einsamen Seelen an der Bar erstrahlt im goldenen Licht der Funken. Die Gesichter erhellen sich. Die Streits und Diskussionen verstummen.

»Was haben wir doch für ein Glück, dass uns trotz der enttäuschten Erwartungen so unverhofft gute Dinge passieren. Das passiert Ihnen sicher ständig«, sagt der Texaner.

Ich nicke. Aber eigentlich denke ich, was für ein großes Glück ich doch habe, dass ich im Moment ziemlich erwartungslos bin. Denn zu hohe Erwartungen haben das Potenzial, unglücklich zu machen.

Kurz vor Mitternacht beschließe ich zu gehen.

»Ich brauche ein Taxi zu meinem Hotel«, wende ich mich an den Kellner.

»Haben Sie einen Fahrer?«

»Nein.«

»Oh, das ist ein Problem.«

»Wieso?«

»Normale Taxis gibt es im Moment keine. Es ist Weihnachten.«

»Und jetzt? Kann ich nach Hause laufen oder ist das in der Nacht zu gefährlich?«

»Wohin?«

»Nach Palermo-Soho.«

»Ausgeschlossen. Vielleicht rufen Sie Ihr Hotel an, und die schicken einen Fahrer.«

Feuerwerk, keine Taxis, langsam dämmert mir, dass Weihnachten hier das heimliche Silvester ist. Entmutigt trabe ich zur Rezeption.

»Können Sie mich mit meinem Hotel verbinden? Ich brauche einen Fahrer.«

Die Dame an der Rezeption wählt die Nummer und hält mir den Hörer eines schwarzen Telefons entgegen. Es klingelt.

»Hola!«

»Ähm, ja, hallo, hier ist Lea, ich bin Gast bei Ihnen und komme nicht mehr nach Hause.«

»Ahhhh, señorita, wir haben schon gewartet. Wo zum Teufel sind Sie?«

»Im Four Seasons.«

»Bleiben Sie, wo Sie sind! Wir holen Sie da ab!«

Eine Viertelstunde später hält ein klappriges Auto vor dem Eingang.

»Señorita, steigen Sie ein!«

Das Vogelnest schaut aus dem Fenster, es ist jetzt etwas derangiert und sieht inzwischen noch nisttauglicher aus. Ich schlüpfe auf den Rücksitz.

»Was machen Sie denn in so einem Laden!«, sagt sie abwertend, als hätte ich eine große Dummheit begangen.

»Alle Restaurants hatten zu und die Läden auch. Ich wusste nicht, wo ich sonst was zu essen bekomme.«

»Ja, das ist uns dann auch aufgefallen. Deswegen ... ach, was rede ich! Jetzt ist alles gut.«

»Na ja, wir haben La Misa de Gallo verpasst ...«, grummelt der Mann hinter dem Steuer.

»Da sind wir doch jedes Jahr. Kennen Sie schon meinen Mann? Das ist Ignacio, er hat immer etwas zu meckern.«

»Misa de was?«, frage ich.

Mein beschränkter spanischer Wortschatz reicht zumindest aus, um Gallo als »Hahn« zu identifizieren, aber nur wegen des berühmten Bohnengerichts, das »Gallo Pinto« heißt und übersetzt »gefleckter Hahn« bedeutet.

»Na, die Mitternachtsmesse.«

»Und was hat die mit einem Hahn zu tun?«

»Als Jesus geboren wurde, war doch ein Hahn der erste Augenzeuge und hatte den Auftrag, dieses Ereignis der ganzen Welt zu verkünden.«

»Und ich dachte, das wären die Heiligen Drei Könige.«

»Sehen Sie mal, señorita, da lernen Sie bei uns doch noch was.«

Dann dreht sie das Radio auf. Von »Stille Nacht, heilige Nacht« hat sie wohl genauso wenig gehört wie ich von dem Hahn.

Als wir vor der Pension halten, ist sie hell erleuchtet.

»Kommen Sie, señorita!«, drängt mich die Gastgeberin, sie springt aus dem Auto, öffnet meine Tür und rückt ihren kurzen Rock zurecht. Dann stöckelt sie mit ihren unverschämt hohen High Heels vor mir her und öffnet die Haustür. Ich ziehe den Kopf ein, trete hinter ihr ein – und »Feliz navidad!« tönt es uns entgegen. Entgeistert schaue ich auf die Menschen im Foyer. »Señorita, wir haben Sie schon erwartet. Wir dachten, Sie müssen auch Weihnachten feiern! Deswegen sind wir alle zurückgekommen! Sogar meine Mamá will Sie kennenlernen! Wir sind jetzt Ihre neue Familie!« Sie schiebt mich in Richtung einer alten Dame, die schon ihre Hände nach mir ausgestreckt hat. Die Ähnlichkeit der beiden ist verblüffend, auch auf dem Kopf der alten Dame thront ein Vogelnest. Es ist ein bisschen schütter, aber dennoch beachtlich. Sie umfasst meine beiden Hände.

»Na Kindchen, du bist ein bisschen spät, aber immerhin hast du uns die Messe erspart. Ich sage ja sowieso immer, ich muss die Empanadas vorbereiten oder fühle mich nicht so gut. Das darf man in meinem Alter. Aber du kommst genau rechtzeitig zum Essen. Wir haben auf dich gewartet. Bist du hungrig? Wo du warst, hast du sicher nichts Richtiges zwischen die Zähne bekommen.«

Ich wusste ja, dass die Argentinier spät essen, aber so spät ...
ich lächle, nicke und klopfe mir auf den prallen Bauch.

»Ich sterbe vor Hunger.«

»Mamá, lass sie in Ruhe, du kannst sie später füttern. Komm
jetzt, wir müssen erst mal die Globos steigen lassen.«

Die Hausherrin nimmt mich am Arm, und in der Traube ihrer ganzen Sippschaft, die geschätzt zwischen fünf und 95 Jahre
alt ist, führt sie mich in den Garten. Überall strecken sich mir
Hände entgegen, Namen werden mir zugeworfen, Arme um die
Schultern gelegt. Und immer wieder höre ich denselben Satz,
der mich fast zu Tränen rührt. »Willkommen in der familia!«

Draußen liegt ein großer Haufen Papierlaternen, die aussehen wie in Asien.

»Das ist eine argentinische Weihnachtstradition. Unsere
Globos.«

Die Hausherrin drückt mir eine Laterne in die Hand. Ich
falte sie auseinander. Mithilfe eines ihrer Cousins zünde ich den
Brennsatz an. Einer nach dem anderen steigen die kleinen Bal-
lons in den Himmel. Darf man sich dabei normalerweise nicht
immer was wünschen? Ich bin mir nicht ganz sicher, ob das auch
hier gilt, aber da ich nicht vorhabe, mir etwas für mich selbst zu
wünschen, sollte das schon in Ordnung gehen. Also schicke ich
zwei Wünsche für meine Eltern nach oben, ein paar für meine
Freunde und versuche dann, mir für jeden meiner neuen Familie hier einen Wunsch auszudenken. Da wippt plötzlich das Vogelnest der Hausherrin neben mir.

»Wie interessiert bist du an Apfelwein?« Ich lächele sie mit
der Seligkeit einer Betrunkenen an.

»Sehr.«

»Ach, ich habe mir gewünscht, dass du das sagst!«

Sie legt den Arm um mich und führt mich zurück in das Hotel, in dessen Frühstücksraum jetzt eine riesige gedeckte Tafel

steht. Die Sippschaft ist schon um sie versammelt, die Kinder quietschen überdreht.

»Empanadas!«, ruft die Mutter der Gastgeberin und häuft so viele davon auf meinen Teller, dass eine der Teigtaschen wieder hinunterkugelt. Glücklich schiebe ich mir eine nach der anderen in den Mund, obwohl ich kurz davor bin, den Bund meiner neuen Shorts zu sprengen. Die Erwartung, an Weihnachten zu viel zu essen, hat sich jedenfalls erfüllt. Ich blicke in das wuselige Treiben, glückliche Gesichter und leuchtende Augen. Vielleicht hatte der Amerikaner im Hotel recht, und ich habe wirklich Glück, dass mir diese Dinge passieren. Wenn einem viel passiert, dann muss rein statistisch eben auch etwas Positives dabei sein.

Gelassenheit

IST DIE ZUKUNFT VOLL VON ERWARTUNGEN?
WAS IST, WENN SIE SICH NICHT ERFÜLLEN?
MUSS MAN ALLES ÄNDERN –
ODER AUCH LERNEN HINZUNEHMEN?

Vom Lied des Windes

ARGENTINIEN/CHILE, FEUERLAND
UND PATAGONIEN

KILOMETER: 37 000

»Fin del Mundo« – zum Ende der Welt führt eine sehr lange, sehr gerade Straße. 3110 Kilometer sind es von Buenos Aires bis nach Ushuaia, der südlichsten Stadt der Erde, und auf dem Weg dorthin sollen vor allem zwei Gefahren lauern: Monotonie und starker Seitenwind.

Schon am zweiten Tag meiner Reise in den Süden, der nicht wärmer und einladender wird, sondern kälter und rauer, lerne ich hinter Bahía Blanca den Wind kennen; und seine Intensität nimmt zu, je südlicher ich komme. Tag um Tag kämpfe ich mit ihm, bis ich abends erschöpft mit vor Anspannung schmerzenden Gliedern ins Bett falle. Die Landschaft wird karger und steppiger – der Wind hemmt jedes Wachstum. Die Reise ans Ende der Welt – es klingt nach einem Versprechen, als könnte man an diesem extremen Ort etwas finden, das es nirgendwo anders gibt. Aber Feuerland ist kein kuscheliger Platz der Selbsterkenntnis, sondern eine Inselgruppe voll dunkler Moore, dichten Nebels und zitternder Schatten. Blaue Teiche unterbrechen die Gleichförmigkeit der Tundra, graue vertrocknete Bäume stehen wie reglose Mahnmale mit für immer gekrümmt erhobenen Fingern. Mit dem Wind begleitet mich auch ein seltsames Flüstern. Da ist Einsamkeit, aber der Legende nach bin ich nicht allein.

Feuerland verdankt seinen Namen dem Entdecker Ferdinand Magellan. Er beobachtete riesige Feuer, als er sich den Ufern näherte. Als im neunzehnten Jahrhundert englische, französische, spanische und nordamerikanische Seefahrer, Goldsucher und Viehzüchter die Insel besiedelten, machten sie schnell regelrecht Jagd auf die Einheimischen. Am schlimmsten traf es den Stamm der Ona, der sich selbst als Selk'nam bezeichnete. Mitte des neunzehnten Jahrhunderts lebten noch über 4000 Stammesangehörige auf Feuerland, 1930 waren nur noch hundert übrig, und die letzte Ona starb 1974. Mit ihr verschwand ein ganzes Volk, eine Kultur und Sprache. Fast spurlos, als hätte der heulende Wind ihre Geheimnisse davongetragen. Kein Mahnmal gedenkt dieses Genozids. Nur in einem kleinen Museum in Ushuaia hängen ein paar Schwarz-Weiß-Bilder. Wie muss es sich anfühlen, eine der Letzten zu sein? Die Letzte einer Familie, eines Stammes, einer ganzen Kultur? Die letzte, während alle anderen mehr werden? Kurz vor ihrem Tod soll Lola Kiepja, die letzte Schamanin der Selk'nam, gesagt haben: »Aber sie sind alle um mich! Sogar der Wind war einst ein Mann, der große Jäger Sinu.« Wenn ein Ona stirbt, wird er Teil der Insel. Tierra del Fuego, so Lola Kiepja, sei voller Seelen.

Wenn ich innehalte und aufhöre, den Wind zu bekämpfen, merke ich, dass auch ich nicht allein bin auf dem Weg ans Ende der Welt. Ich sehe wilde Guanakos, schwimme mit Seelöwen und besuche das Naturschutzgebiet Punta Tombo, wo ungefähr eine Million Magellanpinguine nisten. Sie sind so arglos und zutraulich, dass ich mit dem Gedanken spiele, mir einen mitzunehmen, um auf dem Weg ans Ende der Welt nicht nur den Wind als Gefährten zu haben.

Je stärker dieser wird, desto klarer wird mir, dass er mit mir spricht. Ich stelle mir vor, dass er der große Jäger Sinu ist. »Hallo Sinu.« Und ich höre, wie der Wind mir seine aufgebrachte, heulende Antwort gegen den Helm bläst. »Es tut mir leid«, sage ich leise in meinen Helm hinein. Ich besuche die Heimat der Ona, obwohl sie für immer abwesend sein werden. Ein Land, das noch immer das der Ona ist, obwohl sie sich niemals angemaßt hätten, einen Teil der Natur und der Erde besitzen zu können, so wie wir uns heute anmaßen, Dinge zu besitzen, die man nicht besitzen kann und die keinem Menschen allein gehören. Ich höre dem Wind zu, und plötzlich verstehe ich seine Antworten. »Sei gelassen, du musst nicht grundlos kämpfen«, scheint er zu flüstern. Und so verringere ich meinen Widerstand, lasse mich von ihm tragen. Er zeigt mir sein Zuhause und singt für mich Lola Kiepjas Lied, damit ich es irgendwann weitererzählen kann:

»Hier bin ich, singend
Der Wind trägt mich
Ich folge den Spuren derjenigen, die verstorben sind
Ich darf zum Berg der Kraft kommen
Ich bin in den Großen Bergen des Himmels angekommen
Die Macht der Verstorbenen kehrt zu mir zurück
Die Unendlichen haben zu mir gesprochen«

Das Ende der Welt versteckt sich vor mir in undurchdringlichem Nebel. Man sagt mir, dass es direkt hinter der Stadt Ushuaia Berge geben soll, auf denen noch Schnee liegt, dass Ushuaia daher seinen Namen hat, der aus einer indigenen Sprache stammt, die Stadt um eine Bucht liegt, die nach Osten ausgerichtet ist, dass aber ich sehe nur Nebelschwaden, zwischen denen manchmal die Wand eines bunten Hauses aufblitzt, wie die Erinnerung an einen Traum. Erst bin ich enttäuscht, aber dann fühle ich mich wie die Kindliche Kaiserin der Unendlichen Geschichte, die aus ihrem Elfenbeinturm das nahende Ende der Welt beobachtet. Das Ende der Welt: ein großes weißes Nichts.

In Ushuaia wende ich und fahre wieder gen den Norden. Der Wind trägt mich bis nach Patagonien. Die Pampa ist weit, im Nationalpark Torres del Paine stechen die Bergmassive wie scharfe Messer hervor. Die Natur fährt hier alles im Superlativ auf: Gletscher, Berge, Weite. Während ich fahre, verliert alles außer meiner Umgebung an Bedeutung, irgendwann sogar die Zeit. Seit acht Monaten bin ich unterwegs. und jetzt im Januar ist es noch immer Sommer, als hätte ich das Verstreichen der Zeit überwunden. Ich weiß schon lang nicht mehr, welcher Wochentag ist. Als hätte es nie einen anderen Moment als diesen gegeben. Mir wird bewusst, dass ich jetzt auf dem Heimweg bin, dass mich jeder Kilometer wieder dem Ort näher bringt, von dem ich aufgebrochen bin. Der argentinische Schriftsteller Jorge Luis Borges schrieb einst über Patagonien: »Die Einsamkeit war vollkommen, vielleicht feindlich ... er konnte sich einbilden, er fahre in die Vergangenheit, nicht bloß in den Süden.« Auch ich fühle mich, als würde ich zurückfahren. Ob in der Zeit oder nach Hause ... vielleicht macht das gar keinen so großen Unterschied. Zuhause, eines dieser Worte, das hier unterwegs keine Bedeutung mehr zu haben scheint, aber zugleich voll von Bedeutung ist.

In Puerto Río Tranquilo schlafe ich in einem Hostel – eigentlich nur, um zu duschen. Schnell komme ich mit drei zwanzigjährigen Briten ins Gespräch, die im Gemeinschaftsraum sitzen und auf irgendwas warten. Wir unterhalten uns über den Lago Grande, an dem das Dorf liegt; ich war den ganzen Tag einer Straße an dessen Ufer gefolgt, während der See surreal blau leuchtete, und endlich auf die Carretera Austral gestoßen: Chi-

les berühmte Ruta 7, eine zum größten Teil aus Schotter beste-
hende 1247 Kilometer lange Straße. Sie bindet den Süden, der
bis in die 1970er-Jahre nur mit Flugzeug oder Schiff erreichbar war, jetzt über den Landweg an. Wer die Straße fahren will,
muss bereit sein, viel Staub zu essen – wird dafür aber mit viel
Wasser belohnt. Chile ist auf dieser Höhe zerklüftet von Fjor-
den, unzählige kleine Inseln liegen in der Nähe des Festlands.

Den drei Briten stehen die Haare verwuschelt zu Berge, sie
witzeln und lachen am laufenden Band, und ich lächele und
höre ihnen zu, weil meine Stimme es nicht mehr gewohnt ist,
so viel zu sprechen.

»So Jungs, auf geht's!«, dröhnt es aus der Tür.

Ich drehe mich um und erschrecke. Den Typ ... kenne ich
doch! Er sieht aus wie ... nein, eigentlich gar nicht. Das Déjà-vu
ist seit Wochen ein ständiger Begleiter. Es passiert mir mittlerweile erstaunlich oft, dass ich Menschen für Freunde oder Bekannte halte, obwohl sie oberflächlich nicht unterschiedlicher
sein könnten. Anscheinend nimmt mein Auge inzwischen weniger äußere Unterschiede wahr und mehr Ähnlichkeiten. Ein
Mann in einem Café in Buenos Aires erinnert mich plötzlich
an meinen Vater, weil er genauso bedächtig isst, die Frau im
kleinen Lebensmittelladen im chilenischen Puerto Natales an
meine Fitnesstrainerin, weil sie mich genauso streng ansieht
und meine Sachen so energisch in eine Tüte wirft, als würde sie
mit Gewichten hantieren. Und der Typ, der jetzt vor mir steht,
erinnert mich auch an jemanden. Er geht mir bis zur Nase, hat
große Glupschaugen und dunkle Haare, die wahrscheinlich das
letzte Mal vor ein paar Monaten eine Bürste gesehen haben und
ihm verfilzt bis auf die Schultern hängen. Also eigentlich das genaue Gegenteil von Jacob. Aber irgendwas an seinem Auftreten erinnert mich so stark an ihn, dass ich meine, Jacob im Anzug mit geschleckten Haaren und polierten Schuhen vor mir zu

sehen. Mit offenem Mund starre ich den Mann an, während er mich unverholen von oben bis unten mustert.

»Ich bin Jack.« Er reicht mir seine Hand.

Ich schüttele sie, doch als ich loslasse, hält er meine noch immer fest, ein paar Sekunden zu lang. »Wir gehen in den Pub, du kannst mitkommen.«

Ich muss mich zusammenreißen, um nicht rückwärts durch die Tür zu laufen und ihn einfach stehen zu lassen. Dann gebe ich mir einen Ruck.

»Reist ihr alle zusammen?« Ich deute auf ihn und die drei Jungs und versuche, mich von meinem Schreck zu erholen. Er rollt mit den Augen.

»Natürlich nicht, Honey. Ich reise allein. In dem Jeep da.«

Er zeigt auf einen verbeulten Landcruiser, der Cleo verdeckt, die ich direkt dahinter geparkt habe. »Bin seit drei Monaten unterwegs, von Amerika bis hierher.«

»Tolle Reise.«

»Ja, eine echte Herausforderung ...«

Ich habe das Gefühl, als wollte er, dass ich weiter frage, aber dazu habe ich keine Lust.

»Und ihr?«, wende ich mich an die drei schlaksigen Briten.

»Wir reisen gemeinsam in dem Bus dahinten«, antwortet einer von ihnen stolz und deutet auf einen alten VW Bulli.

»Wir haben ihn in Santiago einem Paar günstig abgekauft, sie sind damit schon einmal um die Welt gefahren. Wir sind gerade erst gestartet!«

»Woher kennt ihr euch?«

»Schon ewig! Schulfreunde! Wir sind wie Brüder«, sagt der Zweite und knufft den Dritten in die Seite.

»Alle für einen, einer für alle!« Sie nicken im Gleichklang.

»Für mich seid ihr drei reisende Musketiere.« Alle lachen, nur Jack nicht.

260

»Und wie lange reist du schon?«, fragt mich einer der Musketiere.

»Ach, ein paar ...«

»Gehen wir endlich?«, unterbricht mich Jack und schaut mich skeptisch an. »Oder willst du dir erst was Richtiges anziehen?«

Ich trage ein rotes Kleid über dicker Motorradunterwäsche, Turnschuhe, dünne Daunenjacke. Eine Wahl zur Miss World würde ich damit nicht gewinnen, aber immerhin ist dieses Kleid noch ein bisschen weiter entfernt vom Emmentalerzustand meiner restlichen Klamotten. Und wenn ich mir Jack so ansehe, ist auch sein Pulli in keiner besseren Verfassung.

»Los geht's!«, sage ich also.

Manche Leute werden wirklich sonderbar, wenn sie zu lange allein reisen. Ich muss aufpassen, dass mir das nicht auch versehentlich passiert. Denn viele Sachen sind in meinem Leben schon einfach so passiert.

Meine Eltern hielten viel von kindlicher Selbstständigkeit – an schönen Wochenenden überließen sie mich gern meinem acht Jahre älteren Bruder. Der musste dann mit mir ins Schwimmbad gehen. Für ihn eine Strafe, für mich helle Freude und große Aufregung. Zu jeder vollen Stunde gab es in diesem Schwimmbad eine Wellenzeit. Mit meinen Eltern durfte ich nie in diese Wellen. »Zu gefährlich.« Mein Bruder schubste mich sofort hinein. Erst mit Schwimmflügeln, dann ohne. Als ich meinen Eltern nach einem unserer Wellentage stolz erzählte, dass mein Bruder nun mit mir »unter den Wellen tauchen« ohne Schwimmflügel übte, entschieden sie sich, dass es ungefährlicher wäre, uns erst wieder gemeinsam losziehen zu lassen, wenn ich wirklich schwimmen konnte. Also steckten sie mich in einen Schwimmkurs. Die Trainerin war angetan von meiner Wasserlage, die ich unter den Wellen perfektioniert hatte.

»Wenn du zu viel zappelst, dann kann ich dich nicht rausfischen und du musst ertrinken!«, hatte mein Bruder immer gesagt. Der Wunsch, zu überleben, ließ mich ziemlich schnell die Haltung eines Bretts annehmen.

»Sie hat Talent!«, sagte die Frau zu meinen Eltern und besiegelte damit mein Schicksal, das mich in die offenen Arme des Leistungssports trieb, der mich sofort in einen Würgegriff nahm – ohne dass mich jemand gefragt hätte, aber auch ohne dass ich mich gewehrt hätte. Als ich sieben wurde, fuhr ich mit meinem Team ins Trainingslager. Die anderen Kinder waren zwischen neun und dreizehn Jahren alt. Die Mädchen trafen sich in Cliquen und begannen von ihrer Periode und BHs zu reden, die Jungs von Pornoheften und Penisgrößen. Ich als Neue war meine eigene Clique. Nicht weil ich mir das ausgesucht hätte, aber der Altersabstand war groß genug, um einen Keil zwischen mich und die anderen zu treiben. Trotzdem mussten sich drei der anderen Mädchen mit mir ein Zimmer teilen. Es stank ihnen gewaltig, ich glaube, sie hatten Angst, dass meine kindliche Uncoolness auf sie abfärben könnte.

»Brauchst du noch einen Schnuller?«, fragte mich eine von ihnen. Ich wusste nicht, was ich antworten sollte, ich hatte noch nicht gelernt, mit Anfeindungen umzugehen oder schlagfertig zu sein.

Normalerweise saß ich beim Frühstück nach dem Joggen immer allein. Aber an einem der Tage gesellten sich meine Zimmerkolleginnen zu mir, nach ein paar weiteren Minuten sogar drei der Jungs. Vielleicht hatte es sich ausgezahlt, nett zu sein, so wie meine Eltern es mir beigebracht hatten, egal, wie garstig sie zu mir waren. Vielleicht hatte ich ihren Test bestanden.

Schweigend löffelten wir Müsli und Cornflakes in uns hinein, bis einer der Jungs einen Zettel hervorzog und ihn mir unter die Nase hielt.

»Kannst du das lesen?«, fragte er mich scheinheilig.

Das Wort fing mit demselben Buchstaben an wie mein Name, aber es war länger. Natürlich konnte ich es nicht lesen, ich war gerade erst in die Schule gekommen, Buchstaben ergaben noch keinen Sinn für mich. Ich schüttelte den Kopf. Alle lachten, nur ich nicht.

»Darauf steht ›Loser‹!«, sagte eines der Mädchen.

»Wollt ihr mit einem Loser am Tisch sitzen? Lasst uns lieber irgendwo anders hinsetzen, nicht, dass das ansteckend ist.«

Die Anführerin der Clique stand auf, und in einer Bewegung kippte sie mein Glas mit kaltem Kakao in meine Richtung. Noch bevor ich zurückspringen konnte, schoss braune Flüssigkeit über den Tisch und tropfte mir in den Schoß.

»Ups!«, sagte sie, bevor sich alle umdrehten und mich in meinem Kakao sitzen ließen.

Anstatt mich für das Training anzuziehen, lief ich allein mit kakaoklammer Kleidung zur Telefonzelle. Es war verboten, die Jugendherberge ohne Gruppe und Aufsichtsperson zu verlassen. Aber das war mir egal. Ich wollte weg. Einfach nach Hause. Ich musste mich weit nach oben strecken, um Geld einzuwerfen, ein paarmal fielen die Münzen wieder herunter, bevor ich irgendwann den Schlitz traf. Es läutete am anderen Ende. Nach einer viel zu langen Zeit klickte es in der Leitung.

»Wer da?«, raunzte mir mein Bruder entgegen.

»Ich will mit Mama oder Papa sprechen.«

»Warum?«

»Sie sollen mich abholen.«

»Hast du Heimweh?«

»Nein.«

»Warum dann?«

»Ich habe keine Freunde.«

»Wieso nicht?«

»Weiß nicht.«

»Mama und Papa sind gerade einkaufen.«

Ich hatte es mir die ganzen Tage verkniffen, aber jetzt fing ich doch an zu weinen.

»Was heißt Loser?«, stieß ich unter Schluchzern hervor.

»Wieso?«

»Die anderen haben mich so genannt.«

»Das heißt … Verlierer.«

»Aber ich bin doch gar nicht die Langsamste hier«, sagte ich verwirrt durch meinen Tränenschleier.

»Sie sind gemein zu dir.«

Ich begann noch heftiger zu schluchzen.

»Ja.«

»Wenn das nächste Mal jemand gemein zu dir ist oder ›Loser‹ sagt, dann antwortest du: ›Leck mich doch am Arsch.‹ Wiederhol das! ›Leck mich am Arsch!‹«

»Leck … mich … am Arsch …«, schluchzte ich.

»Jetzt hör auf zu heulen und sag es noch mal.«

Ich brauchte ein bisschen, um mich zu beruhigen. Aber dann sagte ich in einem größeren Brustton der Überzeugung: »Leck mich am Arsch!«

»Okay. Kopf hoch. Jeder kämpft für sich allein.«

Langsam ging ich über die Dorfstraße zurück, ich hatte es nicht eilig. Als ich gerade die Tür des Hotels erreichte, kam mir die Trainerin entgegen.

»Was machst du hier, ganz allein? Wo kommst du her?«, rief sie erbost und schaute skeptisch auf mein T-Shirt und meine kakaoübergossene Hose. Ich hatte ein bisschen Angst vor ihr, sie war sehr groß. Und jetzt auch noch sehr wütend.

»Telefonieren«, flüsterte ich deswegen wahrheitsgemäß.

»Allein? Spinnst du? Nach dem Training bleibst du länger und schwimmst eine halbe Stunde Strafrunden!«

Hinter ihr tauchten die Köpfe meiner Zimmerkameradinnen auf. Sie stießen sich an und kicherten. Ich schaute auf den Boden. Nur nicht unnötige Aufmerksamkeit erregen. Mit gesenktem Kopf ging ich an ihnen vorbei. Da stieß mich eine mit dem Ellenbogen in die Seite.

»Komm mir nicht zu nahe. Du bist dreckig und zu blöd zum Trinken.«

Sie deutete auf meine Flecken. Die anderen kicherten noch lauter.

»Loser«, sagte sie.

Am liebsten wollte ich weglaufen. Aber ich blieb stehen und drehte mich zu ihr. Dann richtete ich mich zu voller Größe auf und war ohne eingezogenen Kopf kaum kleiner als sie. Ich hätte sie wahrscheinlich umhauen können. Ich hatte nicht umsonst jahrelange Erfahrung im Zweikampf mit einem älteren Bruder gesammelt. Ich wusste sehr gut, wie ich meine Fäuste in Kombination mit meinen Zähnen einsetzen konnte, um einen stärkeren Kontrahenten auszuschalten.

»Leck mich am Arsch«, sagte ich. Diesmal ohne Schluchzen, als wären die Worte meine Geheimwaffe, mit der ich alle besiegen konnte. Und irgendwie waren sie das auch. Der Spruch kam von jemandem, der weise und cool war. Von meinem Bruder. Er war älter als die anderen Mädchen, und das fühlte sie sich sehr mächtig an.

Ich drehte mich um, ohne ihre Reaktion abzuwarten. Denn ihre Reaktion war egal. Für mich war dies ein Sieg. Und ab jetzt wollte ich immer gewinnen.

Im Pub bestellen wir Chorrillana, ein chilenisches Gericht, das aus einem Haufen Pommes, Rindfleisch und obendrauf zwei Spiegeleiern besteht und das man sich zu zweit teilt.

»Sollen wir einfach drei für alle bestellen?«, schlage ich vor. Die Musketiere nicken, Jack schüttelt den Kopf.

»Für mich nur Bier.«

»Dann zwei für uns?«

Wieder nicken die Musketiere, und ich bestelle. Jack räuspert sich umständlich, bis wir ihn alle ansehen. Er wendet sich an die Musketiere.

»Ja, wisst ihr, echt süß in eurem Bus. Aber damit kommt ihr doch nirgends hin.«

Die Jungs schauen ihn überrascht an. »Aber ... wir sind doch hier! Und davor sind die Besitzer einmal um die Welt gefahren.«

»Klar, aber hier, das ist doch nichts.«

»Nichts ...«, echot einer von ihnen.

»Was ist denn dann etwas?«, frage ich Jack.

»Absolutes no budget, die Natur und man selbst, Auge um Auge, Zahn um Zahn. Vielleicht nicht unbedingt was für Prinzessinnen.« Er lacht dunkel.

»Aber ... wieso schläfst du ... hatschi!«

Eigentlich will ich ihn gerade fragen, warum er dann überhaupt in einem Hostel schläft und nicht in seinem Auto, wenn er doch kein Geld ausgibt. Und ob er Benzin klaut oder wie genau das mit »no budget« funktioniert. Aber ich muss niesen, als er sich mit einer Hand durch die dunklen Zotteln streicht – weil ich wohl allergisch auf das bin, was in seinen Haaren lebt. Ein weiteres Niesen bestätigt mir meine These. Immerhin ist mir dadurch jetzt Jacks Aufmerksamkeit sicher – aber bevor ich etwas sagen kann, holt er aus.

»Ich gebe dir jetzt einen guten Tipp. Wie lange reist du schon? Ein paar Tage? Eine Woche?«

Ich will ihm antworten, doch er schneidet mir das Wort ab.

»Ach egal. Lange kannst du so nicht überleben. Erst mal solltest du dir Kleidung zulegen, die widerstandsfähiger ist.«

»Ich trage meine Kleider, weil ich mich in ihnen wohlfühle, nicht, weil ich mich funktional optimieren muss.«

»Anfängerfehler! Du wirst schon noch lernen, was auf einer langen Reise funktioniert und was nicht. Da ist kein Platz für Beauty. Als ich vor drei Monaten aufgebrochen bin, habe ich auch alles falsch gemacht. Ich wünschte, ich hätte jemanden wie mich getroffen, das hätte mir viele Fehler erspart!«

»Aber Fehler gehören doch auch zum Reisen«, begehrt nun einer der Musketiere auf. Jack tut, als hätte er ihn nicht gehört.

»Drei Monate! Das ist eine Schule fürs Leben. Ihr wisst ja noch gar nicht, was da auf euch zukommt. Das ist so süß. Zuckersüß, ihr Kleinen.«

Die Musketiere überragen ihn alle um mindestens einen Kopf.

»Ich würde euch ja Tipps geben, aber mit eurem Bus könnt ihr sowieso nicht dorthin, wo ich war. Und du ...«, er wirft mir einen Blick zu, »na ja, du hast ja sicher die übliche Touriroute vor. In den Nationalpark Torres del Paine und so weiter. Ist auch schön, aber halt kein Abenteuer. Darüber müssen wir uns ja jetzt nicht weiter unterhalten.«

Die Musketiere wirken plötzlich ganz klein. Aufmunternd schaue ich sie an.

»Klar kommt ihr überallhin. Richtige Reifen drauf und Seil zum Abschleppen mitnehmen und fertig. Mit eigenem Fahrzeug zu reisen, ist super, totale Freiheit.« Neben mir schnaubt es.

»Freiheit. Und da bist du Spezialistin, was? Um etwas zu erleben, muss man weg von den ausgetretenen Pfaden. Nur wer individuell reist, weiß, was Freiheit wirklich ist.«

Ich komme mir ein bisschen albern vor, finde aber doch, dass an dieser Stelle eine gute Plattitüde angebracht sein könnte. »Man muss gar nicht reisen, um frei zu sein.«

Dann nehme ich einen großen Schluck von meinem Bier und schaue Jack und die Musketiere an. Ich muss schmunzeln. Wir alle, die hier am Tisch sitzen, sind so dermaßen individuell, dass wir schon wieder uniform sind. Wir alle haben wahrscheinlich ein bisschen viel von der »Alles ist möglich«-Mentalität abbekommen, die man unserer Generation nachsagt und aus der sich mit einer anmaßenden Selbstverständlichkeit der Wunsch speist, die ganze Welt zu sehen. Selbst wenn die Dauer, Ziele und Fortbewegungsmittel unserer Reisen andere als die unserer Eltern sind, leben wir alle einen Luxus: Und das soll die einzige akzeptable große Freiheit sein?

Jack lacht, als wäre ich ein dummes Kind.

»Du als angepasste Prinzessin kannst sicher am besten beurteilen, was Freiheit ist. Als richtiger Abenteurer muss man sich hier draußen behaupten. Allein gegen den Rest der Welt. Bist du schwach, hast du verloren. Ich wette, du wohnst in einer Stadt und suchst jetzt das Abenteuer deines Lebens. Hier in Chile. Und das ist dann Freiheit und ein großes Abenteuer für dich.« Wieder lacht er.

»So ähnlich«, antworte ich, obwohl mir das Reisen inzwischen gar nicht mehr abenteuerlich vorkommt.

»In wie vielen Ländern warst du schon? Du weißt doch gar nicht, wovon du sprichst, hier im gezähmten Chile.«

»In ein paar.«

»Gut, dass du nur hierherfliegst, um Urlaub zu machen. Ein paar der anderen Länder hier in Lateinamerika sind wirklich nichts für dich. Also ich habe da noch einen Tipp: Costa Rica, das gefällt dir sicher. Und fahr doch mal nach Kanada im Sommer.«

»Ja, Kanada und Costa Rica stehen auf meiner Liste.«

Jack schaut mich zum ersten Mal anerkennend an. Er zwinkert mir sogar zu. Es gefällt ihm wohl, dass ich auf seinen weisen Rat höre. Glücklicherweise kommt in diesem Moment unser Essen. Zwei riesige Portionen.

»Darf ich mal probieren?«, fragt Jack. Wir nicken alle. Er nimmt eine Gabel, und innerhalb kürzester Zeit hat er die halbe Portion verschlungen, inklusive der Spiegeleier. Fassungslos sehe ich ihm dabei zu.

»Wer zu spät kommt, der hat das Nachsehen«, sagt Jack, als ich irgendwann doch nach meiner Gabel greife und in den Resten herumstochere. »Weißt du, Prinzessin, das ist wie mit dem Abenteuer, du musst dich selbst zu behaupten wissen, sonst bleibst du auf der Strecke.«

Ich merke, wie es langsam anfängt, in mir zu brodeln, ich will jetzt sofort verbales Armdrücken, ihm unter die Nase reiben, dass ich wahrscheinlich inzwischen mehr Orte gesehen habe als er, bis er derjenige ist, der einen allergischen Niesanfall bekommt. Ich atme ein paarmal tief durch. »Groll ist, wie Gift zu schlucken und zu erwarten, dass die andere Person stirbt« heißt es. Ein Gefühl, das mir trotzdem nicht fremd ist. Auch deshalb bin ich so gern unterwegs: weil Reisen, wie die meisten anderen Dinge im Leben, kein Wettbewerb ist.

Jetzt höre ich, wie der Wind draußen pfeift, und sofort werde ich ruhiger. Sinu, der große Jäger, will mir wieder etwas sagen und mir helfen, aber diesmal trägt er nicht nur die Botschaft der Ona zu mir, sondern auch eine Nachricht der Vergangenheit. Jaulend und mit einer Bestimmtheit, wie nur Naturkräfte sie haben, erinnert er mich an die älteste Weisheit meines Lebens: »Leck mich am Arsch.« Und dann denke ich, wie stark doch die Kraft der Gedanken ist. Dass sie alles ist, was wir brauchen, um uns sofort besser zu fühlen.

Wir sind so weit im Süden Chiles, dass es um zehn Uhr abends noch immer hell ist. Die Musketiere und ich bestellen ein weiteres Bier, Jack sagt, dass er passen muss. Wegen »no budget«. Ich bestelle dafür zwei, als Prinzessin kann man sich schließlich auch Überfluss erlauben. Dann schiebe ich ihm eines hin.

»Auf die Ona!«, sage ich und stoße mit ihm an, auch wenn ich nur einen fragenden Blick von ihm ernte. Nach dem Bier und unzähligen Reisegeschichten von Jack trollen wir uns wieder zurück zum Hostel.

»Willst du meinen Landcruiser mal von innen sehen?«, fragt Jack mich leise und hebt verführerisch seine Augenbrauen.

»Igitt!«, sage ich laut und muss sofort wieder niesen. Jack lacht. Als sein klappriger Landcruiser in Sicht kommt, ist er natürlich nicht mehr zu halten.

»Ganz schön sexy, findet ihr nicht?« Die Musketiere nicken brav.

»Ist halt ein Landcruiser«, antworte ich und zucke mit den Schultern.

»Frauen und Autos. Das kann ja nicht gut gehen.« Jack zwinkert mir zu. Ich beschließe, ihn darauf hinzuweisen, dass seine Kommentare ziemlich sexistisch sind, hebe an, doch ich komme nicht dazu, meinen Satz zu beenden, denn Jack hat Cleo bemerkt, die auf der Seite des Landcruisers ein bisschen hervorsteht.

»Schaut mal, ein Motorrad! Echt geiles Teil.«

»Aus Deutschland!«, stellt einer der Musketiere fest.

»Wahnsinn, den Typ würde ich gerne kennenlernen. Hat sicher viel erlebt.« Jack ist plötzlich ganz aufgeregt. »Endlich jemand, mit dem ich mich auf Augenhöhe austauschen kann. Habt ihr gesehen, wem das Motorrad gehört?«

Die Briten schütteln den Kopf.

»Also eigentlich gehört es ...«, versuche ich mal wieder einen Satz zu beginnen.

»Vielleicht ist er gerade erst angekommen!«, ruft Jack und ist schon auf halbem Weg ins Hostel.

Ich seufze, trotte mit den Musketieren hinterher und lasse mich neben sie auf einen Stuhl im Gemeinschaftsraum fallen. Jack steht unterdessen an der Rezeption.

»Da draußen steht ein Motorrad. Gehört es irgendeinem der Gäste hier?« Die freundliche Chilenin, die hier im Hostel arbeitet, hatte bei meiner Ankunft darauf bestanden, einen Teil meines Gepäcks zu tragen, und hatte im Gegenzug nur einen kleinen Wunsch. Ob sie denn einmal auf Cleo sitzen dürfe? Natürlich, und das Motorrad stand ihr gut. Cleo steht eigentlich jedem gut. Sogar Frauen.

Jetzt schaut die Frau verdutzt hinter der Rezeption hervor.

»Wem es gehört?«

Er nickt ungeduldig.

»Na ihr!« Sie deutet auf mich.

»Hi«, sage ich.

Jack schaut zwischen mir und der Dame an der Rezeption hin und her. Ein paar Sekunden verstreichen. Dann kommt zumindest in die Musketiere Bewegung.

»Cool!«, ruft einer von ihnen, der Zweite nickt, und der Dritte klopft mir auf die Schulter. Jack nähert sich unserem Tisch wie ein Raubtier auf der Pirsch.

»Warum hast du das nicht gleich gesagt?«

»Ich bin nicht dazu gekommen.«

»Du hast mich total auflaufen lassen! Wie konntest du das den ganzen Abend verheimlichen?«

»Jack, hörst du in deinem Landcruiser eigentlich den Wind?«

»Weiß nicht. Spielt doch keine Rolle.«

271

»Hmm ... aber du warst hier in Patagonien auch schon weiter im Süden in El Chaltén?«

»Ja. Total touristisch. Nichts für echte Abenteurer.«

»Weißt du, wie der Berg Cerro Torre noch genannt wird?«

»Nein.«

»Schrei aus Stein. Ist es nicht wunderbar, der Welt und ihren Geschichten zuzuhören? Wir sind schließlich keine Eroberer, sondern Besucher.«

»Und was hat das jetzt mit deinem Motorrad und dem Abenteuer zu tun?«

»Alles. Absolut alles.«

Das große Alles

CHILE/ARGENTINIEN, ATACAMA

KILOMETER: 41 420

Eine ausgewaschene Piste führt zum Paso Sico auf über 4000 Metern. Der Altiplano zwischen den West- und Ostanden erstreckt sich vom Süden Perus über Bolivien bis in den Norden von Chile und Argentinien. In einer Höhe, auf der sich in Europa die höchsten Gipfel befinden, liegt hier eine Tiefebene.

Über meinem Kopf befindet sich ein klappriges blaues Metallschild, das die Grenze von Chile zu Argentinien markiert. Aber der Übergang ist geschlossen, und der Beamte hat es nicht eilig. Bedächtig dreht er einen Stift in der Hand.

»Stunden, Tage oder Wochen«, antwortet er, als ich ihn frage, wie lange ich hier festsitzen werde, und lächelt mich entschuldigend an. Irgendein Streik. Was genau los ist, kann er mir jedoch nicht erklären.

Ich lasse den Blick schweifen; hier leben Schwärme pinker Flamingos an bunten Lagunen, dazwischen gelb leuchtendes Gras, Salzseen, weißer als Schnee, verschneite Berggipfel, Vulkane, Geysire, ein strahlend blauer Himmel und das endlose sanfte Beigebraun der Atacama-Wüste, die die höchste und trockenste der Welt ist. Die Landschaft sieht aus, als wäre sie außerirdisch – hier stoßen geografische Formationen zusammen, die für mich bisher nur getrennt existiert haben: die Berge, die ich liebe, und die Wüste, die mich immer mit Respekt erfüllt hat, da ich sie in ihrer unerbittlichen Härte, die sich unter weichem Sand versteckt, nie richtig greifen kann. Jean Baudrillard sagte einmal: »In der Wüste muss ich die Einsamkeit nicht erst suchen, ich bin Teil davon. Ich bin auch nicht mit mir selbst allein, das wäre wieder die romantische, westliche Form der Einsamkeit. Nein, die Wüste ist für mich die klarste, schönste, hellste, stärkste Form der Abwesenheit.« Sogar meine Gedanken, die sich sonst immer panisch mit der Zukunft beschäftigen, sind ruhig. Es gibt nur das Jetzt, alles andere verschwindet. Selbst die schlechten Erinnerungen an meinen Sturz, die Angst vor dem Sand, verblassen langsam, werden unscharf, bis nur noch die sanften sandigen Hügelketten de Altiplanos mit den rauen Gipfeln bleiben, die meinen Begriff von Schönheit infrage stellen.

Ich habe mich daran gewöhnt, dass die Dinge selten so laufen, wie ich sie plane, und anstatt mit dem Grenzbeamten zu diskutieren, ziehe ich meine Jacke aus, lege mich neben Cleo und lasse mir die Sonne ins Gesicht scheinen, denn hier oben ist die Wüste nur fünfzehn Grad warm. Nebenbei kaue ich auf einem der Cocablätter, die mir ein Bauer zugesteckt hatte. In den letzten Wochen habe ich es mir angewöhnt, bei Einheimischen auf dem Land einfach an die Tür zu klopfen, um mir mein Nachtlager zu suchen – ich genieße die Stille und die Einsamkeit zu sehr, als dass ich sie der Geselligkeit von Hostels opfern würde. Bei der einheimischen Landbevölkerung gibt es meistens irgendwo einen Platz im Stall oder Geräteschuppen, an dem ich meinen Schlafsack ausrollen kann. Manchmal sind sie erstaunt, dass ich allein bin und dass ich einfach vor ihrer Tür mitten im Nirgendwo stehe, aber dieses Erstaunen weicht noch größerer Verwunderung, wenn sie mir einen Platz im Haus anbieten, ich aber trotzdem die Scheune bevorzuge. Ich bin wiederum erstaunt, dass ich kein einziges Mal abgewiesen werde und niemand Geld für das Nachtlager annehmen möchte. Vor zwei Tagen habe ich in einer Scheune auf über 4600 Metern geschlafen; bisher war ich von der Höhenkrankheit verschont geblieben, aber die rasante Fahrt vom Meer in die Hochebenen innerhalb eines halbes Tages hatte sich in dieser Nacht mit einem zugeschnürten Hals, rasendem Herzen und Kopfschmerzen bemerkt gemacht.

»Das hilft«, hat mir der Bauer bei meiner Abreise versprochen und mir feierlich eine Schachtel mit Cocablättern in die Hand gedrückt. »Du musst sie kauen, dann geht's dir besser.«

Meine Zunge wurde augenblicklich taub. Ob ich nach dem Kauen noch fahren dürfe?

»Jaja, das machen hier alle.«

Coca macht den Körper hier in den Bergen tatsächlich leistungsfähiger. Es verbessert die Sauerstoffaufnahme, und ich finde heraus, dass die Blätter zwar einen Kokainanteil von zwei Prozent haben, das Kauen aber nur bedingt mit dem Konsum des Rauschgifts verglichen werden kann, da es in einen anderen Wirkstoff umgewandelt wird.

Nach vier Stunden kommt plötzlich Leben in die Grenzstation – und ich bin zurück in Argentinien. Der Altiplano steigt wieder an, Bahnschienen kreuzen die Straße: Der »Tren a las Nubes«, der Zug in den Wolken, windet sich hier auf über 4200 Metern Höhe. Der Zug verkehrt nur einmal in der Woche zwischen der Stadt Salta bis zum höchsten Punkt am Polvorilla-Viadukt. Als ich einmal anhalte, um meine Kamera herauszuholen und auf dem Stativ zu platzieren, rinnen mir plötzlich bei jedem Blinzeln Tränen aus den Augen. Je energischer ich versuche, sie wegzuwischen, desto mehr fließen mir über die Wangen. Vielleicht fordert die Höhe jetzt doch Tribut von mir.

Bei San Antonio de los Cobres biege ich ab auf die argentinische Ruta 40, die mit rund 5300 Kilometern als längste durchgängige Fernstraße der Welt gilt. Hier entpuppt sie sich als kleine einsame Sandstraße, die nur mit Geländewagen befahrbar ist. Stunde um Stunde kämpfe ich mich durch den Staub, vorbei an rauer werdenden Gesteinsformationen, die mir in ihrer surrealen Schönheit und Monumentalität die eigene Verletzlichkeit vor Augen führen. Stunde um Stunde wird meine Sicht schlechter. Irgendwann kann ich unter meiner Brille kaum mehr sehen, versuche mir die Tränen und den Staub, der durch jede Ritze dringt, aus den Augen zu wischen. Kaum meine ich, etwas besser zu sehen, laufen mir die Tränen über die Wangen. Anhalten ist keine Option, ich muss immer weiter, bis ich an einen Ort komme, an dem ich der unerbittlichen Natur nicht vollkommen ausgeliefert bin.

127 Kilometer später erreiche ich das kleine Dorf Susques, braune karge Lehmhäuser vor beigefarbenem Wüstensand. Am Ortseingang halte ich vor einem Bauern, der gerade einen rostigen roten Pick-up mit Lebensmitteln belädt.

»Hospedaje?«, frage ich ihn.

Er schaut mich entgeistert an, bevor er auf ein Gebäude hinter mir deutet. Vor dem Hotel stehen mannshohe Kakteen und ein paar Lamas, alle Fenster sind abgedunkelt, um die Hitze der Wüste auszusperren. Das Halbdunkel umfängt mich mit einer sanften Kühle, es ist, als würde ich eine alte Kirche betreten, die jeden Ton schluckt und in der man sich kaum traut, laut zu sprechen. Ich betrete einen großen Raum mit Tischen und Stühlen, und hinter einer Bar sitzt eine Frau, die kaum aufsieht.

»Disculpe. Hospedaje? Cama?« Unterkunft und Bett sind meist genug Vokabular, um ein Nachtlager zu finden. Jetzt blickt die Frau von ihrem Magazin auf. Ihre Augen werden groß, und sie schaut mich an, als hätte ich sie nach einem Zimmer auf dem Mond gefragt und das letzte Spaceshuttle wäre bereits vor zehn Jahren abgeflogen. Um mich noch besser zu erklären, übe ich mich mal wieder in Pantomimen, halte meine Hände über den geneigten Kopf und gebe schnarchende Geräusche von mir. Sie starrt noch immer regungslos ins Gesicht, das dank des aufgewirbelten Sands der Schotterstraßen unter einer zarten Staubschicht liegt, die Augen knallrot und noch immer tränend. Ich an ihrer Stelle würde mir vermutlich ein Drogenproblem attestieren.

»Bitte«, sage ich verzweifelt. Auf Spanisch, Englisch und Deutsch.

Ein letztes Mal schaut sie mich zweifelnd an, dann nickt sie und geht voran. Mein Zimmer ist fensterlos, Licht dringt lediglich gedämpft durch eine bunte Glasscheibe an der Tür. Obwohl draußen noch immer die Sonne scheint, ist es hier beruhigend dunkel.

»Gracias!«, wiederhole ich immer wieder.

Dann lässt die Frau mich endlich allein, und ich renne ins Bad, halte mein Gesicht unter Wasser, wasche mir den Dreck ab, spüle die Augen. Das kühle Wasser fühlt sich angenehm an, aber als ich es abdrehe, merke ich sofort, dass meine Augen noch immer tränen. Ich wühle in meiner Tasche und fische von ganz unten ein Säckchen mit Medikamenten heraus, das ich bisher noch kein einziges Mal gebraucht habe. Ein paar verschiedene Antibiotika, Malariatabletten, Mittel gegen Durchfall und Übelkeit, Desinfektionsmittel und Verbandszeug. Dann halte ich eine kleine Tube in der Hand, »Augen- und Nasensalbe«. Mir Creme ins Auge zu reiben, widerspricht allen meinen natürlichen Instinkten. Und wie vertrauenswürdig ist etwas, das ich mir in die Nase und in die Augen schmieren kann? Doch mangels Alternativen wage ich es, sehe erst kurz weniger, dann genauso schlecht. Ich lege mich auf den bunten Überzug der harten Pritsche, starre an die Decke. Wenn ich blinzele, fühlt es sich an, als würde sich unter meinen Lidern der ganze Sand der Atacama verstecken und mit jeder Bewegung über den Augapfel schleifen. Meine Augen jucken, am liebsten würde ich mir mit den Nägeln über die Hornhaut kratzen und sie abziehen. Wenn ich nun an einer schlimmen Krankheit leide, wenn ich mein Augenlicht verliere? Ich springe auf und gehe wieder zur Bar.

»Médico?«, frage ich die Frau, die nur kurz aufsieht. Sie mustert mich, dann zuckt sie mit den Schultern und liest weiter.

»Wifi?« Ohne aufzuschauen, reicht sie mir einen Code.

Wen könnte ich um Hilfe bitten? In meinem Freundeskreis fällt mir kein Arzt ein. Künstler, Journalisten, Schriftsteller, Fotografen, Programmierer, Anwälte und ein Zahnarzt. Aber ein normaler Arzt? Fehlanzeige. Ich schaue auf die Uhr. Kurz nach sieben, in Deutschland müsste es jetzt Mitternacht sein. Der Einzige, dessen Freundeskreis ich nicht in- und auswendig kenne, ist Arne.

»Kennst du einen Arzt?«, schreibe ich ihm. Wenige Minuten später blinkt mein Handy.

»Ja, wieso?«

Ich beschreibe ihm den Schmerz, den reibenden Sand, der nicht da ist, die Rötung, die Tränen, die Creme.

»Gib mir ein paar Minuten, ich rufe dich gleich an.«

Ich lehne mich zurück. Die Minuten verstreichen so langsam, als würde sich eine Stunde in ihnen tarnen. Dann klingelt mein Telefon.

»Hallo Arne.«

»Hallo.«

Wir schweigen, als wären wir beide überrascht, die Stimme des anderen zu hören. Seit Australien habe ich versucht, den

Kontakt möglichst neutral zu halten. Die ungeklärte Frage der gemeinsamen Amerikareise macht mir ein schlechtes Gewissen, und da ich darüber nicht reden oder nachdenken möchte, will ich auch nicht zu viel anderes sagen. Arne räuspert sich.

»Also, ich habe mit einem Freund in Amerika gesprochen, der Arzt ist, hier in Europa schlafen natürlich alle. Er hat dann noch einen Augenarzt angerufen, um sicherzugehen. Deswegen hat es ein bisschen gedauert.«

»Und ... werde ich blind?«

»Nein, keine Sorge.«

»Sicher?«

»Na klar. Hast du heute vergessen, beim Fahren eine Sonnenbrille zu tragen?«

»Beim Fahren nicht, aber ich lag ein paar Stunden an einer geschlossenen Grenze rum und habe mich gesonnt. Bin schon ganz braun im Gesicht!«

»Gesonnt. Wie hoch war denn diese Grenze?«

»Über 4000 Meter.«

»Wusstest du, dass die UV-Strahlung pro tausend Höhenmeter um zwanzig Prozent zunimmt?«

»Hmm, habe so was Ähnliches schon mal gehört ...«

»Und Sand reflektiert zusätzlich. Na ja, um es kurz zu machen: Du hast dir die Augen verbrannt.«

»Was?«

»Ja, du hast Sonnenbrand an den Augen. Irgendwelche Zellen sterben durch die Strahlung ab, und du bekommst Löcher in der Hornhaut.«

»Löcher in der Hornhaut, das klingt furchtbar.«

Dann erklärt mir Arne, dass das alles gar nicht so schlimm ist, ich aber 48 Stunden in einem dunklen Raum bleiben, die Augen möglichst geschlossen halten und mich nicht bewegen soll, weil Bewegung die Nervenfasern und die Hornhaut reizt. Kein Computer, kein Handy, höchstens kühle Umschläge. Augentropfen mit Antibiotika wären gut gegen eine mögliche Infektion, aber an die komme ich nicht ran. Gegen die Schmerzen darf ich Tabletten nehmen.

»Zwei Tage im Dunkeln? Willst du mich veräppeln? Was soll ich denn machen? Das ist das Langweiligste, das ich je getan habe! Ich war noch nie zwei Tage in einem dunklen Raum! Wie Einzelhaft!«

»Kannst du dein Zimmer ordentlich abdunkeln?«

»Es gibt keine Fenster.«

»Umso besser! Glück im Unglück! Und du kannst dich gern melden, wenn dir langweilig ist.«

»Okay, mache ich ... und Arne ... danke.«

»Mach's gut. Und pass auf dich auf.«

»Du auch auf dich.«

»Und meld dich mal, wie es mit den Augen geht.«

»Okay. Bis bald, Arne.«

»Ja, bis bald.«

Stunde um Stunde liege ich mit geschlossenen Augen möglichst regungslos auf dem Bett. Denn jede Drehung des Kopfes lässt auch bei geschlossenen Lidern meine Augen rotieren. Anfangs lasse ich mich von Hörbüchern berieseln, weil mir bange ist vor der Dunkelheit und vor der Stille. Ich befürchte, dass meine körperliche Schwäche meine innere Dunkelheit und die Angst vor dem Scheitern zurückbringt. Hinter der Stille lauern die Zweifel. Mein Geist ist es gewohnt, ständig unterhalten zu werden, und ich bin es gewohnt, mich in tausend kleine Beschäftigungen zu flüchten – Internet, Fernsehen, Handy, mit anderen reden, lesen, Motorrad fahren. Aber jetzt, im erzwungenen Stillstand, merke ich, dass weder die Stille noch das Scheitern mir Angst machen. Diesmal weiß ich, dass meine körperliche Schwäche nur eine Episode ist, und ich brauche die Stille, um zu genesen. Ich muss an das Zitat eines Kartäusermönchs namens Augustin Guillerand denken, das mich seit geraumer Zeit begleitet. Bei meiner Ankunft im christlichen Südamerika habe ich beschlossen, mich der Religion noch mal zu nähern: »Um in die Stille einzugehen, reicht es nicht, die Bewegung der Lippen und der Gedanken einzustellen. Dies ist nur Schweigen, also eine Bedingung für die Stille, aber nicht die Stille selbst. Die Stille ist ein Wort, die Stille ist ein Gedanke. Sie ist ein Wort und ein Gedanke, in dem alle Worte und Gedanken vereinigt werden.« Die Stille ist nicht die große Leere, sondern das große Alles. Sie ist nichts, was wir herstellen müssen, sondern eine Möglichkeit, die immer da ist, wenn wir uns auf sie besinnen. Stille ist ein Verzicht darauf, uns selbst und unsere unstillbaren Wünsche und Bedürfnisse in den Mittelpunkt zu stellen und sie ständig zu umkreisen. Ich denke nicht mehr pausenlos daran, dass es mir bald wieder besser gehen muss, sondern lasse meinem Körper seine Zeit. In den vergangenen Monaten habe ich mich viel um mich selbst gedreht, auch weil ich unterwegs allein funktionieren musste und das höchste Priorität hatte. Aber je mehr wir um uns selbst kreisen, je mehr Platz wir unserem Ego lassen, desto größer ist auch die Gefahr, dass für andere nur noch sehr wenig Platz übrig bleibt. Andere Menschen, das sind die unberechenbaren Variablen in den Gleichungen unseres Lebens. Aber nur weil das Alleinsein jetzt so gut funktioniert, heißt das nicht, dass ich diese Variable aus meinem Leben eliminieren will. Ich habe gelernt, mich selbst nicht über den Blick anderer zu definieren; vielleicht wird es jetzt Zeit, dass ich mich auch wieder mit der Dualität des Lebens befasse, die uns aus dem Gleichgewicht bringen kann – wie auch dorthin zurückführen.

Ich verlasse das Zimmer genau drei Mal am Tag zu den Mahlzeiten, immer mit Sonnenbrille, auch wenn es im Innenraum des Hotelrestaurants sowieso dunkel ist. Direkt beim ersten Frühstück bittet mich die Rezeptionistin, das Zimmer für die vergangene Nacht und die folgenden beiden zu bezahlen. Sie hat wohl Angst, dass ich einfach abhaue – oder vielleicht doch den Drogentod sterbe. Die Sonnenbrille, die ich nie ablege, scheint meine Seriosität nicht zu unterstreichen. Um meine Glaubwürdigkeit vielleicht doch noch zurückzugewinnen, biete ich ihr ein Cocablatt an, als ich zahle. Sie lehnt ab.

Schon am zweiten Tag lassen das Jucken und das reibende Gefühl nach, am dritten Tag breche ich im Morgengrauen auf, um meine wieder genesenen Augen vor zu starker Sonneneinstrahlung zu schützen. Sie sind noch immer leicht gerötet, tränen aber nicht mehr, und der Schmerz ist nur noch ein Gespenst der Vergangenheit. Ich fahre über den Paso Jama, der sich wie ein perfektes Asphaltband durch die Wüste schlängelt, zurück nach San Pedro de Atacama in Chile. Dort kaufe ich eine SIM-Karte für mein Telefon, und zwei Minuten später bin ich wieder mit der Welt verbunden. Kurz fühle ich mich, als würde das Internet die Welt kleiner machen, als wäre alles mir jetzt wieder näher. Aber Europa würde keinen Zentimeter auf mich zukommen. Wenn ich irgendwann zurück nach Hause will, dann muss ich diese Strecke schon selbst überwinden.

Arnes Nachrichten stehen noch immer an oberster Stelle.

»Ich bin jetzt wieder erreichbar«, tippe ich. Dann verfasse ich schnell eine zweite Nachricht, bevor mich meine eigene Kühnheit verlässt: »Lass uns in den USA gemeinsam reisen.«

Ich schicke sie ab.

In den kleinen Straßen von San Pedro de Atacama bieten Reiseanbieter Touren zur Erkundung der Gegend: zum Geysir El Tatio, dem »rauchenden Großvater« auf 4320 Metern, zum surrealen, endlosen Weiß des Salar de Uyuni, der größten Salzpfanne der Erde, zu den unzähligen Lagunen, in denen man teilweise schwimmen kann und deren extrem hoher Salzgehalt den Körper schwerelos an der Oberfläche treiben lässt. Zu einem der Observatorien, in denen die besten und größten Teleskope der Erde stehen, weil sich an 360 Tagen und Nächten im Jahr ein klarer Himmel über sie spannt. Oder einfach ins nahe »Valle de la Luna«, das Mondtal, das für mich eher nach Mars aussieht, aber auf jeden Fall nicht mehr irdisch. Als ich überlege, ob ich mich für einen dieser Ausflüge anmelden soll, vibriert mein Handy in der Hosentasche. Nur ein Wort steht auf dem Bildschirm.

»Wann?«

Ich öffne meinen Kalender, schaue dann auf die Weltkarte. Es wäre schön, erst im Juni oder Juli in den USA zu sein, um auch die Bergpässe im Gebirge befahren zu können. Aber eigentlich hatte ich geplant, im Juni nach einem Jahr wieder in Deutschland anzukommen. Ich zucke mit den Schultern und lächele. Diese Zeit gehört mir, ich kann damit machen, was ich will. Ich habe keine Ahnung, was in mehr als vier Monaten sein wird, wie lange es wirklich dauert, um von hier nach Nordamerika zu kommen. Grinsend tippe ich auf das Antwortfeld.

»Wir treffen uns am 15. Juni in Vancouver.«

Mein Telefon leuchtet: »Okay.«

Sonst nichts. Ich werde plötzlich ganz ernst und wappne mich für das Tosen, das in meine Stille schwappen könnte, jetzt, da ich so unvorsichtig die Tore zur Welt aufgestoßen habe. Aber da sind nur die Geräusche der Umgebung, die Stimmen der Touristen, der Händler, die Ware aus gefälschter Alpakawolle für zehn Euro feilbieten. In mir ist es noch immer still, und obwohl ich nun zurück in Richtung Heimat fahre, wird die Welt gerade wieder ein bisschen größer.

Wellen, die die Welt bedeuten

PERU, LIMA

KILOMETER: 45 000

Tayta Inti, der Sonnengott der Inka, ist verstimmt. Seit Tagen höre ich das in jedem Dorf, das ich besuche. Auf den verstaubten Bildschirmen jedes Fernsehers in den Kiosken und Restaurants die gleichen Horrorbilder: Überschwemmungen, Erdrutsche, der Norden Perus abgeschnitten. Die Interstate 1, bekannt als Panamericana und schnellste Straßenverbindung nach Ecuador und Kolumbien, einfach weggespült, die anderen Straßen in den Bergen unpassierbar. Über hundert Menschen sind in den vergangenen Tagen gestorben, 150 000 obdachlos, 210 000 Häuser unbewohnbar. Mein Handy piepst. Mal wieder eine Nachricht des Präsidenten. Die bekomme ich dank peruanischer SIM-Karte im Moment täglich, und sie werden immer dringlicher:

»Wir arbeiten unermüdlich daran, unseren Mitmenschen in Not zu helfen. Bleiben Sie ruhig.«

»Peru braucht uns vereint und wachsam. Befolgen Sie die Präventivmaßnahmen und informieren Sie sich.«

»Nutzen Sie Trinkwasser verantwortungsvoll. Verschwenden Sie es nicht. Organisieren Sie sich mit Ihren Nachbarn und nutzen Sie das Wasser vernünftig.«

Ich verbringe zwei Wochen im Süden Perus, hoffe, dass sich die Lage beruhigt, und stelle fest, dass das Land ein bunter Flickentepprich verschiedener Klimazonen ist, der jedem Abenteurer gefallen würde: unwegsame Dschungelstraßen, sandige Küsten, Täler auf über 5000 Metern in den Anden. Ich schwitze, ich friere, es regnet und schneit, und dann glüht wieder tagelang die Sonne.

Auf einer Schotterpiste fahre ich hinunter zu den Salineras von Maras, die mir von Weitem entgegenstrahlen. An den Hängen befinden sich 3000 Becken, ein riesiges Mosaik aus Braun- und Rottönen. Dazwischen gleißendes, blendendes Weiß. In einem Märchen wäre dies der Ort, an dem Schnee hergestellt und von dort in den Himmel geschickt wird, um sich über die ganze Welt zu verteilen; tatsächlich dienen die Becken der Herstellung von Salz. Das dunkle Braun der Berge hebt sich ab vom fruchtbaren Grün des Valle Sagrado de los Incas, dem Heiligen Tal der Inka. Im Licht des frühen Morgens besuche ich die Ruinenstadt zwischen dem namensgebenden Machu Picchu und dem Huayna Picchu, der in Postkartenmanier das mystische Flair bedient. Eine träge Wolke liegt um seine Spitze, als wäre der Berg unter einer Decke und noch nicht richtig erwacht. Er hat die Form eines Zuckerhuts und erinnert mich an die spitze kirgisische Kopfbedeckung, den Kalpak. Die Formen der Welt wiederholen sich.

Mit 2500 anderen Touristen schiebe ich mich durch die alten Mauern und höre einem Touristenführer zu, der sein Bestes gibt, um die Inka zu entmystifizieren. Von wegen königlicher Rückzugsort, seiner Meinung nach waren die meisten nur Bauern, die Ruinenstadt stamme aus der Zeit zwischen 1450 und 1600 und sei zu achtzig Prozent nachgebaut. Man wisse nicht, warum die Stadt von den Inka aufgegeben wurde und in Vergessenheit geriet, aber entweder sollen Bürgerkriege etwas damit zu tun gehabt haben oder die spanische Eroberung Perus. Dann wird er doch noch etwas rührseliger: »Man will seinen Feinden, die einem alles nehmen, schließlich nicht das Schönste geben, das man besitzt.«

Es sieht hier genauso aus wie auf allen Fotos, die ich vom Machu Picchu gesehen habe – nicht besser, nicht schlechter, einfach gleich. Dass alle Erwartungen erfüllt werden, geht fast ein bisschen zu glatt, und obwohl ich nicht enttäuscht bin, lässt es mich seltsam kalt. Reibungslos erfüllte Erwartungen gehen eben nur selten einher mit tiefem Erstaunen.

Vom Machu Picchu treibt es mich wieder ins Flachland. Ich fahre in den Küstenort Paracas. Schon nach kurzer Zeit bin ich entnervt vom Sand, der plötzlich überall in meiner Kleidung ist. Ich bin sowieso zu unruhig, um still in der Sonne zu liegen. Da sterben im Norden Perus Menschen, und ich will genau dorthin. Nach zwei Tagen halte ich den Müßiggang nicht mehr aus und mache mich auf den Weg in die Hauptstadt.

Die Innenstadt von Lima scheint vom Chaos im Rest des Landes unberührt. Die Sonne scheint, Jongleure unterhalten die wartenden Autos an roten Ampeln, die Restaurants sind jeden Abend gefüllt – während nur wenige Kilometer weiter nördlich allen das Wasser bis zum Hals steht. Obwohl Lima kulinarisch beeindruckend ist, will ich bald weiter; nur kurz können mich die Meerschweinchen ablenken, die man hier zu Abend isst, die fremdartigen Fische oder die Früchte aus dem Amazonasregenwald, wie die Cherimoya, eines der nahrhaftesten Lebensmittel der Welt, das nach Banane, Ananas und Zimt schmeckt, und die Sapote, die an Schokoladenpudding erinnert. Tägliche unverhoffte Geschmacksexplosionen in dieser wuseligen Großstadt, die mit ihren Wohnklötzen vor strahlend blauem Himmel mit den Bergen im Landesinneren zu konkurrieren scheint, diesen ungleichen Zweikampf aber nur verlieren kann.

Obwohl das Internet sonst immer alles zu wissen scheint, schweigt es beharrlich, als ich versuche, an Informationen über die Straßenzustände in den überschwemmten Gebieten zu kommen. Um Auskunft aus erster Hand zu erhalten, gehe ich täglich in einen Motorradladen. Wie lange das noch so gehen kann? Eine Woche, eher zwei oder drei. Ein Paar kommt auf dem Motorrad aus dem Norden an, sie erzählen von reißenden Flüssen und Überfahrten mit dem Boot, wo einst die Panamericana war. Von Mangel an Trinkwasser, Schlammlawinen und einer zerstörten Infrastruktur. Mir bleiben nur zwei Möglichkeiten: die Strecke trotz Katastrophenwarnung zu fahren; oder, das Motorrad von hier nach Panama zu verschiffen. Ich sträube mich gegen das Verschiffen, obwohl ich Cleo früher oder später sowieso auf ein Boot laden würde müssen, da es zwischen Kolumbien und Panama keine Straßenverbindung gibt. Zwar heißt es, dass die Panamericana Nord- und Südamerika verbindet, aber das ist eine Lüge. Jeder, der von Süd- nach Mittelamerika möchte, muss spätestens in Kolumbien einen Weg um diese Straßenlücke finden. Auf panamaischer Seite soll die fehlende Verbindung Urvölker und den Nationalpark an der Grenze schützen, auf kolumbianischer Seite macht das Delta des Atrato das Gebiet zu einem unwegsamen Marschland – und zum Revier der kolumbianischen Guerillas und der Drogenmafia. Also entscheide ich mich zunächst für das, was ich eigentlich nicht möchte (warten), um dem, was ich möchte (eine richtige Entscheidung treffen), näher zu kommen.

In Lima ist das Meer zwar präsent auf den meisten Speisekarten, aber außer dem Geruch von nicht ausreichend gekühltem Fisch, der manchmal um die Ecken weht, kaum präsent im alltäglichen Leben der Stadt. Entlang der Küste führt eine sechsspurige Schnellstraße, die kargen Stadtstrände sind nur wenige Meter breit und oft schwer zugänglich. Die Einheimischen sitzen auf ihren Klappstühlen und schauen auf das Meer, dessen Rauschen sich mit dem der vorbeifahrenden Autos vermischt. Touristen wie ich sind hingegen leicht erkennbar: Wir haben nur ein Handtuch dabei und versuchen verzweifelt, zwischen den handtellergroßen Steinen eine einigermaßen angenehme Liegeposition zu finden. Trotzdem surfe ich dort täglich. Der Rhytmus der Wellen ist langsam und konstant, ein Gegenpol zu dem der Stadt. Es strengt mich an, so viele verschiedene Geschwindigkeiten unter einen Hut zu bringen: meine eigene, die mir vorwirft, dass ich meine Zeit vergeude, dass es noch so viel zu sehen gibt, die mich vorantreiben will und immer nach mehr und nach weiter schreit; die der Stadt, die meine eigene zum Wettlauf herausfordert; und die der Wellen, das Tempo des Meeres, das mich noch immer aufnimmt wie eine alte Bekannte, auch wenn ich ihm jahrelang den Rücken zugekehrt habe. Jetzt bin ich wieder im Wasser, und es erinnert mich an den Sommer, in dem ich es verließ.

Als ich fünfzehn war, kam der Sommer, der das Ende bedeutete. In meiner Jugend hatte ich wegen des Leistungssports nicht viel Zeit, all die Dinge zu tun, die Jugendliche normalerweise viel früher entdecken. Jeden Tag blieben mir und meinen Schwimmkameraden die zwanzig Minuten, die der Weg dauerte, um vom Schwimmbad zur U-Bahn zu laufen. Zwanzig Minuten für eine Flasche Bier, zwanzig Minuten für eine heimlich gerauchte Zigarette, zwanzig Minuten, um sich zu verlieben. Letztes schafften nur die wenigsten von uns. Der Anfang war zwar schwer gewesen, aber nach einer Weile waren wir alle darauf konditioniert, in einer Gruppe zu funktionieren und mit anderen auszukommen. Im Wasser, da war man allein, aber ansonsten immer im Team. Je älter wir wurden, desto mehr wuchsen wir zusam-

Länderhopping: Kurzer Gruß von der Grenze von Honduras zu El Salvador und dann mal wieder einer der schönsten Sonnenaufgänge über den Mayaruinen von Tikal in Guatemala.

Leben am Limit: Der Copper Canyon in Mexiko ist insgesamt viermal so groß wie der Grand Canyon und gehört zum Gebirge der Sierra Madre Occidental.

Die USA und Kanada hielten neben meinem Reisegefährten Arne ein paar Überraschungen bereit: Ich begegnete guten und bösen Harleyfahrern, Grizzlybären, einer langweiligen Route 66, Wohnwagenkultur und Wildcamping und bereiste den Icefield Parkway.

Plötzlich schlief ich wirklich in den amerikanischen Motels, die ich bisher nur aus Filmen kannte – bis mich eines Nachts Bettwanzen besuchten.

Orangerote Felsformationen gibt es wahrscheinlich nirgends schönere als in Utah und Arizona: zum Beispiel im Valley of Gods oder im Antelope Canyon, die ich gemeinsam mit Arne erkundete.

Zweieinhalb Monate verbrachte ich in Nordamerika, weil es so viel zu entdecken gab. Zum Beispiel: Sand so weiß wie Schnee in New Mexico und Wälder aus Espenbäumen in Colorado.

Sprung über den Großen Teich: Marokko fühlte sich schon fast an wie zu Hause. Auf einem Bergpass im Dadestal winkte ich den Einheimischen, bevor ich über die blaue Stadt Chefchaouen den Weg nach Europa einschlug.

Ein letztes Mal Stillstand in Dakhla in der Westsahara, bevor es zurück nach Europa ging, wo in Spanien und den französischen Pyrenäen der Herbst so richtig angekommen war.

men und desto wichtiger wurden diese Freundschaften, denn wir hatten keine Zeit für andere. Trotzdem muss es einer von uns gewesen sein, der uns verriet: Eines Tages bekam unser Trainer Wind von unseren Zwanzig-Minuten-Eskapaden nach jeder Trainingseinheit, die die einzige Freiheit und Rebellion war, die wir uns erlaubten. Das Donnerwetter ließ nicht lange auf sich warten. Ein Orkan blies von vorn, aber er prallte an unserer stoischen Gelassenheit ab. Wir waren es gewohnt, angeschrien zu werden, weil wir zu langsam waren, unsere Bewegungen nicht sauber genug, oder einfach als Ansporn.

»Wie könnt ihr eure Zeit so verschwenden! Eure Gesundheit, euer Talent!« Dann versuchte er es verzweifelt: »Ist es das, wofür ihr euer Leben lang trainiert habt? Wollt ihr trinken und Party machen oder richtige Athleten sein?« Dann schrie er wieder. »Ich habe euch nicht zu solchen Menschen erzogen! Ihr macht einen ganz großen Fehler.«

Wir schauten ihn mit ausdruckslosen Gesichtern an und lachten innerlich. Doch dann begann er zu weinen. Ich hatte ihn noch nie weinen sehen. Dieser Moment der Schutzlosigkeit, der Enttäuschung, vielleicht auch der Einsicht, dass er es doch mit normalen Jugendlichen zu tun hatte und nicht mit Maschinen, die er je nach Talent bis Olympia heranzüchten konnte, sie rührte auch etwas in mir. Vielleicht sah er etwas in uns, das wir nicht waren, das wir nie werden würden.

Nachdem er sich alles von der Seele gebrüllt hatte, schwammen wir. Das Wasser nahm uns auf wie immer. Aber irgendwas hatte sich verändert.

»Ich höre auf mit dem Scheiß!«, knurrte zwei Stunden später mein Freund Benni. Ich war entsetzt. Ohne Benni würde sich alles verändern.

»Du willst einfach gehen und uns im Stich lassen?«

»Ich will nicht gehen, ich will einfach nur leben.«

Einfach nur leben, eine Möglichkeit, die mir noch nie richtig in den Sinn gekommen war. Als ich an diesem Tag das letzte Stück in der U-Bahn allein nach Hause fuhr, dachte ich darüber nach, was er mit »einfach leben« meinte und wie dieses Leben überhaupt aussehen sollte. Es kam mir vor, als könne es gar nicht genug Dinge geben, um die ganze Zeit zu füllen, die wir ohne das Training übrig hätten. Mein Herz zog sich schmerzvoll zusammen. Denn dazu kam eine andere, neue Einsicht, die mich hart aus dem Hinterhalt traf: Diese Gruppe, in der ich endlich einen Platz gefunden hatte, würde nicht ewig weiter existieren. Ich war noch nicht einmal sechzehn, aber vielleicht war das meine erste große Krise. Ein Moment, in dem das vorherige Leben nutzlos scheint. Ich bemerkte zum ersten Mal, dass ich zehn Jahre meines Lebens etwas getan hatte, das eigentlich keine Zukunft hat. Wenn diese Gruppe in die Brüche gehen würde, wenn diese Gruppe nicht mehr meine wäre, dann könnte ich kein Teil mehr irgendeiner Gruppe sein, dann würde auch ich keinen Grund mehr haben, noch weiter zu schwimmen.

Für uns alle war das Ende der Leistungssportkarriere eine Aufgabe. Wir taumelten in die ungewisse Weite leerer Tage, die wir plötzlich mit neuem Sinn füllen mussten. Was kann ich, und wer bin ich überhaupt? Wir waren direkt gelandet in einer Welt, die Selbstoptimierung und Konkurrenzdenken auch im Alltag begrüßt. Und so versuchten wir möglichst schnell, möglichst alles zu optimieren: unseren Lebenslauf, unsere Beziehungen und sogar die Partys, auf die wir gingen. Man sagt, dass ehemalige Spitzensportler suchtgefährdeter sind als andere Menschen, da sie nach Ersatz für die Endorphine suchen, die bei jedem Wettkampf und Sieg automatisch ausgeschüttet werden. Wir tanzten, wir tranken, wir rauchten und taten genau das, was unseren damaligen Schwimmtrainer zum Heulen gebracht hatte. Wir vergeudeten unser Talent und unsere Gesundheit, opferten alles dem kurzen Vergnügen. Die Zeit, die wir vermeintlich übrig hatten, und unsere Selbstständigkeit flunkerten uns Freiheit vor. Aber wir waren noch immer gefangen in denselben Strukturen ständiger Optimierung – uns der Gefahr nicht bewusst, für immer in diesem Tempo, das wir von unserem täglichen Drill gewohnt waren, weiter zu rasen, bis wir irgendwann kaputt zum Stehen kommen würden.

»Hallo, nach Barranco bitte«, sage ich jetzt meinem Uber-Fahrer, der mich hier am Strand einsammelt – einer der Vorteile, wenn man sich direkt an einem Parkplatz sonnt. Online erreichbar zu sein, macht mich im echten Leben zwar stummer, weil ich nicht mehr fragen muss, sondern einfach googeln kann oder mich orten, wenn ich mich verlaufen habe. Aber zugleich macht das Internet mein Leben auch leichter und sicherer. Ich kann jetzt Uber benutzen, das dank des Onlinetrackings und der verifizierten Fahrerprofile inzwischen als sicherstes Fortbewegungsmittel in fast allen südamerikanischen Großstädten gilt.

»Barranco!«, sagt mein beleibter Uber-Fahrer und hält seinen Daumen zustimmend nach oben. »Ich wohne da mit meiner Familie.« Barranco ist das Viertel der Boheme, der Künstler und der Macha-Lattes abseits der Wolkenkratzer. Alle Annehmlichkeiten sind bereits vorhanden, aber die Ursprünglichkeit ist noch nicht vollkommen zerstört. Ein labiles Gleichgewicht, das jederzeit kippen kann und das auch vom Tourismus bedroht wird.

Ich sitze schräg hinter dem Fahrer auf der Rückbank und kann sein Gesicht kaum sehen, aber seine Stimme klingt sympathisch.

»Warst du schwimmen?«, fragt er mich.

»Ja, das Wasser ist erfrischend ... es rückt für mich alles in die richtige Perspektive und erinnert mich daran, innezuhalten, weil ich nichts erzwingen kann. Ich bin mit dem Motorrad unterwegs und will in den Norden, aber wegen der Unwetter geht das nicht.«

Er nickt. »Diese Überschwemmungen ... das ist schlimm. Zum Glück wohnt meine restliche Familie im Süden am Meer ... die Gegenden sind als einzige verschont geblieben.«

Aus dem Radio ertönen mit krachendem Empfang unverkennbar die ersten Akkorde von »Despacito«, das in jedem südamerikanischen Land seit Wochen ein solcher Dauerbrenner ist, dass sogar ich inzwischen Teile des Texts auswendig kenne. Der Fahrer dreht die Lautstärke augenblicklich in einen trommelfellgefährdenden Dezibelbereich. In schiefem Duett beginnen wir mitzusingen, als würden wir uns gegenseitig mit unseren falschen Tönen übertrumpfen wollen. Die letzten Klänge verstummen, und er räuspert sich.

»Du hast Glück .... Du hast Zeit, schwimmen zu gehen. Ich liebe das Meer und das Wasser, finde aber nie Gelegenheit.« Er seufzt. »Ich habe einen Job in einer Bank, und danach fahre ich Uber. Jeden Tag fahre ich mindestens zehn Mal diese Straße hier am Meer entlang. Ich habe sogar eine Badehose dabei, weil ich mir morgens denke, dass ich abends, bevor ich heimfahre, schnell ins Meer springe. Aber dann will der letzte Kunde doch woanders entlang, das Essen ist fertig, oder ich muss meine Kinder vom Unterricht abholen.«

»Du gehst nie schwimmen, obwohl das Meer so nah ist und du es liebst?«

Er schüttelt den Kopf. Ich schaue auf mein Handy, in der Uber-App steht der Name meines Fahrers.

»Ricardo, dreh um! Ich muss noch einmal zurück.«

Ohne mit der Wimper zu zucken, nimmt Ricardo die nächste

Abzweigung vom Highway am Meer, keine Fragen, kein Misstrauen und vollkommene Gelassenheit, auch wenn ihn alle wegen des Manövers anhupen.

»Park bitte da auf dem Parkplatz. Ja genau, da drüben! Es könnte etwas länger dauern, falls dich das nicht stört.«

Natürlich stört das Ricardo nicht. Mit der für Peruaner üblichen Leidenschaft für lebensbedrohliche Situationen beim Autofahren manövriert er seinen Wagen haarscharf durch die Einfahrt zum Parkplatz an zwei stinkenden überquellenden Mülltonnen vorbei und kommt so knapp neben einem anderen Auto in einer Lücke zum Stehen, dass ich über die Rückbank auf die Fahrerseite rutschen muss, um auszusteigen. »Aussteigen!«, fordere ich ihn auf. »Und jetzt, lieber Ricardo, ziehst du deine Badehose an, und wir gehen schwimmen!«

»Aber ...«

»Kein Aber, die Uber-Uhr läuft!«

Ich setze eine strenge Miene auf und spaziere dreimal vor dem Auto auf und ab, um zu zeigen, wie ernst es mir ist. Ricardo seufzt, holt aber tatsächlich aus dem Kofferraum ein Handtuch und eine Badehose; umständlich zieht er sich um. Die Badehose liegt eng an und stammt wohl aus einem Jahrzehnt mit schmalerem Bauchumfang.

»Das geht doch nicht ...«

»Und warum soll das nicht gehen?«

»Na, weil ich noch arbeite!«

»Gerade arbeitest du für mich, und dein Job ist jetzt, in dieses Wasser zu springen! Hopp, hopp!«

Wir schließen das Auto ab, ich nehme den Schlüssel an mich und treibe den armen Ricardo vor mir her, bis er knietief im Wasser steht. Dann lacht er und springt in die nächste Welle. Im Wasser bewegt sich Ricardo ganz leicht und geschmeidig; er ist in seinem Element, lässt sich mit dem Rythmus der Wellen treiben, wie ich es jahrelang getan habe und jetzt wieder jeden Tag des Wartens tue, und hat es plötzlich gar nicht mehr so eilig. Ich muss schmunzeln. Wie sich die Bedeutung doch wandeln kann, wenn man den Dingen genug Raum und Zeit lässt, das zu werden, was sie sein können. Nichts ist unwiderruflich in Stein gemeißelt, das Wasser wird immer stärker sein und den Fels mit der Zeit aushöhlen. Das Wasser, das eine so große Rolle in meinem Leben gespielt hat, das erst mein Gefängnis war und jetzt mein Retter im Müßiggang ist. Ein Ende, das ist eben immer auch ein neuer Anfang, die Chance, etwas zu verändern, etwas zu werden, das einem mehr entspricht. Ich muss in diesem Moment an Igor denken. Inzwischen schicken wir uns jede Woche ein paar Nachrichten. Meistens schickt er mir Bilder von seinen Motorradtrips, von seinem Gesicht mit den entzückenden Segelohren, von Bier. Ich schicke ihm vor allem Bilder von Cleo, die ihm fast noch wichtiger zu sein scheint als ich. Wir haben uns nicht verloren.

Als Ricardo aus dem Wasser kommt, strahlt er über das ganze Gesicht. »Man vergisst, was man gern mag, wenn man es nie tut.«

Ich nicke. »Ja, ich glaube, wir können unseren Körper und unser Gehirn auf vieles konditionieren – warum dann nicht darauf, die Dinge einzufordern, die uns froh machen?«

»Na, weil man nie Zeit hat.«

Ich schüttele den Kopf und lache. »Wer nicht genug Zeit hat, der setzt keine Prioritäten.«

Während sich Ricardo in der untergehenden Sonne trocknet, rechne ich ihm vor: nur etwas weniger Fernsehen, im Internet surfen oder ein besserer Filter für Spamnachrichten – selbst wenn wir nur zwanzig Minuten am Tag etwas tun, das wir gernhaben, dann sind es 121 Stunden im Jahr, mehr als fünfzig Tage in zehn Jahren und mehr als ein halbes Jahr in vierzig. In 121 Stunden kann man viel lernen. Zum Beispiel noch mehr von dem zu tun, was man gern tut.

»Wie lange lag deine Badehose eigentlich schon im Kofferraum?«, frage ich Ricardo. Wir sitzen wieder im Auto. und er bringt mich nun wirklich nach Barranco.

»Zwei Jahre.« Im Radio rattern die Nachrichten herunter. Ricardo schüttelt traurig den Kopf. »Schrecklich, dass man hier in der Sonne baden kann und ein paar Kilometer weiter Menschen in den Schlammfluten ertrinken.«

»Ja, ist das nicht absurd? Aber wie kann man helfen?«

»Im Moment gar nicht. Nur, indem man sich nicht auch noch einmischt und zur Belastung für die Betroffenen und Helfer wird.«

»Egal was man tut, es fühlt sich immer falsch und unpassend an.«

»Ich weiß, man möchte helfen – aber außer spenden und hoffen, dass davon wirklich die abgeschnittenen Dörfer mit Lebensmitteln, Wasser und Medikamenten versorgt werden, kann man nichts tun.«

Ich sitze neben Ricardo auf dem Beifahrersitz und schaue ihn an. Plötzlich ist mir klar, dass mein Abenteuer dort zu Ende sein muss, wo ich in ein Gebiet fahre, in dem der Katastrophenstatus ausgerufen ist, ich keine Hilfe leisten kann und im schlimmsten Fall sogar selbst auf Hilfe angewiesen bin. In dem ich kostbare Ressourcen wie Trinkwasser verbrauche, die anderen fehlen. Die innere Unruhe, die immer Besitz von mir ergreift, wenn ich keinen richtigen Plan habe, ist plötzlich wie weggeblasen.

»Ricardo, ich verschiffe mein Motorrad von hier nach Panama. Du kennst nicht zufällig jemanden, der in einem Kargounternehmen arbeitet?«

Er schaut mich von der Seite an. »Du siehst viel zufriedener aus.«

»Ja, manche Dinge muss man einfach machen – und andere einfach sein lassen, um gelassener zu werden. Ich glaube, ich habe heute gelernt, Stopp zu sagen.«

Ricardo lacht, und das Auto kommt mit quietschenden Reifen vor dem Hostel in Barranco zum Stehen. Wie hier in Peru unter Freunden üblich deutet Ricardo zum Abschied einen Wangenkuss an. Er riecht noch immer nach Salz und nach Meer. Dann kritzelt er etwas auf einen Zettel, den er mir in die Hand drückt.

»Mein Cousin arbeitet in einer Kargoagentur. Ich lege ein gutes Wort für dich ein, dann bekommst du einen besseren Preis.«

Ich gebe ihm im Austausch meine Karte.

»Danke. Falls du mal wieder jemanden brauchst, der dich ins Meer treibt.«

»Nein, ich weiß ja jetzt, wie leicht das ist. Aber vielleicht kannst du bei Tayta Inti ein gutes Wort für uns einlegen. Du scheinst sehr gut darin zu sein, alles, was du dir vornimmst, in Erfüllung gehen zu lassen.«

Ich wiege den Kopf und wünsche mir zum ersten Mal, ich hätte einen besseren Draht zu den Göttern. Aber immerhin habe ich gelernt, dass es sehr menschlich ist, Pläne immer wieder dem Leben anzupassen.

Vertrauen

KANNST DU DIR SELBST VERTRAUEN?
WEM WIRST DU FOLGEN,
WENN DU DEN WEG NICHT MEHR KENNST?
FÜHRT VERTRAUEN AN EINEN ORT,
DEN MAN ALLEIN NICHT ENTDECKEN KANN?

Tiger und der kleine Bär

PANAMA, PANAMA-STADT

KILOMETER: 45 300

Ich habe unbändige Lust auf Kuchen! Für ein gutes Stück Kuchen gehe ich jeden Weg, es steht für mich ungefähr auf einer Stufe mit einer tollen Aussicht oder einem Nationalpark.

Wie Janoschs Bär und Tiger bin ich zu Hause mit dem Gedanken aufgebrochen:»Oh, wie schön ist Panama!« Die beiden kommen im Land ihrer Träume nie an, sondern laufen in einem großen Kreis wieder nach Hause, wo sie merken, dass es dort doch am schönsten ist. Ich bin aber nun tatsächlich in Panama angekommen.

Vor ein paar Jahren habe ich die Hauptstadt des Landes schon einmal besucht, doch in Erinnerung ist mir nicht etwa das koloniale touristische »Casco Viejo« geblieben mit den bunten Häusern, die sich pittoresk auf ihrer Halbinsel erheben, oder die Skyline aus düsteren Wolkenkratzern – sondern Kuchen. Torten, um genau zu sein. Dort, wo die touristische Altstadt in einer Fußgängerzone endet, an der sich nicht mehr gentrifizierte Green-eating-Restaurants und Bars aneinanderreihen, sondern ein billiger Schuhladen dem nächsten folgt und der Geruch von billigem Polyester in der Luft hängt, habe ich ziemlich genau fünf Jahre zuvor eine Konditorei entdeckt, von der ich noch immer träume. Ich habe extra nichts gefrühstückt, denn heute will ich mich nur von Kuchen ernähren. Also laufe ich durch die kleinen, verwinkelten Gassen: Habe ich nicht damals genau an dieser Stelle, vor diesem abgeblätterten kolonialen Haus, ein Foto gemacht, nicht genau dort unter dem kleinen Balkon mit ausladender Balustrade Zuflucht vor dem warmen Platzregen gesucht? Als ich um die hundertste dunkle Ecke biege, die ich zu kennen meine, muss ich mir eingestehen, dass ich mich verlaufen habe; bedrohlich ragen verfallene mehrstöckige Häuserblöcke neben mir auf. »Eden« steht auf einer der Fassaden, das d hängt schief, als wäre das Paradies aus den Fugen geraten. Ich könnte auf mein Handy schauen, verwerfe die Idee aber sofort. Es kommt mir vor, als würden mich viele unsichtbare Augenpaare aus den scheibenlosen Löchern in den Wänden anstarren, als würden sie nur darauf warten, dass ich einen Fehler begehe. Unwohlsein übermannt mich; ich fühle mich wie ein Eindringling. Am liebsten würde ich losrennen. Stattdessen: ruhig bleiben. Durchatmen. Und so tun, als wäre alles Absicht, als hätte ich schon immer ein Ziel gehabt, auf das ich unbeirrt zusteuere. Mein rechter Schnürsenkel löst sich. Egal, nicht anhalten, keine Aufmerksamkeit erregen. Entschlossen biege ich um die nächste Ecke, trete auf meinen Schnürsenkel und schlage der Länge nach auf das harte, staubige Kopfsteinpflaster. Mist. So viel zum Unauffälligsein. Als ich gerade wieder aufstehe, tritt ein Mann aus dem Schatten der Häuserblöcke. Möglichst selbstbewusst versuche ich an ihm vorbeizugehen, ohne ihn eines Blickes zu würdigen. Als ich auf seiner Höhe bin, springt er plötzlich vor und versucht mich zu packen. Ich pralle erschrocken zurück, taumele, fange mich wieder und gehe sofort weiter. Er ruft mir etwas zu. Ich verstehe es nicht, laufe, drehe mich nicht um. Dann lacht er. Das Lachen ist höhnisch und ohne Freundlichkeit. Hinter mir Schritte auf dem Kopfsteinpflaster. Nicht umdrehen, nur weiter. Trotz der drückend schwülen Hitze bekomme ich eine Gänsehaut. Obwohl Angst mir den Hals zuschnürt, ärgere ich mich über mich selbst: Normalerweise bin ich in großen Städten vorsichtiger und wachsamer als anderswo, aber da ich bereits einmal hier war, habe ich mich in Sicherheit gewiegt. Das hat mich unvorsichtig werden lassen.

Von hinten greift mich eine Hand am Arm. Ich versuche mich loszureißen, aber die Finger halten meinen Arm wie ein Schraubstock. Schreien? Schlagen? Kratzen? Beißen? Ich überlege eine Sekunde zu lange. Mit seiner anderen Hand greift der Mann nach meiner Tasche und drückt mich an die Wand.

»Loslassen!«, fahre ich ihn an.

Aber davon lässt er sich nicht abhalten. Wir rangeln miteinander, und als mich gerade die Kraft verlässt, ertönt eine zarte, aber bestimmte Stimme. Für Sekundenbruchteile ist der Mann abgelenkt und dreht sich von mir weg. Ich nutze meine Chance, reiße meinen Arm und meine Tasche aus seinem Klammergriff und springe zurück. Neben uns steht ein kleines Mädchen, zierlich, vielleicht neun Jahre alt, die dicken, glatten dunkelbraunen Haare zu einem Zopf gebunden, ein dreckiges T-Shirt, ein kurzer, zerrissener Rock, das Gesicht schmutzig. Der Kopf reicht mir bis knapp über die Hüfte, auf dem Rücken trägt sie einen kleinen, abgetragenen pinkfarbenen Rucksack. Sie schaut erst mich mit großen Augen an und dann den Mann. Über ihr Gesicht huscht ein Schatten, und ich sehe voll Erstaunen, wie das zarte Geschöpf mit unbeirrbarer Bestimmtheit noch einen Schritt auf den Mann zugeht und sich zwischen ihn und mich stellt. Ich bleibe stehen, weil ich Angst habe, dass er jetzt ihr etwas tut. Sie schaut dem Mann von unten ins Gesicht, sagt ein paar scharfe Worte, die ich ebenso wenig verstehe wie das, was der Mann zuvor zu mir gesagt hat. Dann dreht sie sich um und rennt zu mir. Gemeinsam fallen wir in einen wortlosen schnellen Marsch. Als wir um die nächste Ecke biegen, werfe ich einen verstohlenen Blick über die Schulter und sehe den Mann in der Gasse stehen. Er schaut uns hinterher, macht aber keine Anstalten, uns zu folgen.

»Hombre malo«, ein böser Mann, sagt das Mädchen, als es meinen Blick bemerkt.

Dann nur noch: »Loco«, was so viel bedeutet wie »verrückt«.

Ich bin mir nicht ganz sicher, wen sie damit meint: mich, weil ich allein durch diese Gegend laufe, oder den Mann. Als ich mich erneut umsehe, nickt sie bestätigend und wiederholt: »Loco.« Dann schiebt sie ihre Hand in meine. Ich denke an Arisara, das Mädchen aus Bangkok – nur dass diesmal die Rollen vertauscht sind. Nun beschützt ein kleines Mädchen die Reisende aus Europa.

»Wie heißt du?«, frage ich sie.

Sie schaut nicht auf und antwortet mir nicht. Zehn Minuten gehen wir schweigend nebeneinander durch die dunklen Gassen, begleitet von einem leichten Geruch von Verwesung. Ich beginne mich zu fragen, ob auch sie sich verlaufen hat. Doch als wir wieder um eine Ecke biegen, öffnet sich die Gasse plötzlich zu der großen Fußgängerzone, von der ich abgebogen war. Das Mädchen lässt meine Hand los und dreht sich wortlos um.

»Gracias!«, rufe ich ihr hinterher. Sie bleibt stehen, dreht sich doch noch einmal um und schaut mir in die Augen. Ihre Miene ist ernst, noch immer lächelt sie nicht. Sie nickt mir zu, schaut mich an, ihre tiefschwarzen Pupillen verschmelzen mit der dunklen Iris. Ich habe diese Augen schon gesehen, in verschiedenen Farben, in verschiedenen Gesichtern, in Kirgistan, Nepal und in Indien. Augen, die nur noch selten lachen und wirken, als wären sie schon Jahrzehnte alt – weil diese Kinder zu schnell erwachsen werden mussten.

Der rosafarbene kleine Rucksack wippt auf ihrem Rücken, als sie in der dunklen Gasse verschwindet, ganz so, als würde sie gerade von einer Spielkameradin nach Hause laufen. »Pass auf dich auf«, murmele ich, als sie endgültig aus meiner Sicht ist. Dann muss ich voll trauriger Bewunderung lächeln: Dieses Mädchen kann schon jetzt besser auf sich aufpassen als ich auf mich. Ich habe erst auf dieser Reise zu verstehen begonnen, was es wirklich bedeutet, den Ernst des Lebens kennenzulernen – und wie glücklich wir uns schätzen können, wenn wir ihm nie begegnen müssen.

Nächtliche Besucher

USA, SUN BELT

KILOMETER: 56 700

Wie siamesische Zwillinge schmiegen sich die beiden Städte
Ciudad Juárez und El Paso aneinander. Der eine Zwilling hat
Arbeitsplätze, der andere Arbeitskräfte. Sie trennt nur ein
Fluss, der Río Grande, der die Grenze zwischen Mexiko und
den USA markiert. Ich fahre in die mexikanische Stadt, vorbei
an pinkfarbenen Kreuzen in den Vororten, die an die Frauen
erinnern sollen, die in Ciudad Juárez Gewaltverbrechen zum
Opfer fielen. In den vergangenen Jahren lagen morgens immer
wieder Leichen in den Gassen oder auf den Brachflächen vor
den Toren der Stadt – weggeworfen wie Müll. Ciudad Juárez
gilt als Hauptstadt der Drogenkartelle wie der Frauenmorde
und ist eine der gefährlichsten Städte der Welt, El Paso wiederum ist eine der sichersten Städte Amerikas. Ich rolle mit Cleo
durch das Zentrum von Ciudad Juárez und sehe Alltag. Ein
Straßenmusiker schlägt an einer Ecke auf seine verstimmte
Gitarre ein, an den Häusern hängen Coca-Cola-Plakate, und
auf den Straßen bieten Verkäufer Obst und Gemüse in kleinen
Plastikkörben an. Ich frage mich, ob die Frauen dieser Stadt in
ständiger Angst leben. Wie es ist, wenn man weiß, dass Mord

keine Konsequenzen hat, wenn niemand wirklich an der Aufklärung der Verbrechen interessiert ist – weder Behörden noch Politik?

Jeden Tag überqueren in Ciudad Juárez Tausende mexikanische Arbeiter die Grenze zu den USA, die meisten zu Fuß. Ich habe mich auf Probleme vorbereitet, auf die Vorboten der geplanten Grenzmauer. Aber mein Zweitpass, mein bereits vorhandenes elektronisches Visum und meine weiße Hautfarbe machen mich hier zu einer Person erster Klasse. Niemand weiß, dass ich bereits Pakistan und den Iran besucht habe. Weglassen, denke ich mir bei der Grenzbefragung, ist ja nicht gleich lügen. Kein Stempel für das Motorrad, keine Zollformalitäten, kein unendlicher Papierkrieg, ich muss weder die Versicherung für das Motorrad vorzeigen, noch wird mein Gepäck kontrolliert.

»Einen schönen Aufenthalt in den Vereinigten Staaten von Amerika!« Ich schaue den Grenzer überrascht an. Das lief so glatt, dass es mich geradezu misstrauisch macht. Aber Probleme gibt es hier nur für die Mexikaner, die stundenlang im Stau an der Grenze warten, um El Paso als günstige Arbeitskräfte am Laufen zu halten.

Ich fahre durch New Mexico, besuche einen Nationalpark, in dem der Sand aus Gips besteht und so weiß ist wie Schnee, rolle im Morgengrauen in Arizona den Grand Canyon entlang, der sich mit den ersten Sonnenstrahlen wie ein orangeroter Schlund vor mir erstreckt. Dann stoße ich auf den Ort, der Träume wie meine produziert. Oder wie Nat King Cole singen würde:

> *If you ever plan to motor west*
> *Travel my way, take the highway that is best*
> *Get your kicks on Route sixty six*«

Vielleicht liegt es daran, dass ich die Anweisungen nicht richtig befolge und von Osten nach Westen fahre, aber die Route 66 ist vor allem sehr gerade und sehr langweilig. Abends esse ich in den immer gleichen Burgerläden, bis ich mir vorkomme, als würde ich selbst das frittierte Fett ausdünsten, und schlafe in überteuerten wie schäbigen Motels, die ich eigentlich nur aus Filmen kenne, die aber genau so Realität sind – nur ein bisschen dreckiger, weil Dreck im echten Leben einprägsamer ist.

Ich erfahre, dass mein Vater in ein paar Tagen ein neues Hüftgelenk bekommen soll.

»Standardoperation, bleib wo du bist«, wischte er meinen Vorschlag beiseite, dass ich nach Deutschland komme. Ich versuche, mich selbst zu beruhigen. Jetzt, da ich in Amerika bin, so meint auch meine Mutter, sei ich ja jederzeit erreichbar. Über die Highways könnte ich innerhalb eines Tages in Los Angeles sein und von dort direkt nach Deutschland fliegen. Am Tag der Operation meines Vaters schlafe ich kaum. Stundenlang starre ich taub auf mein Telefon, ohne irgendwas zu tun. Dann summt mein Handy.

»Alles gut gegangen! Und jetzt genieß die USA!«, sagt meine Mutter, und sie klingt genauso erleichtert, wie ich es bin.

Vielleicht klappt es mit dem Genießen besser, wenn ich wieder so reise, wie ich es gewohnt bin: Kontakt zu den Einheimischen suchen, mehr über das echte Leben herausfinden, anstatt nur die Sehenswürdigkeiten und zweifelsohne beeindruckenden Nationalparks von Arizona, Nevada und Kalifornien abzuklappern. Also fahre ich auf einer abgelegenen Schotterstraße in die Sonorawüste, um der Tristesse der Motels und Burgerbuden zu entfliehen. Der Staub der Straße legt sich in der sengenden Hitze über Cleo und mich, mein Atem geht schneller, es ist, als wäre in der heißen Luft nicht genug Sauerstoff.

Endlose Reihen bunter Briefkästen ziehen in meinen Augenwinkeln am Rand der Straße vorbei, sie lassen auf Häuser irgendwo weit im straßenlosen Hinterland schließen. »Vote Trump!« steht auf bekritzelten Pappschildern an zusammengebrochenen Zäunen, obwohl die Wahl längst vorbei ist. Was wird hier, wo es nichts zu geben scheint, überhaupt eingezäunt? Sand, Land oder Träume? Je weiter ich fahre, desto mehr Wohnwagenanhänger säumen den Straßenrand, doch ohne Autos, um sie zu bewegen, und so schäbig, dass dort eigentlich niemand mehr leben kann. An einem Trailer halte ich, um in seinem Schatten Schutz vor der sengenden Sonne zu suchen und eine kurze Pause zu machen. Ich bin kaum um den Trailer gegangen, als plötzlich die Tür aufgerissen wird. Ein Mann mit Baseballcap springt heraus, in den Händen eine Schrotflinte.

»Fuck off!«, brüllt er und fuchtelt mir mit der Waffe unmissverständlich vor der Nase herum. Dieser Moment ist wohl der falsche für eine freundliche Konversation mit Einheimischen. Ich springe auf das Motorrad und bringe Cleo und mich, so schnell es geht, in Sicherheit.

Amerika hat sich für mich immer auch ein wenig nach Heimat angefühlt: die imposanten Großstädte, Menschen, die eine Sprache sprechen, die ich verstehe. Und so habe ich ein Gefühl des Heimkommens erwartet, wie in Australien. Aber ich war selten in einer Gegend, in der die Resignation greifbarer war als in diesem Teil der Wüste. Plötzlich leuchtet mir ein, dass es für »Geborgenheit« kein englisches Wort gibt. Dieser Begriff, der zugleich Sicherheit, Schutz und Unverletzbarkeit bedeutet; ein Urvertrauen darauf, dass nichts Schlimmes passieren kann. Dass man an einen Ort gehört, sich selbst und anderen vertrauen kann. Wo all das zusammenkommt, ist für mich Heimat. Aber was passiert, wenn es dort, wo wir leben, dieses Gefühl nicht gibt? Ist dann alles, was von Geborgenheit übrig bleibt, eine Schrotflinte?

Am späten Nachmittag krieche ich reumütig in das nächste Motel. »Lassen Sie die Tür zu Ihrer eigenen Sicherheit immer verriegelt« steht innen an der Zimmertür. Ich sperre zweimal zu. Unruhig wälze ich mich im Bett. Als ich wieder einmal wegdämmere, brüllen zwei Männer, dann die sich überschlagende Stimme einer kreischenden Frau. Es kracht ohrenbetäubend. Ein Schuss? An Schlaf ist nicht mehr zu denken. Auf dem Nachttisch leuchtet mein lautlos geschaltetes Handy, und in seinem Schein sehe ich neben mir auf dem Kissen kleine schwarze Punkte, die sich bewegen. Ich fahre hoch, leuchte mit dem Handy auf mein Kissen. Dort krabbelt eine Armee schwarzer Insekten. Das größte hat in etwa die Dimension eines Apfelkerns, die kleinsten sind nicht größer als ein Brotbrösel – nur dass die Überreste meines Essens normalerweise keine Choreografie in meinem Bett tanzen. Ein Tier, das ich reflexartig zerdrücke, hinterlässt einen blutig roten Fleck auf dem weißgrau verwaschenen Kissen. Angeekelt springe ich auf, schalte das Licht an und verrenke mich beim Versuch, mich selbst nach den Insekten abzusuchen. Dann schaue ich wieder auf mein Handy, es ist drei Uhr nachts. Ein verpasster Anruf und eine Nachricht meiner Mutter.

»Deinem Vater geht es nicht gut. Er ist kollabiert, hat viel Blut verloren, liegt jetzt auf der Intensivstation.«

Ich erstarre und vergesse sogar das Ungeziefer. Sofort versuche ich meine Mutter anzurufen, aber ihr Telefon ist ausgeschaltet. Ich muss etwas tun. Irgendwas. Das Ungeziefer bringt sich vor dem Schein der grellen Neonleuchten in Sicherheit. Sehr sympathisch. Ich würde mich auch gerne vor der Realität verstecken, damit sie mich unbehelligt lässt.

»Ich fahre nach Los Angeles und fliege nach Deutschland«, schreibe ich meiner Mutter. Mir fällt Tim ein. Ein Amerikaner, den ich in Usbekistan kennengelernt habe. Ich schreibe ihm eine Nachricht, obwohl ich kaum Hoffnung habe, dass er sie noch rechtzeitig liest: »Tim, ich bin in ein paar Stunden in Los Angeles. Kann ich mein Motorrad bei dir unterstellen?«

Als ich in der Morgendämmerung aufbreche, ist außer mir niemand unterwegs, keine Lichter, die mich blenden, und die Straße zieht sich schnurgerade durch die Wüste. Nur die Sichel des Mondes steht vor mir, in meinem Rückspiegel kündigt sich am Horizont die aufgehende Sonne an. So viele Sonnenaufgänge habe ich in den vergangenen Monaten gesehen – über den Mayaruinen in Tikal in Guatemala, über den 2000 Tempeln von Bagan in Myanmar, über dem Ozean in Thailand – keinen davon mit so viel Bangen wie diesen. Ein kalter Luftzug weht mir um die Nase, obwohl es tagsüber fast fünfzig Grad sind. Ich bekomme eine Gänsehaut. »Don't worry, what happens, happens mostly without you.«

Ich halte nicht, bis ich tanken muss. Eine Nachricht meiner Mutter: »Flieg jetzt nicht. Du musst für mich erreichbar sein.«

Und eine zweite von Tim: »Klar, komm vorbei!«

Dahinter eine Adresse. Ich frage mich, welcher normale Mensch morgens um vier Uhr schon wach ist, denn die Nacht ist die Zeit der Ausgelassenen oder der Geplagten.

Ich erkenne Tims bärige Silhouette schon vom Weiten. Er steht vor seiner Garage und hält mir das Tor auf.

»Entschuldige, ich muss gleich in meine Agentur zu einer Konferenz. Ich habe die ganze Nacht an dem Auftrag durchgearbeitet. Was ist passiert?«

Ich erkläre ihm, was los ist und dass ich sofort in ein Flugzeug steigen will.

»Du kannst für deinen Vater nichts tun, also ist das Wichtigste, etwas für diejenigen zu tun, für die du es kannst. Warte ab!«, sagt er, bevor er mir den Hausschlüssel in die Hand drückt.

»Fühl dich wie zu Hause. Ich komme am frühen Nachmittag wieder, dann bist du nicht so allein.«

»Danke ...«

Er will schon in sein Auto steigen, als mir die Insekten im Motel wieder einfallen.

»Tim, ich hatte gestern Nacht Tiere im Bett.« Ich beschreibe sie ihm.

»Bettwanzen!« Er schüttelt sich angewidert. »Steck deine ganzen Sachen für mindestens eine Stunde in den Trockner. Hitze tötet die Biester, sonst wirst du sie nie wieder los.«

Als er weg ist, versuche ich wieder, meine Mutter anzurufen, doch das Telefon ist wieder ausgeschaltet. Verzweifelt trete ich gegen Cleos Hinterrad. Dann raffe ich mich auf, und um irgendwas zu tun, kämpfe ich als Erstes gegen die Bettwanzen an. Etwas sträubt sich in mir, mein Gepäck in Tims Haus zu schleppen und ihm seine Gastfreundschaft mit einer Ungezieferinvasion zu danken. Also fahre ich zu einem Waschsalon, der aussieht wie ein altes Kino: über der Tür eine weiße Tafel mit den aktuellen Waschangeboten, wie Filme, die man unbedingt sehen muss. Ich komme mir vor, als wäre ich als Einzige in dieser strahlenden und surferlässigen Stadt in einem Psychostreifen gelandet.

Im Waschsalon ziehe ich mich unter meinem funktionalen Gummihandtuch um, stopfe alles inklusive der Taschen in den Trockner und sitze in Regenkleidung, die als Einziges garantiert bettwanzenfrei ist, weil über Nacht in Cleos Seitenkoffer gelagert, vor den sich drehenden Trommeln. Meine Sachen werden ohne Rücksicht auf Verluste im Trockner durchgebraten. Die Maschinen strahlen so viel Wärme ab, dass mir unter meiner Plastikhaut der Schweiß hinunterläuft. Es riecht nach sauberem Waschpulver, aber ich fühle mich dreckig, als würde noch immer überall Ungeziefer krabbeln.

Dann klingelt mein Telefon. Ich starre darauf. Meine Mutter. Ich kann mich nicht bewegen, habe Angst, dass das, was sie gleich sagt, alles verändert. Mir wird übel, aber ich hebe ab.

»Lea?« Sie klingt ein wenig atemlos, und ich versuche an diesem einen Wort zu erkennen, was sie sagen wird. Aber die Nuancen gehen verloren im lauten Rauschen des Blutes in meinen Ohren.

»Ja?«

»Lea, du klingst komisch, alles in Ordnung mit dir? Na ja, wie auch immer, die Ärzte sagen, alles wird gut. Nur die Nacht ... du weißt ja, wie das ist, nachts ist alles gleich noch viel schwärzer.«

»Wie geht es ihm jetzt?«

»Gut. Er ist sogar schon aufgestanden. Stur, aber zäh.«

»Du hast mir einen Schreck eingejagt! Soll ich nicht doch nach Hause kommen?«

»Nein, jetzt geht es ihm ja wieder gut.«

»Das hast du gestern auch gesagt.«

»Ja, aber diesmal sagen es auch die Ärzte. Also, jetzt genug von uns. Wo steckst du überhaupt?«

Übersprunghandlungen sind in unserer Familie sehr beliebt. Aber die Stimme meiner Mutter klingt so erleichtert, dass ich jetzt nicht weiterbohren will.

»In Los Angeles.«

»Oje, ich habe gelesen, es ist dort sehr gefährlich.«

»Mama, das sagst du über jeden Ort, den ich besuche. Und es ist hier auch nicht gefährlicher als überall anders.«

»Wo schläfst du?«

»Bei einem Typen, den ich in Usbekistan kennengelernt habe.«

»Kennst du ihn gut?«

»Gut genug.«

»Und jetzt bist du bei ihm? Komische Geräusche da bei dir im Hintergrund.«

»Nein, ich bin in einem Waschsalon. Hatte gestern Nacht Bettwanzen.«

»Ah, verstehe, und die willst du deinem Freund – wie heißt er denn? – nicht ins Haus schleppen. Sehr brav. Ich würde dich auch nicht reinlassen, wenn du mit Bettwanzen ankämst.«

»Er heißt Tim. Und du würdest mich sogar mit Ebola reinlassen und dich so rührend um die Bettwanzen kümmern, dass sie am Ende akrobatische Tricks vorführen.«

»Hmmm ... könnte sein. Und dieser Tim? Ist der was?«

»Mama, du nervst! Der ist über fünfzig und hat eine Frau.«

»Hätte ja sein können ...«

»Ich bin auf Weltreise und nicht bei ›Schwiegersohn gesucht‹.«

»Okay, ja, habe verstanden.«

Ich sehe vor mir, wie sie verschmitzt lacht, am Telefon aber versucht, sich nichts anmerken zu lassen. Dann gibt sie mir eine Nummer, unter der ich meinen Vater im Krankenhaus erreichen kann.

»Meld dich öfter.«

»Ich melde mich jeden Tag, seit mein Handy eine SIM-Karte hat.«

»Aber du schickst nie Bilder ...«

»Okay, Mama, versprochen, ich schicke dir mehr Bilder. Bis bald – ich meine, bis später.«

Ich wähle die Nummer des Krankenhauses.

»Ich habe gehört, du hast viel Blut verloren.«

»Ach, deine Mutter übertreibt maßlos. Ich hatte einen kleinen Schwächeanfall.«

»Mit einem kleinen Schwächeanfall kommt man nicht auf die Intensivstation.«

»Ja, auch die Ärzte übertreiben maßlos.«

»Bestimmt. Du machst das nicht noch mal, Papa! Sonst muss ich zurückkommen und mal nach dem Rechten sehen.«

»Nein, mache ich nicht. Aber irgendwann kommst du trotzdem wieder heim, oder?«

»Ja, versprochen.«

»Wann genau?«

»Wenn nicht jetzt, dann bald.«

»Abgemacht.«

Das Fenster des Waschsalons rahmt den Gehsteig ein wie eine kleine Kinoleinwand. Als ich den Trockner zum vierten Mal laufen lasse, schaue ich zum ersten Mal nach draußen und mir das Treiben in Venice an. Meine Regenkleidung, in der ich weiterhin vor mich hin schwitze, ist eine totale Themenverfehlung. Mädchen in kurzen Jeansshorts und Blümchenkleidern flanieren an mir vorbei, Männer oben ohne mit durchtrainierten Körpern, dazwischen ab und zu ein paar Junkies mit leerem Blick und wackligem Gang.

Ich frage mich, ob es das Reisen einfacher macht, wenn man irgendwo verwurzelt ist. Könnte ich mutig sein, wenn es keinen Ort gäbe, der mir Sicherheit gibt? Auf meiner Reise fallen mir immer mehr Ähnlichkeiten in der Welt auf, und manchmal glaube ich, überall zu Hause sein zu können. Aber es gibt einen Ort auf dieser Welt, an den ich immer zurückkehren kann, an dem Menschen leben, die ich liebe. Und weil ich weiß, dass es einen solchen Ort gibt, traue ich mich immer wieder hinaus ins unbekannte Leben. Vielleicht braucht man ein Nest, um fliegen zu können.

Gehen Sie über Los!

KANADA, VANCOUVER

KILOMETER: 61 534

Mein Zeitplan ist perfekt ausgeklügelt. Ich bin eineinhalb Stunden vor der kanadischen Grenze, zwei Stunden vor Vancouver – und in vier Stunden kommt Arnes Flug an. In den vergangenen Monaten war ich nicht oft verabredet. Genauer gesagt: kein Mal. Kanada ist für mich das letzte neue Land auf dem amerikanischen Doppelkontinent, das ich besuchen werde. Ich will Arne vom Flughafen abholen und dann mein Motorrad zum Service bringen. Vor etwa einer Woche habe ich versucht, einen Termin in Vancouver auszumachen, damit die Werkstatt genügend Zeit haben würde, die Ersatzteile zu bestellen, die ich brauche. Mitten in der Motorradsaison ein Ding der Unmöglichkeit, obwohl ich mich durch die ganze Stadt und sämtliche Mechaniker telefonierte. Doch in einer Werkstatt hat man mir noch eine Nummer gegeben, die ich immer wieder anrufe und bei der sich beim vierten Versuch endlich eine tiefe Stimme meldet:

»Hier Danny Meyers!«

Ich schildere mein Anliegen.

»Komm vorbei, dann schau ich, was ich machen kann.«

Dann klickt es in der Leitung. Ich google die Adresse, aber

weit und breit kein Hinweis auf eine Motorradwerkstatt. Dann suche ich besagten Danny Meyers bei Facebook und Instagram – ohne Ergebnis. Es soll ja Leute geben, die inzwischen das Gefühl haben, dass etwas nicht passiert ist, wenn es nicht irgendwo im Internet zu finden ist. Offensichtlich existiert Danny zwar, aber es stimmt mich etwas misstrauisch, dass ich so gar nichts finden kann.

Kurz vor der Grenze kracht es, Cleo wird erschüttert, als würde jemand mit roher Gewalt im Abstand weniger Sekunden gegen das Hinterrad schlagen. Begleitet wird das unheilvolle Knacken von einem malmenden Geräusch. Ich nehme die nächste Ausfahrt und habe Glück im Unglück: Neben einer Tankstelle liegt ein Harley-Davidson-Laden.

»Hallo, ich brauche Hilfe! Ich glaube, mein Motorrad ist kaputt!«, eile ich in bester Emergency-Room-Manier auf den Tresen zu, hinter dem ein Mann mit weißem Schnauzer und Lederweste steht.

»Wir verkaufen nur Klamotten!«

»Aber ... kennen Sie sich nicht mit Motorrädern aus?«

»Ja. Schon.«

»Können Sie sich dann vielleicht meines mal anschauen?«

Er seufzt, schiebt seinen beleibten Körper hinter dem Tresen hervor und folgt mir nach draußen.

»Sehe nichts.«

»Vielleicht bilde ich es mir nur ein ... aber da war was!«

»Wie viel Kilometer bist du mit dem Ding gefahren, Darling?«

»Mehr als 60 000.«

»Wow, das muss Freiheit sein! Wie kommst du darauf, dass du dir deine Probleme einbildest?«

»Ich kenne mich nicht so gut aus mit der Mechanik. Klar ... Luftfilter, Reifen, Kupplung, Benzinschläuche ... kein Problem. Aber der Rest ...«

Ich weiß inzwischen, wie viel ich essen muss, um nicht hungrig zu sein, wie viel Wasser ich trinke, wenn es über vierzig Grad sind, wie viel, wenn es nur fünfzehn sind. Ich weiß, wie viele Kilometer ich bei welcher Geschwindigkeit fahren kann bevor ich liegen bleibe, wenn das Tanklicht angeht. Ich weiß, wie ich gelassen bleibe, wenn ich selbst nicht funktioniere. Aber wenn es Cleo nicht tut, dann jagt mir das noch immer Angst ein. Obwohl ich jetzt über ein Jahr auf Reisen bin, ist dies einer der Momente, in dem ich mir wieder vorkomme wie ein Aufschneider, ein Hochstapler, der gerade so durchgerutscht ist. Ich weiß jetzt zwar von einigem ein bisschen, aber noch immer nichts so richtig.

»Und du denkst, ein dicker alter Sack wie ich, der Motorradklamotten verkauft und eine Harley fährt, kann besser beurteilen, was mit deinem Motorrad nicht stimmt, als du nach 60 000 Kilometern?«

»Na ja, man kann Dinge manchmal besser tun, wenn man keine Ahnung von ihnen hat. Dann jagen sie einem keine Angst ein.«

»Komm, ich zeige dir die nächste Werkstatt. Wenn du sagst, da stimmt was nicht, dann stimmt was nicht.«

Der Mechaniker identifiziert ein explodiertes Radlager. Ein neues können sie erst am nächsten Tag beschaffen. Achtzehn Stunden später kann ich weiterfahren und habe ein schlechtes Gewissen. Da bin ich einmal in fünf Monaten verabredet und komme zu spät! Nicht nur ein paar Minuten oder Stunden, sondern gleich einen Tag. Und anstatt ein freudiges Wiedersehen zu feiern, ist Arne inzwischen zum Kargoflughafen gefahren, um sein Motorrad abzuholen. Deshalb beschließe ich, die Zeit zu nutzen und Danny zu suchen.

Vancouver ähnelt vielen amerikanischen Städten. Das Leben in den Vororten unterscheidet sich von der heilen Welt der Innenstadt, in der man sich als Tourist oder wohlhabender Einheimischer bewegt. Ich fahre vorbei an Obdachlosen, die in Müllcontainern wühlen auf der Suche nach etwas Essbarem, etwas Tragbarem oder im besten Fall etwas Verkäuflichem, vorbei an Menschen, die sich vor Backsteinwänden auf dem Gehweg liegend in ihrem Rausch wiegen. Es riecht nach verdorbenen Lebensmitteln, und verschleierte Junkieblicke verfolgen mich durch die kleinen Straßen in den Hinterhöfen, bis ich vor einem halb heruntergelassenen Rollladen zum Stehen komme. Der einzige Hinweis, dass ich hier richtig bin, sind drei Motorräder. Ich kann niemanden entdecken, und es gibt keine Klingel, also hupe ich. Wenige Augenblicke später geht der Rollladen quietschend nach oben, und ein großer, bulliger Mann mit roten Haaren und muskulösen Armen kommt heraus. Er trägt ein langes schwarzes Hemd, aber sogar seine Handrücken sind tätowiert.

»Danny?«, frage ich unsicher.

Er mustert mich. »Du bist's also. Weit gereist, was?«, sagt er in einem rauen, tiefen Bass.

Ich nicke, und er richtet sich zu voller Größe auf, streckt sein breites Kreuz, und plötzlich umschließen mich zwei Arme wie ein Schraubstock. Ich bin mir nicht ganz sicher, ob das eine Umarmung ist oder ob er mich strangulieren will. Also melde ich mich vorsichtshalber zu Wort.

»Ich bekomme ... nicht ... so gut Luft ...«

Schlagartig lässt er mich los und dreht sich beschämt weg. »Sorry. Habe dich gegooglet ... Vorsichtsmaßnahme ... und von deiner Reise gelesen. Echt krass.«

»Na ja, wenigstens einen von uns beiden kann man bei Google finden. Ich bin ja froh, dass es dich wirklich gibt. Wieso hast du keine Web...?«

»Schieb dein Motorrad rein. Du bist sowieso zu spät«, unterbricht er ruppig.

Dannys Umgangston ist so rau, dass ich ihn sofort ins Herz

schließe, wie eigentlich alles, das nicht zu glatt ist. Er arbeitet mit fokussierter Präzision, die mich an Igor erinnert.

Um das Schweigen nicht zu lang werden zu lassen, erzähle ich von meiner Reise. Ab und zu knurrt Danny, ich weiß nicht, ob aus Zustimmung, Erstaunen oder Langeweile. Überhaupt zeigt er seit der misslungenen Umarmung zur Begrüßung keine einzige Gefühlsregung. Ich frage mich allmählich, ob ich mir die nur eingebildet habe.

Irgendwann summt mein Handy. Eine Nachricht von Arne: »Habe mein Motorrad. Mache mich auf den Weg zu deiner Werkstatt. Ich würde für später ein Restaurant in der Innenstadt reservieren, damit du was vom richtigen Vancouver siehst.«

Ich muss lächeln, dann habe ich eine Idee.

»Hey Danny, du kennst dich doch sicher hier in Kanada aus. Ein Freund kommt mich gleich abholen und bringt eine Karte mit. Kannst du uns ein paar gute Routen in British Columbia und Alberta zeigen?«

Danny schaut mit zusammengekniffenen Augen hinter Cleo hervor. Auf seinem Gesicht Erstaunen, Zweifel, Misstrauen.

»Wir laden dich auch auf einen Kaffee ein!«

»Ja ... natürlich ... gerne«, antwortet er so zögerlich, dass ich nicht anders kann, als an der Aufrichtigkeit seiner Worte zu zweifeln.

Arne kündigt sich mit knatterndem Motor an. Ich bin nervös und habe wie immer vor allem Angst vor meinem eigenen Ich. Kompromisse, kann ich das überhaupt noch? Arne zieht seinen Helm ab, und in dieser Sekunde explodiert etwas in mir. Freude, Vertrautheit, ein bekanntes Gesicht nach so vielen Monaten. Ich falle ihm um den Hals und drücke ihn fest. »Hoppla«, sagt er, und als ich nicht loslasse: »Ich ... kann ... nicht so gut atmen.« Danny grinst.

Kurze Zeit später sitzen wir in einer Bar und trinken Bier statt

Kaffee. Danny zeichnet eifrig eine Route nach der anderen in unsere Karte, bis sie wie ein surreales Kunstwerk aussieht. Arne lehnt zufrieden in seinem Stuhl, seine durchdringenden blauen Augen auf Halbmast. Neben ihm könnte gerade ein Haus explodieren, und er würde sich kaum bewegen.

»Danny, super, das ist toll!«, rufe ich begeistert.

Danny zuckt nur mit den Schultern, als wäre das alles nichts.

»Kennst du dich auch in den USA so gut aus?«

»Nein ... ich bin dort nicht willkommen.«

Während ich darüber nachdenke, fällt mein Blick auf die Uhr.

»Arne, wir müssen los, wenn wir nicht zu spät im Restaurant sein wollen.«

Dannys Gesicht verändert sich wieder um eine minimale Nuance.

»Ach ... ihr müsst zum Abendessen ... na dann ...«

Arne wackelt mit dem Kopf, als hätte er zu viel Zeit in Indien verbracht.

»Ich geh mal aufs Klo.«

Danny schwärmt mir unterdessen weiter von den Routen vor, aber seine Stimme ist belegt. Neben mir auf dem Tisch vibriert mein Handy, aus den Augenwinkeln sehe ich Arnes Namen. Hat er jetzt eine Panne auf dem Klo und braucht schon Hilfe, bevor wir gestartet sind?

»Du brichst ihm das Herz, wenn wir jetzt gehen« steht da.

Konnte es sein, dass das, was ich in Dannys Gesicht gesehen hatte, Enttäuschung war?

Arne kommt zurück und klopft unserem neuen Freund auf die Schulter. Ich räuspere mich.

»Weißt du, Danny, Arne hat einen furchtbar schlechten Geschmack, wenn es um Restaurants geht. Ich will lieber hier essen. Bleib doch auch noch.«

Arne verzieht das Gesicht kurz zu einer gespielt empörten

Grimasse, lacht und lehnt sich wieder entspannt zurück. Danny nickt langsam und lächelt.

Mir fällt plötzlich wieder seine Bemerkung ein.

»Danny, warum bist du in den USA nicht willkommen?«

»Ich darf da nicht einreisen ... Die ziehen mich sofort raus wegen meiner Tattoos.«

»Wieso? Tätowierungen sind doch nicht ungewöhnlich. Oder bist du ein Drogenbaron?«

»Man sieht den Tattoos an, woher sie kommen.«

»Woher denn?«

»Aus dem Gefängnis.«

Arne reißt die Augen jetzt ein bisschen weiter auf, und ich nicke, weil ich so was schon vermutet habe. Wahrscheinlich würde es der Anstand verlangen, an dieser Stelle nicht weiter zu fragen, und die Vernunft, möglichst schnell die Kurve zu kratzen. Aber wäre ich nur anständig und vernünftig, würde ich heute nicht hier sitzen.

»Warum warst du im Gefängnis?«

»Weil ich dumm war.«

Danny erzählt vom Toronto der 1980er-Jahre, von dem Verhältnis zu seinen Eltern, das ihn mit fünfzehn von zu Hause wegtreibt. Von einem Gefühl der Verlorenheit und dem Bedürfnis, einen Platz im Leben zu finden, akzeptiert zu werden, irgendwo dazuzugehören, von falschen Vorbildern. Er schließt sich einer Gang an und denkt, das wäre endlich Freiheit. Stattdessen Erpressungen, Schutzgeld, Raub. Dann folgt er zwei Gangmitgliedern nach Montreal.

»Dort haben wir erst richtig angefangen. Bewaffnete Banküberfälle.« Ich schaue ihn ungläubig an. »Klar, das ist total einfach. Haben wir ungefähr fünfzehnmal gemacht. Aber das bringt halt immer nur die Kohle, die gerade in den Kassen ist.«

»Und dann wurdet ihr geschnappt?«

»Nicht ganz. Erst mal wollten wir mehr. Dieses eine Mal, dann wollte ich zurück nach Toronto und hätte meinen Eltern sogar Geld zurückgebracht, ich dachte, das würde sie stolz machen.«

Er erzählt uns, dass er mit seiner Gang einen Mann überfallen wollte, der das Geld von einem Unternehmen im zweiten Stock eines Gebäudes zum Geldtransporter bringen sollte. Geldtransporter haben ein Alarmsignal, das vom Fahrer ausgelöst werden kann, also wurde Danny abgestellt, um Schmiere zu stehen, falls etwas schiefläuft.

»Und es lief schief. Der Fahrer wurde unruhig und wollte den Alarm auslösen. Ich musste irgendwas tun. Ich habe drei Mal geschossen, eine der Kugeln traf ihn am Hals.«

»Ist er gestorben?«

»Nein, aber beinahe. Während meines Prozesses lag er im Koma.«

»Wie lange bist du dafür ins Gefängnis gewandert?«

»Dreizehn Jahre. Dreizehn Jahre Einzelhaft im Hochsicherheitstrakt.«

Ich starre den rauen Danny an. Über unserem Tisch hängt ein betretenes Schweigen, bis sich Arne räuspert.

»Stimmen die ganzen Dinge, die man über Gefängnisse hört? Schlechte Behandlung durch Wärter? Drogenschmuggel? Vergewaltigungen durch andere Insassen?«

»Die Wärter ... ja. Die sind ja quasi auch eingesperrt, nur auf der anderen Seite des Käfigs und mit ein bisschen mehr Freigang. Und für die bedeutet ihr Job im Zweifelsfall wirklich lebenslang und nicht nur dreizehn Jahre. Das macht natürlich was mit einem.«

Danny erklärt, dass Vergewaltigungen im Hochsicherheitstrakt selten sind, weil man so wenig mit anderen zu tun hat. Dass Zigaretten und Drogen in Gefängnisse geschmuggelt werden und dass er damit nichts anfangen kann – erst recht nicht, wenn sie bei einem Kurier im Hintern gesteckt haben.

»Konntest du nicht früher entlassen werden wegen guter Führung?«, frage ich.

»Wenn du im Hochsicherheitstrakt sitzt – Sicherheitsstufe fünf nennt sich das –, dann will niemand, dass du früher entlassen wirst.«

»Dreizehn Jahre ... Hat sich die Welt währenddessen verändert?«

»Die großen Nachrichten haben wir schon mitbekommen ... aber nicht die kleinen Veränderungen. Ich bin als Erstes in einen Supermarkt gegangen. Alles kaufen, was ich dreizehn Jahre lang nie bekommen habe. Den größten Schock hatte ich an der Kasse. Da gab es plötzlich diese Dinger, über die man die Waren zieht – ein rotes Licht und dann piept es. Bevor ich ins Gefängnis kam, hat man die Nummern noch mit der Hand eingetippt. Brutal. Es gab noch viele andere kleine Schocks, aber das war der größte, weil's der erste war.«

Ich schaue Danny mit großen Augen an, denke daran, was für eine Herausforderung schon meine selbst gewählte Erfahrung des Alleinseins manchmal gewesen ist.

»Wie hast du es geschafft, in dieser Einsamkeit nicht verrückt zu werden?«

»Nicht so viel denken und Liegestütze. Das Schlimmste war für mich der Entzug aller Möglichkeiten. In der Zelle ist alles aus Beton, die Toilette aus Stahl. Man kann sich nicht mal aufhängen oder erschießen oder im Klo ertränken.«

»Hast du Besuch bekommen, auf den du dich freuen konntest?«

»Nein, fast nie. Nur das Motorradfahren hat mich nicht die Nerven verlieren lassen. Ich wusste, dass ich durchhalten muss, um irgendwann wieder auf meinem Motorrad zu sitzen, den

Wind im Gesicht zu spüren ... die Freiheit. Ich hatte Glück, als ich rauskam, und habe einen Job in einer Harley-Davidson-Werkstatt bekommen. Das Motorrad hat mir im Gefängnis und danach das Leben gerettet.«

Nach dreizehn Jahren Einzelhaft ist es fast unmöglich, ein ganz normaler Teil der Gesellschaft werden zu können. Danny erzählt, dass die meisten ehemaligen Insassen mangels Alternativen obdachlose Junkies werden oder wieder krumme Dinge drehen.

»Einer, den ich aus dem Knast kenne, hat mal hier in der Straße alle Mülltonnen durchwühlt. Ich habe ihn sofort erkannt und mich versteckt. Wenn sie wissen, wo du bist, steht ganz schnell wieder jemand vor der Tür.«

»Deswegen ist deine Werkstatt so klein und versteckt, deswegen hast du auch keine Website.«

Er zieht sein Telefon heraus, das eindeutig nicht smart ist.

»Anrufen ist besser. Das Internet ist nicht für Leute, die ein ungestörtes Leben führen müssen und nicht von jedem gefunden werden dürfen. Viele Dinge sind nichts mehr für mich.«

»Bist du traurig darüber?«

»Ich bin frei. Und habe jetzt alles, was ich mir im Gefängnis gewünscht habe. In den ersten beiden Jahren im Knast habe ich noch von Geld geträumt. Die anderen elf Jahre dann nicht mehr. Die meisten Menschen haben null Ahnung von Freiheit. Und ich musste erst im Knast sitzen, um zu verstehen, was das ist.«

Die Kellnerin kommt an unseren Tisch und unterbricht unser nachdenkliches Schweigen.

»Die Chicken Wings sind hier das Beste«, sagt Danny.

Also bestellen wir sie dreimal und sind uns nach dem ersten Biss einig, dass es die besten Chicken Wings sind, die wir je gegessen haben. Chicken Wings mit dem Geschmack von Freiheit sind nämlich genauso gut wie das Lieblingsessen gekocht von Mama, ein Bier an einem Sandstrand bei Sonnenuntergang oder Käsespätzle nach einem langen Skitag.

Noch kauend, wendet sich Danny an mich und Arne: »Wir Motorradfahrer wissen, was Freiheit ist.«

Arne blinzelt Danny zu und sagt dann nur: »Ja.«

Da haben sich ja wirklich zwei gefunden. Aber auch ich nicke zögernd. Für uns alle ist Freiheit auf verschiedene Weise mit dem Motorrad verknüpft. Es ist eine Leidenschaft, der wir allein nachgehen können, die uns Freude bereitet, für die wir niemanden brauchen, die nur für uns ist.

Ich schaue Danny an, der seine Hände zufrieden über den Bauch faltet, und Arne, der meinen Blick erwidert, während seine Mundwinkel ein Lächeln andeuten. Meine neuen Weggefährten. Wir alle drei sind viel allein gewesen. Danny im Gefängnis, Arne auf seinen ständigen Businesstrips und ich seit vielen Monaten auf meiner Reise. Und ja, vielleicht kann Alleinsein egoistisch machen. Aber vielleicht muss man auch ein wenig egoistisch sein, um festzustellen, was einem guttut, und Menschen mit derselben Gesinnung zu finden. Ganz sicher muss man dafür aber man selbst sein. Wenn man sich verstellt, kann man nie herausfinden, wer und was wirklich zu einem passt.

»Danny, wie kann ich dich am besten erreichen?«, frage ich, als wir uns verabschieden.

Er lacht jetzt. »Wir könnten Brieffreunde werden!«

Ich werde Danny von diesem Tag an besser kennenlernen. Ganz selbstverständlich schickt er mir mittlerweile Fotos vom Tag seiner Entlassung, von seinem ersten Motorrad, seinem Sohn. So selbstverständlich, als wären wir alte Freunde, die ein Lebenslang bekommen haben.

Zwei sind eine Gang

USA, DER WESTEN

KILOMETER: 65 000

Heute haben wir kein Glück: weit und breit keine Unterkunft. Der Canyon Ferry Lake ist ein Stausee am Missouri River im südwestlichen Montana, am Fuße der Rocky Mountains, von denen wir gerade kommen. Das trockene Gestrüpp an den Ufern leuchtet gelb und steht im Gegensatz zu den kühlen, mit Gletschern bedeckten Bergspitzen der Rockies. Wir sind auf der Suche nach einem Hotel, da wir nach unzähligen Nächten im Zelt mal wieder eine Dusche brauchen. Ein sauberes Bett ist alles, was ich möchte. Arnes Bedürfnisse sind noch bescheidener: Er will nur ein kaltes Bier. Zwei Hotels, die wir anfahren, sind geschlossen. Als wir Three Forks erreichen, haben wir die Suche schon fast aufgegeben. Aber da steht wirklich ein Hotel, mit einer großen Veranda, auf der die Gäste in der Sonne Drinks schlürfen. Echte Drinks mit Eiswürfeln. Arne bemerkt meinen sehnsüchtigen Blick.

»Wer sein Leben auf einer langen Reise verbringt, der hat ganz andere Prioritäten als jemand, der zwei Wochen Urlaub macht«, sagt er lachend.

»Ein guter Drink hat immer Priorität!«

Wnn in Three Forks die älteste Kirche der Welt zu sehen
wäre, würde es mich im Moment trotzdem weniger interessieren als eine Dusche, ein frisch bezogenes Bett und genau dieser
pinkfarbene Cocktail, an dem eine der Frauen gerade nippt.

»Wir haben heute Livemusik mit Tanz!«, sagt der Mann an
der Rezeption, als er uns einen Zimmerschlüssel aushändigt.

Ich schaue Arne fragend an.

»Kannst du tanzen?«

Ich kann mir diesen großen entspannten Mann überhaupt
nicht auf einer Tanzfläche vorstellen.

»Klar! Und du?«

»Na sicher!«

Bis die Sonne untergeht, sitzen wir auf der weißen Terrasse in
schaukelnden Liegestühlen. Eine lange Zeit schweigen wir. Ich
denke nach über unser Kennenlernen, über Australien und was
es doch für ein Zufall ist, dass wir jetzt hier sitzen.

»Arne, ich glaube, ich habe das gar nie richtig gesagt. Danke
für Australien. Du hast mir da sehr geholfen.«

»Ich war ja eh ums Eck ...«

»Was hast du da eigentlich gemacht? Das hast du mir nie erzählt.«

Arne ist Vertriebsleiter eines großen Handelsunternehmens
mit Büros in über dreißig Ländern. Deswegen reist er so viel,
dass er in einem Monat mehr Flugmeilen sammelt als ich in einem Leben. Jetzt wird er plötzlich rot und lässt sich mit seiner
Antwort noch länger Zeit.

»Genau genommen hatte ich gar nichts in Australien zu tun.
Ich war beruflich in Hongkong ...«

Ich verschlucke mich beinahe an meinem Drink.

»Von Hongkong nach Australien, das sind mindestens neun
Stunden Flug!«

Er zuckt mit den Schultern.

»Ich habe irgendwie gesehen, dass es dir nicht so gut geht. Deine Fotos ... die waren plötzlich zu fröhlich. Blumen und Dauergrinsen – das bist doch nicht du!«

Ich kann mich überhaupt nicht daran erinnern, wann sich das letzte Mal jemand um mich gesorgt hat – außer meiner Mutter, die sich wie alle Mütter grundsätzlich um alles sorgt. Lange schaue ich Arne an, der seinen Blick auf den orangeroten Himmel gerichtet hat.

»Danke«, sage ich.

Er dreht sich zu mir. Sein Blick ist offen. Er nickt.

»Hörst du das? Die Band spielt. Sollen wir tanzen?«

Wir stolpern zur Bar im Keller hinunter, aus der uns Musik entgegenschallt. Ein bisschen mehr Country, als ich es gewohnt bin. Aber was soll's? Tanzen ist schließlich tanzen. Als wir die Bar betreten, merke ich sofort, dass das ein verheerender Fehlschluss ist. Tanzen ist nämlich nicht gleich tanzen! Vor mir wirbeln Männer ihre Tanzpartnerinnen durch die Luft, dass mir schon vom Zuschauen schwindelig wird.

»Tanz mit mir!«, sagt Arne und nimmt meine Hand.

Ich ziehe sie schnell weg.

»Ich brauche erst mal einen Drink!«, stammle ich und wanke zur Bar.

So habe ich mir das nicht vorgestellt. Ich lasse mich auf einen Barhocker fallen, bestelle mir ein Getränk und klammere mich mit beiden Händen daran fest, damit Arne nicht wieder auf dumme Gedanken kommt.

Der absolute Star der Tanzfläche ist ein bulliger Typ mit Glatze. Er trägt eine Baseballkappe, Latzhose, Cowboystiefel und sieht aus, als wäre er gerade von einem Traktor gestiegen. Aber seine Bewegungen sind geschmeidig, die Mädchen fliegen aus seinen Armen hinaus und wieder hinein. Die Band trägt Flanellhemden und auswaschene Jeans, direkt vor ihnen tanzen ein paar ältere Paare, Rancher mit den typischen weißen Hüten und Frauen in Cowboyboots.

»Komm schon, das sieht lustig aus. Lass uns auch tanzen!«, versucht es Arne erneut.

»Ich kann so nicht tanzen ... zu zweit.«

»Klar kannst du das!«

Ich schüttele den Kopf. »Tanz doch mit einer von denen.«

Ich nicke zu einem Tisch junger Frauen, die sich immer abwechselnd von dem bulligen Typ über das Parkett wirbeln lassen, rechne jedoch nicht damit, dass Arne sich wirklich traut. Aber er zuckt nur mit den Schultern, geht zu dem Tisch der Frauen und hält der hübschesten die Hand hin. Die sieht ihn von unten an, ist sichtlich angetan, nickt, ergreift seine Hand und schmiegt sich Sekunden später an ihn. Ein bisschen zu eng, wie ich finde. Bei allen anderen sieht das doch auch nicht so aus! Und wo zum Teufel hat Arne so tanzen gelernt? Als das Lied endet, liegt Arne ganz schnell eine der anderen Frauen in den Armen. Sie sagt etwas, er lacht. Neben seinen Augen bilden sich Falten, die wie Sonnenstrahlen nach oben ziehen. Das ärgert mich so sehr, dass ich gar nicht merke, wie sich der bullige Typ mir nähert.

»Willst du tanzen?«, fragt er und streckt mir mit vollendeter Eleganz die Hand entgegen.

»Ich kann nicht tanzen!«

Er will sich schon wieder umdrehen, aber da sehe ich, wie Arne die Frau dreht und sie eng umschlungen in den Armen zum Stehen kommt.

»He, na gut!«, rufe ich ihm nach.

Schon Sekunden später frage ich mich, warum ich eigentlich der einzige Bauerntrampel im Raum bin, obwohl alle anderen hier wirklich von einer Farm kommen. Das Lied dauert gefühlt Stunden, hat einen viel zu schnellen Rhythmus, und ich trete dem Kerl ununterbrochen auf die Füße. Immerhin lenkt mich die Misere von Arnes Balztanz ab.

»Du musst dich führen lassen, komm schon, mach dich locker! Vertrau mir.«

»Führen lassen ist nicht gerade meine Stärke!«, sage ich, als er mich irgendwo hinschieben will, wo ich eigentlich nicht hinmöchte und ich stattdessen einen Schritt nach vorn mache, der wieder direkt auf seinem Cowboystiefel endet.

»Das merkt man«, sagt er und lacht.

Verschämt setze ich mich nach dem Lied wieder auf meinen Barhocker. Ich wünsche mir, das hier wäre ein amerikanischer Film, denn ich fühle mich wie das verstoßene Mädchen auf dem Abschlussball. In einer romantischen Hollywoodkomödie würde ich am Ende des Abends trotzdem meinen Schwarm bekommen und die garstige Schulschönheit leer ausgehen. Aber so funktioniert das nicht im echten Leben, denn die anderen Frauen sehen sehr freundlich aus und garstig ist hier sowieso niemand – außer mir. Mein Drang nach Freiheit, das Zurückschrecken vor Verpflichtungen und Versprechen scheint sich nun gegen mich zu wenden. Was, wenn Arne plötzlich nicht mehr mit mir reisen möchte?

Als die Band endlich eine Pause macht und er zu mir zurückkommt, bin ich heilfroh. Doch dann räuspert er sich und lacht.

»Du kannst ja wirklich nicht tanzen!«

»Haha, sehr witzig. Schön, dass wenigstens du dich amüsiert hast.«

Ich versuche säuerlich zu schauen, aber dann grinst er mich so unverschämt fröhlich mit leuchtenden Augen an, dass auch ich lachen muss.

»Wo sind wir hier?«, flüstere ich, als ich hinter Arne ein kleines Diner betrete.

Seit ich in den USA bin, weiß ich nicht mehr, wie ich ohne Diner leben konnte. Für jemanden wie mich ist das amerikanische Diner die Vorstufe zum Schlaraffenland – es gibt Frühstück rund um die Uhr. Aber inzwischen habe ich eine Morgenroutine fast wie zu Hause. Anstatt Joggen oder Fitnessstudio fahre ich zwei Stunden Motorrad, um mir mein Frühstück zu verdienen, und anstatt Haferbrei mit Chiasamen besteht es aus zwei Spiegeleiern, Bacon, Bratkartoffeln und English Muffins.

Doch dieses Diner mitten im Nirgendwo von Wyoming ist anders. Vor der Tür parken fünf Harley-Davidsons, am Eingang hängt ein großes Schild: »Guns are welcome«, und kleiner darunter: »Bitte lassen Sie die Waffen in ihren Halftern, bis es zum Notfall kommt. Eine gute Treffsicherheit wird geschätzt.«

Arne und ich lassen uns auf eine Sitzbank fallen, die Holzdecke über uns ist mit unzähligen amerikanischen Flaggen geschmückt. Der Independence Day war erst vor ein paar Tagen, und langsam habe ich verstanden, dass Amerikaner manchmal zu uferlosem Patriotismus neigen. Hinter Arne hängt an einer Säule ein überdimensionierter Adlerkopf, der so bösartig aussieht, als würde er sich gleich auf uns stürzen. Daneben ein Plakat: »Achtung, Sie befinden sich in einem Redneck-Gebiet. Sie können auf amerikanische Flaggen, bewaffnete Bürger, das Vaterunser oder Countrymusik treffen. Betreten auf eigene Gefahr.« »Redneck«, das ist entweder ein Schimpfwort oder ein Lebensstil. Je länger ich mich hier umsehe, umso sicherer bin ich mir, dass es hier Letzteres ist. »Waffenkontrolle bedeutet, beide Hände zu benutzen« steht auf einem Plakat auf der anderen Seite des Raums. »Ich besitze Waffen, weil ich meine Familie und mein Heimatland gegen aus- und inländische Feinde verteidige« auf einem anderen.

»Was für Feinde sollen denn das bitte sein? Wir sind hier doch total in der Pampa. Vielleicht die Bisons um die Ecke?«, knurre ich.

In jeder Ecke hängt ein Fernseher, alle zeigen Fox News.

Im hinteren Teil des Restaurants, den wir nicht so gut einsehen können, wird es plötzlich lauter. Fünf Männer stehen auf und rufen der Bedienung, die uns gerade unsere Spiegeleier auf den Tisch knallt, ein paar scharfe Worte zu.

»Ich glaube, das sind die Leute, denen die Harleys gehören. Sehen nicht sehr freundlich aus …« Ich lehne mich zurück, um sie besser betrachten zu können.

Arne dreht den Kopf unauffälliger zur Seite.

»Ja, sieht aus wie eine Bikergang«, stellt er nüchtern fest und isst weiter.

Zwei der massiven Gestalten lösen sich aus der Gruppe und bewegen sich in Richtung Ausgang – also direkt auf uns zu. Der erste Hüne stampft an uns vorbei; ich hebe zum Gruß die Hand und lächele, wie man das so unter Motorradfahrern macht, aber er ignoriert mich. Der zweite Typ sieht dem ersten zum Verwechseln ähnlich, nur ist er noch etwas kräftiger und seine Schultern noch breiter, sein Bauch wird von einem Gürtel zusammengehalten. »Outlaws« ist auf dem Rücken seiner schwarzen Lederweste zu lesen. Dann dreht er sich ruckartig um. Mit zwei großen Schritten stellt er sich neben unseren Tisch und schlägt mit voller Wucht darauf. Arnes Kaffee schwappt über den Tassenrand.

»Hey, Vorsicht, mein Kaffee!«, sagt Arne strafend, als wäre das jetzt unser größtes Problem.

Der Typ beachtet seinen Einwand nicht und lässt seine Faust gleich noch mal auf unseren Tisch krachen. An zwei Seiten seiner Hüfte baumelt etwas, das mir verdächtig nach Pistolen aussieht. Seine linke Hand liegt auf einem schwarzen Beutel in Waffenform.

»Woher kommt ihr?«

»Deutschland«, antwortet Arne knapp.

»Verhalten sich Huren in Deutschland so? Sag deiner verfickten Fotze, sie soll mich nicht so anglotzen.«

Das gibt's doch nicht! Jetzt, ohne zu knappe Shorts, in dreckigen Motorradkleidern, werde ich schon wieder als Sexarbeiterin bezeichnet.

»Netter Versuch, aber ich bin keine Prostituierte. Und in Deutschland sind Motorradfahrer freundlich zueinander und bezeichnen Frauen nicht als Huren!«

Er dreht sich zu mir und schaut mich zum ersten Mal direkt an, abwertend, wie ein Stück Vieh. »Nicht so schlecht ... wenn man ihr was Richtiges anziehen würde ...«

Er will nach meinem Gesicht greifen, doch Arnes Hand ist schneller.

»Lass sie in Ruhe, sie ist meine Old Lady«, sagt er und fasst den Typ am Handgelenk.

Old Lady? Ich bin doch gerade mal dreißig!

»Ähm ... ja ... leckeres Frühstück hier, nicht wahr? Dieser Bacon ... wie die das immer machen ...«

Ich versuche die Aufmerksamkeit der zwei Streithähne auf mich zu lenken, werde aber von den drei anderen unterbrochen:

»Komm jetzt, Dave, wir haben für so eine Kinderkacke keine Zeit.«

Arne lässt den Mann los, und dessen Kumpane entfernen ihn aus dem Diner. Die Tür schlägt hinter ihnen zu. Ich atme erleichtert aus, und auch Arne sieht ein bisschen zerzaust aus. Von draußen dröhnen knatternde Motorengeräusche herein, dann sehen wir die fünf durch das kleine Fenster vorbeifahren.

»Old Lady? Was soll das denn bitte heißen! So alt bin ich gar nicht.«

»Weißt du, was Outlaw-Motorradklubs sind?«

»Eine Horde nationalistischer Spinner?«

»Nicht ganz. Die verschiedenen Gangs halten sich nicht an offizielle Gesetze. Gewalt, Drogenschmuggel, Zuhälterei, das volle Programm.«

»So wie die Hells Angels?«

»Genau, aber hier in den Staaten gibt es noch viel mehr davon. Zum Beispiel die Outlaw MCs, die du gerade vor der Nase hattest.«

»Die mögen wohl keine Frauen, die Motorrad fahren. Sie haben sicher Angst, dass wir ihnen das Revier streitig machen. Ich kenne das schon.«

»Also Frauen ... ich weiß nicht, wie ich das sagen soll ... die haben bei denen keine Rechte und werden nur benutzt ...«

»Benutzt?«

Arne erklärt, dass Frauen in den Outlawklubs zwei verschiedene Positionen haben können: Entweder sind sie »Sheeps« – und als Schaf ist die Frau Eigentum des ganzen Klubs und darf von jedem Mitglied benutzt werden – oder »Old Ladys«, die einem bestimmten Biker gehören. Er kann sie verkaufen oder verleihen, damit andere mit ihr Sex haben können, aber ohne seine Zustimmung darf sie niemand anderes anfassen.

Fassungslos schaue ich Arne an.

»Und du dachtest, dass der Typ dich besser versteht, wenn du mit ihm in seiner Sprache redest?«

»Ja. Und ›Old Lady‹ ist immerhin besser als ein Schaf.«

»Das hast du dir doch gerade ausgedacht! Oder aus irgendeinem Film!«

»Nein – ist aus einer Doku.«

»Und ich dachte, die schlechte Reputation von Motorradgangs wäre ein Märchen. Ich habe bis jetzt nur nette kennengelernt.«

»Einer ruiniert sie für Millionen! Aber davon darf man sich nicht beeinflussen lassen.«

Ich nicke. Von einem auf alle zu schließen war Unsinn, vielleicht der größte Unsinn und Irrglaube, dem unsere Gesellschaft dieser Tage unterliegt. Und doch bestärken uns die Medien und unser Umfeld, genau auf den einen zu achten. Diese Angst ist wie eine kleine eiternde Wunde, die den restlichen gesunden Körper lahmlegen kann. Ich kenne nur einen Ausweg:

»Wir müssen einfach ganz schnell ganz viele nette Harleyfahrer treffen, sonst muss ich immer an diese Spinner denken!«

Fünf Minuten später stehen wir vor dem Diner.

»Wohin jetzt?«, fragt mich Arne. Seit wir gestartet sind, bin ich für die Straßenkarten zuständig, Arne ist mit seiner Navigation einfach zu langsam, und inzwischen hat er es ganz aufgegeben.

»Da lang!« Ich deute in die entgegengesetzte Richtung der verschwundenen Gang, ohne auf mein Navi zu schauen. »Lass uns so viel Land wie möglich gewinnen.«

Das sind in diesem Fall knapp drei Kilometer. Die Straße ist zwar gerade, aber trotzdem kann ich Cleo irgendwann kaum mehr auf der Spur halten. Ein Gefühl, das ich gut kenne: Vorder- und Hinterreifen sind platt.

»Verdammt!«, fluche ich, finde aber nichts, das die Platten erklären würde. »Das waren sicher diese Outlaw-Arschlöcher!«

Arne hält neben mir. »Soll ich zurückfahren und im Diner Hilfe holen? Beide Reifen zu flicken, dauert ewig.«

»Nur über meine Leiche! Von denen will ich keine Hilfe!«

»Na gut. Wo ist das nächste Dorf?«

»Ungefähr zwanzig Kilometer in die andere Richtung.«

»Steig auf, wir fahren zusammen hin!«

»Nein, ich lasse doch nicht mein ganzes Gepäck hier. Fahr allein, ich bleib hier.«

»Kommt überhaupt nicht infrage! Du fährst mit meinem Motorrad, ich warte hier.«

»Spinnst du? Und wenn sie dich hier finden und verkloppen? Vergiss es!«

Wir schauen uns beide an, keiner blinzelt. Ich zucke mit den Schultern. Nachgeben, aber nicht aufgeben ist jetzt die Devise.

»Wozu habe ich denn diese teure Versicherung für das Motorrad hier in Amerika! Ich rufe den Abschleppdienst. Ist dir die Möglichkeit ›Beide tot, obwohl einer leben könnte‹ lieber?«

»Ja, das ist sie.«

Also wähle ich die Nummer der American Automobile Association, des amerikanischen Pendants zum ADAC. Arne lässt sich neben Cleo fallen.

»Jetzt schon wieder wie die beiden Landstreicher, die vergeblich auf Godot warten.«

»Hoffentlich nicht vergeblich, irgendwann will ich diesen unsäglichen Ort heute schon noch verlassen ...«

»Das wird schon, mit ein bisschen Glück ...«

»Ich glaube ja inzwischen, Glück kann man üben. Sagen wir, ich begebe mich zehnmal in Situationen mit ungewissem Ausgang. Fünf davon gehen gut aus, fünf nicht. Dann habe ich trotzdem fünfmal mehr Glück gehabt als jemand, der gar nichts probiert.«

Arne kickt mit einem Schuh einen Stein in den Straßengraben und sieht aus, als würde er über etwas nachdenken.

»Es gibt da diese Geschichte von einem amerikanischen Golfer ... Gary Player ... sagt dir das was?«, fragt er mich, während er einen zweiten Stein in den Graben befördert.

»Nein.«

»Player übt in Texas, und irgendein Typ kommt zufällig

vorbei und schaut ihm zu. Mit einem Schlag locht Player seinen Ball ein. Der Typ sagt: ›Fünfzig Dollar, wenn du auch den nächsten versenkst.‹ Player trifft auch den nächsten sofort ins Loch. Der Typ kann das gar nicht glauben und sagt: ›Hundert Dollar, wenn du noch mal triffst.‹ Und da schießt er ihn wieder ins Loch, den dritten in Folge. Der Typ zählt also die Scheine ab, und als er sie Player überreicht, sagt er: ›Ich habe in meinem ganzen Leben noch niemanden gesehen, der so viel Glück hat wie du.‹ Und jetzt pass auf, Player weiß nämlich, wie man gut zurückschießt. Er antwortet: ›Je mehr ich übe, desto mehr Glück habe ich.‹«

Ich lache und nicke. »Man denkt ja immer, andere Menschen haben so viel mehr Glück als man selbst, aber wir sehen gar nicht, wie viel sie dafür in Kauf nehmen.«

»Apropos, wie oft bist du eigentlich seit Australien gestürzt?«, fragt Arne in einem neckischen Tonfall.

»Du wirst es nicht glauben, aber keinmal!«

»Ich wusste schon immer, dass du klarkommst. Fallen und trotzdem weitermachen ist auch nicht jedermanns Sache.«

»Ich sehe das inzwischen so: Wer die kleinere Straße mit der größeren Herausforderung nimmt, wird auch öfters fallen – aber er lernt und erlebt mehr und ist am Ende des Tages der bessere Fahrer. Die meisten unserer Herausforderungen bestimmen wir selbst. Obwohl meine Unwissenheit am Anfang schon auch ein bisschen mitgeholfen hat, alles noch abenteuerlicher zu machen.«

In diesem Moment kommt ein großer Schlepper die Straße entlang und wird langsamer, als er uns sieht.

Ich werfe Arne einen langen Blick zu. »Ist das nun Glück oder Pech, dass Godot schon wieder nicht gekommen ist?«

»Ich glaube, Godot ist jetzt da«, sagt Arne und legt mir wie selbstverständlich einen Arm um die Schulter.

Vielleicht ist es doch schade, dass wir hier nicht noch ein bisschen länger sitzen können.

Es wird langsam dunkel, aber wir stehen noch immer irgendwo auf einem unbefestigten Bergpass in Colorado. Wir sind durch die brütende Hitze von Utah gefahren, haben die roten Felsen bestaunt, in Salt Lake City einen Mormonentempel besucht und uns durch die Nationalparks Bryce und Zion bis zum Valley of Gods geschlängelt, in dem die Felsen so in den Himmel ragen, dass sie wie von einer höheren Macht dort platziert scheinen. Bis Arne abreist, bleiben nur noch wenige Tage. Eigentlich sollten wir schon längst an unserem heutigen Ziel Ouray angekommen sein. Aber die letzten drei Stunden waren wir damit beschäftigt, Arnes Reifen zu flicken. Er hat kein Werkzeug für sein Motorrad dabei, und meines passt nicht, also müssen wir improvisieren. Wir sind auf über 3000 Metern, also höher als der Zugspitzegipfel, doch da die Baumgrenze in den Rocky Mountains rund 1500 Meter höher liegt als in den Alpen, wachsen hier noch Bäume, und die Landschaft steht in einem satten Grün. Hunderte weiße Stämme ragen neben uns auf, ein märchenhafter Laubwald. Zuerst vermute ich Birken, werde dann aber eines Besseren belehrt: Es handelt sich um die amerikanische Zitterpappel. Aus einem einzigen Samen wachsen unzählige Schößlinge, die bis zu vierzig Meter voneinander entfernt aus dem Boden kommen können, aber deren Wurzeln miteinander verbunden sind. Was aussieht wie ein Wald, kann genau genommen ein einziger Baum sein.

Seit die Sonne weg ist, fröstelt es mich.

»Arne, es wird langsam dunkel!«, in meiner Stimme ein Anflug von Panik. Vor uns liegen eine Abfahrt auf einer Schotterpiste und der asphaltierte, aber kurvige Million Dollar Highway, der direkt nach Ouray führt. Zwei Stunden würden wir bestimmt noch unterwegs sein.

»Hast du plötzlich Angst vor der Dunkelheit?«

Ich nicke. »Ja, ich bin nachtblind.«

Sobald ich fahren muss, habe ich Angst vor der Nacht. Die lichtempfindlichen Zellen der Augen, die nachts anstatt Farben unterschiedliche Grautöne wahrnehmen, sind bei mir wohl einfach zu kurz gekommen.

»Sollen wir uns irgendwo in die Büsche schlagen und wild campen? Aber wir haben, glaube ich, keinen Proviant mehr.«

»Nein, lass uns weiterfahren. Das geht schon irgendwie. Ich sehe ja nicht nichts …«

»Du siehst also das Rücklicht meines Motorrads?«

»Ja.«

»Hmmm … dann fährst du jetzt hinter mir. Lass dich führen. Vertrau mir!«

Als sich die Nacht über Colorado legt, treffen wir wieder auf Asphalt. Langsam verliere ich die Sicht und zugleich die Orientierung. Ich versuche Arne zu folgen, meine Schultern sind verkrampft, mit meinen Händen umklammere ich den Lenker, so fest ich kann. Er lässt sich zurückfallen, immer wieder, bis er sich meinem Tempo angepasst hat, fast wie damals, als ich von ihm Kurvenfahren lernte. Vor mir tanzt das kleine rote Rücklicht, ich folge ihm und versuche, mich seinem Rhythmus anzupassen. Ich höre meinen Atem in den Ohren, das sanfte Schnurren von Arnes Motorrad, wenn er aus der Kurve beschleunigt. Um uns herum verdichtet sich die Luft, vielleicht ist es Nebel, der uns umhüllt. Arnes Worte klingen nach. »Vertrau mir …« Vertrauen – ist das auch immer eine Ungleichheit, ein Ungleichgewicht? Richtig vertrauen musste ich schließlich immer nur, wenn ich selbst an meine Grenzen stieß.

Ich konzentriere mich noch stärker auf den Rhythmus des

tanzenden Vorderlichts. Atmen. Kurve. Atmen. Gas geben. Atmen. Kurve. Mit dem Rhythmus finde ich auch eine Melodie. Es ist, als würde unser eigenes Lied erklingen, eine Musik, die nur wir beide hören. Erst ein schwerfälliger Walzer, doch dann ist es fließende Bewegung ohne Choreografie, wie Jazz, improvisiert, unverhofft, wild, dann wieder sanft. Um sein Rücklicht besser zu sehen, fahre ich so dicht hinter Arne, wie ich normalerweise nie auffahren würde. Vertrauen, das ist eben auch immer ein bisschen Gefahr. Es macht verletzlich.

Plötzlich wird die feuchte Dunkelheit um uns silbrig erleuchtet; dann durchbrechen wir die Wolkendecke, die an den Bergen hängt. Der Mond steht voll und groß über uns und erleuchtet die Gipfel. Auf der Passhöhe halten wir. Wir sagen beide kein Wort, blicken stumm auf die Bergspitzen, die sich aus dem Nebel erheben. Unter uns die Wolken, über uns der mondsilberne Himmel.

»Das war die beste Nachtfahrt meines Lebens«, sage ich irgendwann.

Meine Stimme ist rau und zerreißt die Stille der Nacht.

»Das ist die beste Aussicht meines Lebens«, antwortet Arne und küsst mich.

Sein Bart, den er nicht mehr rasiert hat, seit wir zusammen fahren, schrappt über meine Wange. Ich bin ganz ruhig. Nichts in mir schreit, nichts wehrt sich, nichts ist voll ungeduldiger Erwartung. Als müsste das hier einfach so sein, wie es ist. Natürlich, einfach, als wäre alles ganz klar.

Ich habe immer befürchtet, dass das Teilen von Erfahrungen mein Erleben verfälschen könnte. Aber Erinnerungen entstehen auch gemeinsam, und ich merke, dass sie dadurch eine neue Dimension bekommen. Arne und ich, wir erleben jetzt dieselben Dinge, aber doch erleben wir sie ganz anders. Ich sehe die kleinen Pfade, die uns wegführen von den Touristen, Arne sieht die

339

geschichtsträchtigen Städte Telluride und Silverton. Ich schaue in den Himmel zu den Berggipfeln, er auf das, was zu ihren Füßen liegt. Meine Augen sind gerichtet auf das große Ganze, die Erhabenheit der Rocky Mountains, Arne sieht die Details, wie den Bären, der frühmorgens unseren Weg kreuzt. Was für Arne aufregend ist, ist für mich Alltag – aber er sensibilisiert mich wieder für Dinge, an die ich mich bereits gewöhnt habe, und verändert so meine Sicht. Zu zweit sieht man einfach mehr. Trotzdem würde Arne ein Opfer des Rhythmus meiner Reise werden, dem sich wiederholenden Abschiednehmen von Menschen und Möglichkeiten. Sich langsam anbahnende Katastrophen sind ja viel schwerer zu erkennen als die, die so über einen hereinbrechen – wie die Outlaw-Motorradgang. Ich weiß nicht genau, wann es passiert ist, aber ich habe mich verliebt.

»Geh nicht!«, sage ich, als wir am Flughafen stehen. Er will nach Hause fliegen, ich noch etwa zwei Monate in den USA und Kanada bleiben, einen etwas größeren Schlenker über Neufundland machen, Freunde in Boston und New York besuchen und schließlich von Montreal nach Marokko fliegen.

»Soll ich dir nach Marokko entgegenfahren?«, fragt er, bevor wir uns verabschieden. Wir wissen beide, dass unsere Geschichte nicht ansatzweise zu Ende erzählt ist.

Es kostet mich eine große Überwindung, aber ich schüttele den Kopf. »Manche Geschichten brauchen kein ›Und wenn sie nicht gestorben sind ...‹, um ein Happy End zu haben. Meine Reise ist eine davon.«

»Ich verstehe«, sagt Arne, und ich sehe an seinem Blick, dass es keine Floskel ist. Wir küssen uns ein letztes Mal, dann dreht er sich um und geht zur Sicherheitskontrolle, ohne sich noch einmal umzuschauen.

Arne ist weg. Aber ich bin nicht mehr allein – und bin es auch nie wirklich gewesen.

Entschlossenheit

WENN EINE ENTSCHEIDUNG
ALLES VERÄNDERN KANN –
WARUM HAST DU DANN SCHON SO LANGE
KEINE SOLCHE MEHR GETROFFEN?

Fliegen lernen

MAROKKO, WESTSAHARA

KILOMETER: 83 846

»Ich kann dich nicht hören!«, sagt das blonde Mädchen im blau-türkisfarbenen Neoprenanzug.

Wir tragen beide einen Bauchgurt mit Metallhaken und haben ein Surfboard in der Hand, dazu eine Lenkstange mit über zwanzig Meter langen Seilen, die man an den Drachen, den »Kites«, befestigt, von denen wir uns über das Wasser ziehen lassen wollen. Ich nestele noch immer an meinem Bauchgurt, drehe mich zur Seite, um ihn besser festzuzurren und weil der stürmische Wind mir feine Sandkörner in die Augen weht, und wiederhole meine Frage.

»Welche Kitegröße für den Wind da draußen?«

»Kannst du dich bitte zu mir drehen, wenn du mit mir redest?«

Trotz Neoprenanzugs wirkt das Mädchen elegant und feingliedrig. Ihre Haare sind von blonden, sonnengebleichten Strähnen durchzogen. Nur ihre Stimme will nicht so recht zu ihr passen, sie klingt nasal, fast ein bisschen mechanisch und sehr dunkel.

»Oh, entschuldige, wie unhöflich. Tut mir leid ... dieser verdammte Gurt!«, sage ich jetzt in ihre Richtung, lächele sie entschuldigend an und höre kurz auf, an meinem Gurt zu zerren.

»Das muss dir nicht leidtun. Aber ich kann dich nicht verstehen, wenn du dich wegdrehst. Ich bin taub.«

»Du liest meine Lippen?«

Sie nickt. »Neun«, sagt sie dann.

»Neun was?«

»Na, einen Kite der Größe neun!«

Es ist mein erster Tag hier in Dakhla, einem Ort in der Westsahara – im Süden und Osten erstreckt sich die Wüste bis zum Horizont, im Norden und Westen das Meer, und der heulende Wind begleitet das Schauspiel der Elemente unaufhörlich. Außer ein paar Kamelen, Flamingos, Delfinen und tonnenweise Sand gibt es hier nicht viel. Trotzdem verschlägt es Touristen hierher, denn die Laguna Dakhlas gilt als einer der weltweit windsichersten Orte zum Kite- und Windsurfen.

Vor ein paar Tagen sind Cleo und ich von Montreal nach Casablanca geflogen. Die Überwindung der großen Distanz von Kanada bis Marokko innerhalb weniger Stunden war für mich nach Monaten des Reisens ein Schock. Als ich aus dem Flugzeug stieg, durchfuhr es mich urplötzlich: Ich bin so gut wie zu Hause. Doch um die Rückkehr ein wenig hinauszuzögern, verordnete ich mir erst einmal – Stillstand.

»Ich lerne jetzt ordentlich kitesurfen. Bin dann mal in der Westsahara«, schrieb ich meinen Eltern und musste zugleich über mich selbst schmunzeln. Freiwilliger Stillstand im Sand – ich habe die Ödnis lieb gewonnen, trotz oder vielleicht gerade wegen allem, was mir in den Wüsten dieser Welt passiert ist.

»Westsahara klingt gefährlich. Kitesurfen auch«, antwortete meine Mutter besorgt.

Ich versuche, sie zu beruhigen und zu erklären, dass die Gefahr nicht hinter jeder Düne lauert, auch wenn der Status Westsaharas noch heute ungeklärt ist. Marokko ist sich seiner Sache in dem annektierten Teil Westsaharas inzwischen relativ sicher, der Flughafen in Dakhla wird von der staatlichen marokkanischen Fluggesellschaft angeflogen, und dort hängt, wie überall, ein Bild des Königs. Da sein Sohn leidenschaftlicher Kitesurfer ist, darf außerdem bei allen Flügen das Kite-Sportgepäck umsonst mitgenommen werden.

Dieser erste Tag ist für mich jedoch ziemlich herausfordernd. Zwar finde ich mich in einer neuen Umgebung mittlerweile schnell zurecht, doch neue Bewegungsabläufe zu lernen, braucht seine Zeit.

»Wohnst du auch hier im Camp?«, frage ich das Mädchen. Sie schüttelt den Kopf. »Nein, mein Bruder und ich reisen in einem VW-Bus. Aber er hat gerade Frauenbesuch. Ich habe ihm fünf Stunden Einsamkeit versprochen.«

Verzweifelt schaue ich mich um und nehme mir ein Herz: »Ehrlich gesagt kann ich gar nicht richtig kitesurfen. Nur die Basics. Aber die Stunden sind mir zu teuer. Ich habe, glaub ich, schon wieder vergessen, wo man welche Schnur am Kite befestigt. Kannst du mir helfen?«

Sie lacht und hält mir ihre Hand hin. »Dann hast du jetzt deine persönliche Lehrerin. Nenn mich Professor Jen.«

»Gut, ich gebe dir danach einen Drink aus.«

»Abgemacht!«

Nach einer Weile auf dem Wasser schaut mich Jen fragend an. »Willst du jetzt fliegen?«

»Wohin? Eigentlich will ich gar nicht mehr fliegen, sondern lieber nur Motorrad fahren oder kitesurfen.«

»Na, in den Himmel, mit dem Kite, über das Meer. Du wirst wahrscheinlich stürzen, aber es ist verdammt gut.«

»Ich weiß nicht, ob ich fliegen kann, aber stürzen, das kann ich.«

»Umso besser.«

Jen zeigt mir, wie man mit dem Kite in die Luft geht. Man springt weniger selbst, als dass man sich von der Kraft des Windes mit dem Schirm aus dem Wasser ziehen lässt. Wenn sie es macht, sieht es ganz einfach aus. Bevor ich es selbst probiere, horche ich in mich hinein. Ich bin auf meiner Reise stärker geworden – und selbstbewusster. Und ich weiß, dass ich auch diese Herausforderung meistern werde: Ich werde fliegen. Diese Prüfung kommt genau zur richtigen Zeit – heute schaffe ich das. Ich bin fokussiert, ich bin bei mir. Auch, dass ich nicht allein bin, beflügelt mein Selbstbewusstsein.

»Na dann los!«, knurre ich.

Meine Konzentration ist da, wo sie hingehört, nämlich zwischen dem Kite und dem Wasser. Dann schlittere ich mit meinem Surfboard schlingernd im Affenzahn wie eine Eiskunstläuferin auf Speed über das Meer.

Ich wünschte, diese Geschichte hätte ein gutes Ende, eines, das den Kreis schließt und die Lehre des »Du kannst alles, wenn du nur an dich glaubst« bestätigt. Tut sie aber nicht. Leider endet sie da, wo anscheinend jedes Leben begonnen hat: unter Wasser. Ich stürze, schmecke Salz, fühle das Zerren des Kites, bin kurz orientierungslos, atemlos, tauche auf und hole tief Luft. Aber ohne zu zögern, greife ich sofort wieder nach dem Surfboard. Dabei bemerke ich, dass etwas anders ist. Das Aufstehen und Weitermachen ist keine Willensanstrengung mehr, keine Überwindung, nichts, zu dem ich mich zwingen müsste. Es funktioniert nun wie ein Reflex. Bin ich plötzlich dieser Mensch geworden, der ich immer sein wollte? Jemand, der fällt, wieder aufsteht und weitermacht, ohne dazwischen an sich zu zweifeln? Es ist, als hätte die wiederholte Übung in den vergangenen Monaten meine Synapsen neu verknüpft. Nein, ich habe nicht gelernt, jede meiner Bewegungen gleich beim ersten

Versuch perfekt zu koordinieren, sondern richtig zu fallen. Und das scheint mir in diesem Moment die wertvollste aller Lektionen zu sein.

Und dann, zwei Stunden später, fliege ich wirklich. Es ist einer dieser schwerelosen Momente, der etwas bedeuten könnte, der etwas mit einem macht, auch wenn er für alle anderen Menschen belanglos ist. Der Moment, in dem man springt, obwohl man nicht weiß, wie weit man fliegen wird und ob die Landung funktioniert. Die Sekundenbruchteile dehnen sich, werden weit, sind plötzlich nicht mehr nur Zeit, sondern auch Raum. Dann lande ich auf dem Wasser. Und ich stehe.

An diesem Nachmittag mit Jen ist es, als würde ich alles, was ich auf dieser Reise gelernt habe, noch einmal im Schnelldurchlauf erleben: den Mut, etwas Neues zu beginnen, das Vertrauen in fremde Menschen. Sich zurückzulehnen und gelassen zu sein. Auf sich und seine Fähigkeiten zu bauen. Die Angst vor dem Stürzen zu überwinden. Denn obwohl ich mein Bestes gebe, stürze ich immer wieder. Die wenigsten Dinge funktionieren von Beginn an reibungslos. Doch um zu lernen, müssen wir das Unbekannte suchen und annehmen. Nur etwas, das wir nicht kennen, gibt uns Raum zu wachsen.

Am späten Nachmittag sitzen Jen und ich an der Strandbar mit Strohdach, lauter Musik, frischen Obstsäften und Mojitos, dazu ein paar Surfer mit unregelmäßiger Neoprenanzugsbräune, lederfarbenen Gesichtern, Händen und Füßen, ansonsten jedoch so weiß, dass sie in der Dunkelheit strahlen würden.

»Woher kommst du eigentlich?«, fragt sie mich.

»Gerade aus Amerika. Aber ich bin Deutsche. Kannst du an meinen Lippen sehen, dass ich Englisch mit Akzent spreche?«

»Ich sehe, dass irgendwas anders ist als bei uns Kanadiern. Aber ich kann nicht sehen, welchen Akzent du hast. Vielleicht habe ich mich bisher einfach mit zu wenigen Deutschen unterhalten. Oft reagieren Menschen merkwürdig, wenn sie herausfinden, dass ich taub bin. Sobald sie das wissen, ist es, als könnten sie mich nicht mehr hören. Ich bin taub, aber sie werden dann stumm.«

»Schweigen kann oft Unheil anrichten.«

»Ja, es ist wichtig, dass wir unsere eigene Stimme finden und unsere Meinungen äußern.«

Jen blickt abwesend auf die blaue Lagune vor uns, die sich vor den hellen Wüstendünen ausbreitet und auf der die Kites wie bunte Schmetterlinge durch die Luft kreisen. Wie ein seidener Schleier wird der Sand vom Wind über den Strand vor dem Wasser geweht. Dann schaut sie wieder mich an.

»Deswegen mag ich das Kiten. Der Sport macht mich frei, auf dem Wasser muss man nicht hören können. Es ist etwas, das ich kann. Das gibt mir Selbstbewusstsein. Erst beim Kiten habe ich gelernt, auf Menschen zuzugehen.«

»Sobald jemand etwas tut, das er mag, ist er meistens viel freundlicher und offener als im normalen Alltag.«

»Das stimmt. Aber auch wenn es nicht so wäre: Man darf sich nicht von den großen Träumen abhalten lassen. Auf lange Sicht ist es ziemlich egal, wenn jemand mal nicht nett oder hilfsbereit ist. Ich will mir nichts entgehen lassen, nur weil jemand meine Träume nicht versteht. Sie sind alles, was ich habe, alles, was wichtig ist.«

Die untergehende Sonne taucht den Himmel in ein leuchtendes Violett. Ich ziehe Bilanz. Außer Cleo habe ich fast nichts: kaum mehr Geld auf dem Konto, keinen Job, keine Wohnung. Nur einen fast ausgeträumten Traum – und ich bin 31. Früher dachte ich, mit dreißig muss man ein Haus besitzen, verheiratet sein, Kinder haben und Karriere vorweisen, um es »geschafft« zu haben. Ich habe immer auf den Tag gewartet, an dem ich mich zurücklehnen kann und alles erreicht habe. Aber gerade habe ich nichts von allem, was ich einmal erstrebenswert fand, und trotzdem bin ich in diesem Moment glücklich. Es ist in Ordnung für mich, dass ich noch immer dabei bin, auszuprobieren, dass ich noch immer lerne. Dass ich nicht die Beste bin und es auch nicht sein muss. Ich weiß jetzt, dass es reicht, wenn ich mein Bestes gebe, und dass das genug ist. Dass ich selbst genug bin. In diesem Moment höre ich mein Herz schlagen. Es ist frei und wild.

»Bleibt ihr noch länger hier?«

»Nein, wir fahren morgen weiter Richtung Südafrika. Überall kiten, wo wir können. Und du?«

Ich wiege unentschlossen den Kopf. Eine neue Idee reift heran. Plötzlich scheint der Weg nach Südafrika ganz einfach. Ich müsste nur losfahren, so wie ich es 480 Tage zuvor schon einmal getan hatte. In zwei Monaten könnte ich es bis nach Kapstadt schaffen. Alles, was ich brauche, habe ich bei mir, inklusive der Erfahrung, die ich im letzten Jahr gesammelt habe. Die Kosten für die Strecke bis nach Südafrika könnte ich mit vielen Übernachtungen im Zelt äußerst gering halten. Aber da sind meine Eltern, die auf mich warten, Schenja, dem ich die Alpen zeigen will, José-Emilio und Angel, die ich in Spanien besuchen will. Und Arne. Oft gibt es diese Momente, in denen ich mich frage, wie mein Leben ausgesehen hätte, wäre ich an manchen Weggabelungen anders abgebogen. Es sind »Was wäre, wenn«-Momente, in denen ich mir eine anderen Version meines Lebens vorstelle. Jetzt weiß ich, dass genau diese Entscheidung, die vor mir liegt, einen solchen Unterschied machen könnte. Nach Hause zu fahren oder weiterzureisen – beides würde alles ändern.

Jen sieht mich an, als könnte sie meine Gedanken lesen. Dann nimmt sie meine Hand und drückt sie. »Auch wenn es kitschig klingt: Mein Herz ist das Einzige, das ich wirklich hören kann. Und es hat immer recht. Fahr dorthin, wo dein Herz dich hinträgt. Vertrau ihm.«

Am nächsten Morgen öffne ich verschlafen die Augen. Die Orientierungslosigkeit, die entstehen kann, wenn man in zu kurzer Zeit an zu vielen Orten schläft, überfällt mich kurz. Doch dann höre ich das Rauschen des Meeres, sehe durch ein kleines Fenster wie in einer impressionistischen Malerei die Strahlen der aufgehenden Sonne unter einer dunklen Wolkenwand. Der Wind pfeift durch die Dünen. Ich bin noch immer in Dakhla, auch in den nächsten Tagen. Ich muss nicht aufbrechen. Dann schaue ich auf mein Handy. Eine Nachricht von Igor. Heute schickt er kein Bild von frittiertem Reis oder Fahrzeugen, sondern nur eine Zeile. Eine Zeile, die sogar das Rauschen des Meeres und das Pfeifen des Windes zum Schweigen bringt.

»Schenja ist tot.«

Lieber Schenja,
ich sehe dich, hier, im Chat. Du bist nur einen Klick entfernt –
wie fast alle Menschen, die ich liebe. »Ich freue mich« steht dort
als Letztes. Weil wir uns bald sehen wollten. Darüber Bilder, die
wir uns in den vergangenen Monaten geschickt haben, von Or-
ten, die wir gemeinsam oder allein bereist haben. Denn Orte und
Dinge erinnern uns unaufhörlich aneinander. Ich sehe eine Ziga-
rette und denke daran, wie du sie ohne Filter geraucht hast. Ich
höre einen Metalsong und höre genau hin, weil ich weiß, dass er
dir gefallen würde und er deswegen auch mir besser gefällt. So ist
das wohl, wenn man sein Leben mit dem eines anderen verbun-
den hat und einen wichtigen Abschnitt gemeinsam gegangen ist;
wenn aus einer zufälligen Begegnung eine Freundschaft wird. Ich
wusste nicht, was ich finden würde, als ich auf diese Reise ins Un-
bekannte aufgebrochen bin – doch mit als Erstes habe ich unsere
Freundschaft gefunden. Du würdest mich wahrscheinlich als ge-
fühlsduselig bezeichnen, aber wenn wir nicht staunen über diese
kleinen Begegnungen, wenn wir nicht an das Gute in ihnen glau-

ben, dann sind wir so gut wie tot. Habe ich dir eigentlich gesagt, dass mir das Bild von dir neben dem zerzausten Kamel besonders gut gefällt? Darauf lachst du so glücklich.

Damals in Tadschikistan wolltest du mich warnen, aber ich konnte nicht auf dich hören. Ich musste meine eigenen Erfahrungen sammeln. Wir müssen alle unsere eigenen Fehler machen. Ich verstehe jetzt das Gefühl des Fliegens, das du niemals aufgeben konntest, bis zu deinem letzten Versuch, frei zu sein. War es das wert? Die Antwort weißt nur du. Vielleicht würdest du wieder sagen: Jede Minute war es wert. Jede Sekunde wird es wert sein. Ich glaube: Morgen wird die Sonne wieder aufgehen, und du würdest es wieder versuchen, wenn du könntest.

Schenja, eigentlich schreibe ich dir nicht, um in alten Erinnerungen zu schwelgen, auch wenn ich das heute schon den ganzen Vormittag getan habe, so wie man manchmal nicht aufhören kann, Dinge zu tun, obwohl sie einem das Herz brechen. Auf deiner Facebook-Seite stehen jetzt zahlreiche Kondolenzbekundungen. Sie sind auf Russisch, ich muss sie alle übersetzen, um sie zu verstehen, obwohl ich eigentlich gar nicht verstehen will. Dabei habe ich noch ein Hühnchen mit dir zu rupfen: Wir sind einander Antworten schuldig geblieben und ein Versprechen. In Deutschland sagt man: Versprochen ist versprochen und wird nicht gebrochen. Das Versprechen, dass ich dir die Alpen zeigen würde, hängt nun unauflösbar über mir. Was bedeutet ein Versprechen, das nie eingehalten werden kann? Nichts? Oder bleibt es für immer bestehen und bedeutet alles?

Würdest du neben mir stehen, dann würdest du mit den Schultern zucken und mir dein trauriges Lächeln schenken. Und wahrscheinlich wäre das Antwort genug. Es wäre schön, wenn du noch einmal für mich lächeln und schulterzucken könntest. Nur um mir zu sagen, dass alles gut ist und dass ich mir keine Sorgen machen brauche, weil wir uns irgendwann wiedersehen und dann *alle Versprechen eingelöst und unbeantwortete Fragen beantwortet sein werden.*

Vielleicht kannst du mir doch bald auf diese Nachricht antworten. Ein Bild würde auch reichen. Oder eines deiner Metal-Lieder. Aber wenn deine Antwort die ewige Stille ist, dann mache ich mit dem Versprechen einfach das, was ich als richtig empfinde. Ich bewahre es mit einer Ahnung von Ewigkeit auf am einzig sicheren Ort, den es gibt: in meinem Herzen.

Neue Welt

SPANIEN, BURGOS

KILOMETER: 87 317

Die Meerenge von Gibraltar trennt Marokko und Spanien. Was für die meisten eine kurze Überfahrt ist, gleicht für mich einer Tortur. Meine Achillesferse ist die Seekrankheit, die ich seit Neuestem mit Tabletten bekämpfe. In Kanada habe ich auf der sechzehnstündigen Überfahrt von Neufundland zum Festland drei Marinesoldaten kennengelernt, die lachen mussten, als sie das Häuflein Elend sahen, das ich immer werde, wenn ich ein Schiff betrete. »Wir alle wissen, was Seekrankheit ist«, sagten sie, boten mir einen Schlafplatz in ihrer Kajüte an, den ich mir selbst nicht hatte leisten können, und gaben mir gleich drei Tabletten dazu. Ich hatte also mal wieder genau das gemacht, wovor mich meine Eltern gewarnt hatten: Erstens mit drei fremden Männern eine abgeschlossene Kajüte von vier Quadratmetern teilen und zweitens Medikamente annehmen, die müde und schwindlig machen – und sie auch noch freiwillig schlucken.

An diese drei Kameraden denke ich, als ich eine ihrer Pillen nehme, die sie mir vorsorglich mit auf den Weg gegeben haben, da sie verschreibungspflichtig sind und der Arzneistoff nur in Amerika erhältlich ist. Ein leichter Schwindel, das Boot wankt, ich drehe mich, aber trotzdem sehe ich, was vor mir liegt: Europa. Meine Heimat. Ein bisschen Vorfreude, ein bisschen Bangen.

Als ich losgefahren war, hatte ich keine Angst, dass etwas schiefgehen könnte. Jetzt, da ich das Ziel so knapp vor Augen habe, wird mir mulmig. Die Zeit ist unberechenbar. Lange bin ich verschwenderisch mit ihr umgegangen und habe in den Tag hineingelebt. Aber genau in diesem Moment erinnert sie mich daran, dass sie unsere kostbarste Ressource ist. Manchmal kann Afrika warten, manchmal auch die Sehnsucht. Freiheit impliziert, das zu tun, was wir für richtig halten. Die Möglichkeit zu haben, Versprechen einzulösen, für die es sonst zu spät sein könnte. Ich habe versprochen, bald nach Hause zu kommen. Und bald – das ist jetzt. Denn es konnte immer zu spät sein.

Mein Handy vibriert. »Wo bist du?«, schreibt Arne. Er ist sehr gut darin geworden, immer genau die ungünstigsten Momente abzupassen.

»Seekrank im Pillenrausch auf einer Fähre.«

»Kommst du mich besuchen auf deinem Weg nach Hause?«

Natürlich würde ich auf meinem Heimweg bei ihm haltmachen. »Nur, wenn ich hier lebend runterkomme.«

»Ich verstehe nicht, warum jemand wie du so viele Fähren nimmt.«

»Ich auch nicht.«

Obwohl: Eigentlich verstand ich es sehr gut. Es war das Opfer, das ich bringen musste, um die Welt zu sehen. Und das Reisen kuriert die Reisekrankheit nicht.

Als ich von der Fähre rolle und ich mich in den Verkehr von Tarifa mische, erkenne ich, dass die Reise zu Ende geht. Sogar die Nummernschilder sehen aus wie in Deutschland, nur dass darauf ES anstatt D steht.

Cleo trägt mich aus der Stadt hinaus, erst in Richtung Lissabon, dann wegen massiver Waldbrände in Portugal wieder zurück nach Spanien. Es ist, als würde sie sich selbst lenken, immer weiter Richtung Norden, immer weiter Richtung Herbst, immer weiter Richtung Heimat. Ich denke, dass so auch das Leben ist, manchmal ist alles einfach, man wird getragen, ohne dass man sich dafür anstrengen muss. Und dann fühlt es sich wieder an, als würde man gegen einen reißenden Strom schwimmen. In diesem Moment fällt mir die Dietrich ein, und plötzlich ist da die Melancholie des Herbstes, nach der ich mich schon so lange gesehnt habe:

»Wenn ich mir was wünschen dürfte,
möchte ich etwas glücklich sein,
denn wenn ich gar zu glücklich wär,
hätt ich Heimweh nach dem Traurigsein.«

Es war der längste und beste Sommer meines Lebens. Aber was wäre ein Sommer ohne Frühling, Herbst und Winter? Was wäre ein Sommer ohne Veränderung?

Ich lasse mich tragen, bis ich irgendwann den Jakobsweg kreuze. Anstatt Hostels gibt es jetzt Bettenlager, in denen auch die Pilger Unterschlupf suchen.

Von León mache ich tagsüber einen Abstecher nach Burgos, denn mehrmals wird mir die Kathedrale von Pilgern ans Herz gelegt. Dort erheben sich die gewaltigen gotischen Türme der Catedral de Santa María in den Himmel. Mit dem Bau dieser Kirche wurde bereits 200 Jahre vor dem Machu Picchu begonnen, und das flößt mir jetzt doch ein bisschen Ehrfurcht ein. Stark und so stolz steht die Kathedrale vor mir, eine Zeitzeugin vergangener Jahrhunderte. Ich bin so angetan, dass ich beinahe über einen Mann stolpere, der mit seinem voll bepackten Fahr-

rad auf dem Platz steht und ebenfalls an den Türmen empor-
schaut. Er sieht aus, als hätte er eine große Reise geplant, denn
sein Rad ist genauso bepackt wie Cleo, nur dass er sich und sein
Gepäck selbst fortbewegen muss.

»Cooles Fahrrad«, sage ich.

»Cooler Helm«, erwidert er und deutet auf meinen Arm, an
dem ich ihn wie eine kleine Handtasche trage. »Ich bin Peter.
Woher kommst du?«

»Ich bin Lea aus Deutschland. Und du?«

»Belgien. Und wohin willst du?«

»Nach Hause. Fährst du den Jakobsweg mit dem Fahrrad?«

Er schaut wieder zur Kathedrale auf. »Nein. Ich will eigentlich mit dem Fahrrad einmal um die Welt fahren. Aber jetzt
muss ich erst mal überwintern. Ich bin vor ein paar Wochen in
Belgien losgefahren.«

»Ich bin gerade um die Welt gefahren, aber mit dem Motorrad.«

»Wahnsinn, echt?«

»Ja, da haben wir was gemeinsam. Was hast du gemacht, bevor du aufgebrochen bist?«, frage ich Peter neugierig. Er sieht
nicht gerade aus wie ein Hippie, bis unter die Zähne ausgerüstet
mit teurem Outdoorequipment.

»Unternehmensberatung für Restrukturierung. Ein bisschen
Analysearbeit und dann vor allem Leute feuern.«

»Warum hast du gekündigt?«

Er zuckt mit den Schultern. »Ich hatte einfach keine Lust
mehr. Habe mein Rad gepackt und los ging's.«

Ich muss lächeln, denn er erinnert mich an mich selbst, wie
ich vor siebzehn Monaten genauso unbedarft losgefahren bin.
Kritisch beäuge ich wieder sein Gepäck.

»Wie viel Paar Socken hast du dabei?«

»Ein Dutzend. Ist das zu wenig?«

Kurz bin ich versucht, ihm zu sagen, dass er mindestens die Hälfte seines Gepäcks loswerden sollte, um es sich nicht zu schwer zu machen. Aber jeder muss seine eigenen Erfahrungen sammeln und seinen eigenen Weg finden, und meiner musste nicht seiner sein.

Also lache ich, zucke mit den Schultern und greife zu einer Notlüge: »Man weiß nie, wo der nächste Ort ist, an dem man Socken kaufen kann.« Dabei habe ich inzwischen gelernt: Socken sowie alles andere, was man braucht, sind immer höchstens ein paar Tage entfernt. Außerdem gehen nie alle Socken auf einen Schlag verloren.

Peter fragt mich unterdessen aus über Routen, Länder, Visa, Krankheiten, Verpflegung, Nachtlager und macht sich fein säuberlich Notizen über alles, was ich sage, als müsste er das Protokoll eines Meetings aufzeichnen.

»Also in Usbekistan hast du Geld auf dem Schwarzmarkt gewechselt – und in Tadschikistan?«

»Am Bankautomaten!«

»Bankautomaten …«, wiederholt er, als wäre das etwas sehr Exotisches.

Ich betrachte ihn und muss schmunzeln. »Das ist wie ein Spickzettel früher in der Schule. Du schreibst es jetzt auf, und dann brauchst du es nie, weil du weißt, was zu tun ist, oder weil sowieso alles anders kommt.«

Er schaut verwirrt hoch, dann zieht sich ein Lachen über sein Gesicht.

Etwas in mir ist neidisch, weil vor ihm noch das weiße Blatt seiner Reise liegt. Aber ich möchte auch nichts von dem missen, was ich erlebt habe. Es ist dasselbe Gefühl, mit dem ich auf meine Jugend zurücksehe, ein bisschen traurig, dass ich nicht mehr so jung bin, aber zugleich froh, weil ich angekommen bin, mit größerer Gelassenheit.

»Du hast sicher viele Erinnerungen gesammelt, die du nie vergessen wirst ... du bist jetzt sicher eine andere als vorher.«

Bin ich das? Ich habe Freundschaften geschlossen mit Menschen, die eine gemeinsame Sprache sprechen – und zum ersten Mal auch mit Menschen, die das nicht taten. Ich bin gestürzt, habe mich verletzt, bin wieder aufgestanden. Ich habe gezweifelt, vertraut, gelernt. Ich habe geliebt, geweint, alles Glück der Erde gesehen und ihr Leid. Ich bin krank gewesen, aber die meiste Zeit gesund. Ich habe mir helfen lassen und mir selbst geholfen. Ich bin älter geworden, habe Falten vom Wind und der Sonne zwischen meinen Augenbrauen bekommen. Mein Herz ist jünger, verspielter, leichter geworden. Ich bin lebendig. Erinnerungen von unbegrenzter Haltbarkeit und ohne Ablaufdatum. Haben mich diese neuen Erinnerungen zu einer anderen gemacht?

»Hmmm ... auch wenn dich das jetzt enttäuscht, aber ich bin noch immer dieselbe. Nur ein bisschen weicher.«

»Weicher? Du meinst, du hast zugenommen?«

Ich lache. »Das auch. Aber eigentlich dachte ich immer, so eine Reise – ganz auf mich selbst gestellt – würde mich zu einer richtigen Einzelkämpferin machen. Stattdessen habe ich gelernt, andere um Hilfe zu fragen, zu vertrauen, und in siebzehn Monaten so viel geheult wie in zehn Jahren davor nicht.«

Peter lacht. »Auf das Heulen würde ich gerne verzichten.«

Ich drohe ihm mit dem Finger. »Warte nur ab! Ich wollte auch auf das Stürzen verzichten, bin aber am Ende oft gestürzt.«

»Und jetzt? Hast du Angst vor der Rückkehr?«

Ich schüttele den Kopf. Mein Traum war gewesen, die Welt zu entdecken, ihr neugierig gegenüberzutreten und von ihr zu lernen. Zum ersten Mal denke ich, dass mein Traum nicht zu Ende sein wird, wenn ich ankomme. Denn ich würde immer weiter entdecken und weiter lernen.

Zum Abschied umarmen Peter und ich uns. Er steigt auf sein Rad und strampelt davon in Richtung der Stadttore, die ihn auf seine eigene Reise entlassen. Ich drehe mich um und entschließe mich, endlich die Kathedrale zu betreten. Täglich treffen wir 20 000 Entscheidungen – bewusste und unbewusste. Ich empfinde es jetzt als beruhigend, dass nur eine davon die Macht haben kann, unser Leben umzukrempeln. Dass es manchmal sogar ein Telefonanruf sein kann, der eine Entscheidung provoziert. Es ist nicht egal, welche Entscheidungen wir treffen. Es macht einen Unterschied, ob wir hin- oder wegschauen, ob wir unsere Stimme erheben oder schweigen, ob wir vorwärtsgehen oder zurück. Dieser Unterschied macht uns zu dem, was wir sind.

Durch die filigranen bunten Maßwerkfenster fällt das Licht zu Strahlen gebündelt in den Innenraum. Die Luft scheint zu stehen, und kleine Staubpartikel tanzen in ihr. Ich spaziere durch das Kirchenschiff, das teils aus dem dreizehnten Jahrhundert stammt. Vom Chorumgang betrete ich die »Capilla del Condestable« und stehe plötzlich in einer zweiten Kirche, einer Kathedrale in der Kathedrale. In der Kuppel ein achtzackiger Stern, dahinter der Himmel. Als ich dort stehe und nach oben schaue, merke ich, dass alles eine Frage der Perspektive ist. Ich bin noch dieselbe, aber mein Blick hat sich geändert. Das Fremde ist zum Vertrauten geworden – und auf das Vertraute habe ich einen neuen Blick gewonnen. Ich sehe ein Europa, das ich noch von früher kenne, aber jetzt betrachte ich es mit den neugierigen Augen einer Reisenden, die ich jetzt vielleicht immer sein würde. Erst jetzt merke ich, wie sehr ich dieses Europa vermisst habe. Ein Gefühl von Heimat kriecht in meinen Motorradanzug, bis in mein Innerstes. Eine tiefe Dankbarkeit erfüllt mich. Dafür, dass ich einen Ort habe, der mein Zuhause ist. Zuhause, das ist mein Ort auf dieser Welt, an dem alles für mich einfacher und ein bisschen wie immer ist. Dort dreht sich die Welt langsamer, als würde sie mich einladen und auffordern, zu verweilen. Und würde ich Osch wieder besuchen oder die Atacamawüste oder den Tempel in Amritsar, dann würde sich auch dort die Welt für mich ein bisschen langsamer drehen. Wer sagt, man könne sein Herz nicht teilen und nicht unendliche Male verlieren, der hat nicht verstanden, dass die Liebe bleibt. Und wenn eine neue kommt, dann tötet sie die alte nicht.

Langsam gehe ich zu Cleo und ziehe meinen Helm auf. Ich bin im Kreis gefahren und nun heißt es zurück auf Anfang. In diesem Kreis befindet sich die Welt, die jetzt wieder vor mir liegt, wie vor uns allen. Sie vertraut jedem von uns einen Teil ihrer Geheimnisse an, und jedem ein anderes. Wenn wir mehr über die Welt herausfinden wollen, müssen wir auch über sie sprechen. Ich starte den Motor und fahre los.

HÄUFIG GESTELLTE FRAGEN

Ausrüstung? Bei einer Reise, die alle Klimazonen durchquert, heißt das Motto: Zwiebelprinzip. Ich habe keinen Unterschied gemacht zwischen den warmen Klamotten, die ich unter der Motorradkleidung trage, und denen, die ich für die Freizeit gebraucht habe. Mein Motorradanzug von Touratech besteht aus dünner Meshjacke mit Hose, über die man eine Gore-Tex-Außenhaut zieht, die auch für alle anderen Aktivitäten in der Kälte genutzt werden kann.

Budget? Wie groß muss mein Budget sein und wie finanziert man sich eine Weltreise? Generell gilt: Je langsamer man reist, desto günstiger ist es. Wer ohne eigenes Fahrzeug unterwegs ist, kann mit fast nichts starten, wer sein Motorrad oder Auto dabeihat, braucht zumindest ein kleines Budget (Verschleißteile, Reifen und Benzin gibt es nirgends umsonst). Wenn dazu verschiedene Kontinente bereist werden sollen, die nicht über Land verbunden sind, müssen größere Ausgaben kalkuliert werden. Das Leben »on the road« ist nicht halb so teuer wie das Verfrachten eines Fahrzeugs. Und woher das Geld nehmen, wenn nicht stehlen? Erstens: alles verkaufen, was man besitzt, und alle Verträge kündigen, die laufende Kosten verursachen. Zweitens: sparen – am besten, während man in Deutschland arbeitet, da man in nur wenigen Ländern der Welt so viel verdienen kann wie hier. Ich habe nie einen richtigen Kassensturz gemacht und außerdem unterwegs gearbeitet – aber in achtzehn Monaten habe ich ungefähr 40 000 bis 50 000 Euro ausgegeben (aber auch viel teuren Unfug wie Kitesurfen betrieben).

Camping? Grundsätzlich hätte ich gerne mehr gecampt, aber als allein reisende Frau ist man in vielen Ländern ein Exot und sollte vorsichtig sein. Bis Malaysia waren Unterkünfte oft günstiger als ein Abendessen, dazu wurde mir in manchen Regionen von den Einheimischen stark davon abgeraten, irgendwo anders die Nacht zu verbringen als in offiziellen Hotels. Oft habe ich auf dem Land Unterschlupf bei Bauern gefunden, erst in den USA habe ich mir wieder ein Zelt zugelegt, da die Unterkünfte dort unbezahlbar sind und das Campen einfach und sicher ist.

Carnet de Passage? Zoll- und Grenzdokument für das Kfz, welches man zur Einreise in einigen Ländern (Pakistan, Indien, Myanmar, Nepal …) benötigt und für das in Deutschland beim ADAC eine Kaution hinterlegt wird, bis das Fahrzeug wieder zurück im Land ist. Die Kaution für mein Motorrad lag bei 5000 Euro – bei der Budgetplanung unbedingt berücksichtigen, da dieses Geld hier in Deutschland bis zur Rückkehr eingefroren ist.

Dollars? US-Dollar lassen sich fast überall auf der Welt am besten in die lokale Währung umtauschen – einzige Ausnahme ist Zentralasien, wo der Euro ein gern gesehener Gast ist. Ich hatte immer mindestens 1500 Euro in bar dabei, verteilt auf Tankrucksack, Seitenkoffer und zwischen meiner Unterwäsche. In jedem Land sollte man so schnell wie möglich in lokale Währung wechseln. Fast überall ist es am günstigsten, Geld am Automaten abzuheben (Konto bei einer Bank eröffnen, die keine Gebühren für Auslandsnutzung der Karten erhebt). Ab Südamerika habe ich außerdem auch US-Dollars in bar mit mir geführt, da man an vielen Grenzen die Gebühren damit bezahlt.

Ersatzteile? Je weiter ab vom Schuss, desto findiger die Werkstatt. Wenn unterwegs etwas kaputtgeht, findet sich meist schnell ein Mechaniker, der mal eben einen abgebrochenen Auspuff wieder anlötet oder die gebrochenen Seitenkoffer für fünf Euro schweißt.

Bis auf Zentralasien gab es entlang meiner Route genug Werkstätten, in die ich mir mit ein bisschen Vorlauf Ersatzteile bestellen konnte. Immer mit dabei: Kupplungsscheiben, Bremsklötze, Kupplungs- und Bremshebel, Ersatzschläuche.

Frauensache? Im Gegensatz zu Socken gibt es nicht an jedem Ort der Welt Tampons (besonders geringe Dichte: muslimische Länder wie Usbekistan und Pakistan und in vielen ländlichen Gegenden). Es ist sinnvoll, sich in Großstädten vorsorglich mit mindestens zwei Monatsrationen einzudecken.

Gepäck? Goldene Regel: Man hat immer mehr dabei, als man braucht. Und wenn nicht, dann fehlt was. Es ist nie alles gut.

Guide? Mit eigenem Fahrzeug ist alles komplizierter – die Einreisebestimmungen können sich extrem von denen für normale Touristen unterscheiden. China und Myanmar darf man mit eigenem Fahrzeug nicht ohne Guide durchqueren (Vorsicht: eine kostspielige Angelegenheit, die wegen der Bürokratie auch einigen Vorlauf braucht), in anderen Ländern benötigt man das Carnet de Passage als Zolldokument. Und dann gibt es Länder, in die man mit einem Motorrad gar nicht einreisen darf, wie zum Beispiel Vietnam, das Motorräder über 600 Kubik verbietet.

Höhenkrankheit? Zu schneller Aufstieg und das Übernachten auf großer Höhe kann zu einem Hirn- oder Lungenödem und damit zum Tod führen. Jeder kann höhenkrank werden, auch wenn man schon oft auf hohen Bergen war und nie etwas gespürt hat. Ab 2000 Meter können Symptome (Kopfschmerzen, Übelkeit, Herzrasen) auftreten. Das A und O heißt: Akklimatisation und langsamer Aufstieg über mehrere Tage. Es gibt keine andere Lösung. Außer vielleicht Coca.

Homestay? Besonders beliebt in Zentralasien und der Region Sikkim in Indien: die günstigere Alternative zu Hostels und Hotels, da man zu einem Schlafplatz (meistens auf einem Teppich am Boden oder in Jurten auf ausgebreiteten Schaffellen) auch gleich noch den Kontakt zur einheimischen Bevölkerung umsonst dazubekommt.

Impfungen? Ergeben bei einer längeren Reise in Risikogebiete Sinn. Besonders Tollwut, da Straßenhunde gerne Motorradfahrer jagen. Das Sprichwort »Hunde, die bellen, beißen nicht« gilt übrigens nicht mehr, sobald man Zentralasien erreicht. Für Medikamente, die man mitführen sollte, vor der Reise einen Reisemediziner konsultieren.

Internet? Das WWW ist fast überall auf der Welt angekommen (allerdings nicht unbedingt in der Geschwindigkeit, die man gewohnt ist). Wer durch Asien reist und Dienste wie Facebook, WhatsApp oder Instagram nutzen will, sollte sich einen guten VPN Client zulegen, da die Plattformen in einigen Ländern verboten sind. Für das Mobiltelefon kann man fast in jedem Land unkompliziert und sehr günstig SIM-Karten mit Datenvolumen erwerben.

Kamerateam? Nein, in Wirklichkeit bin ich nicht allein gereist, sondern hatte für viele Fotos, die ich gemacht habe, einen treuen Begleiter dabei. 1,5 Kilogramm schwer, schwarz und ungefähr 1,60 groß: ein Stativ aus Karbon. Außerdem eine kleine Nikon-Spiegelreflexkamera mit mehreren Objektiven (Zoom und Weitwinkel), Autofokus und Intervallaufnahme, die das Aufnehmen von Fotos im Abstand mehrerer Sekunden möglich macht, ohne selbst auf den Auslöser drücken zu müssen.

Kargo? Bis man versteht, was vor sich geht, sind Kargoterminals eine andere Welt – in der man jede Menge Geduld braucht. Aber egal, was passiert: immer an die »Bill of Lading« oder »Airwaybill« klammern, sie ist der Schlüssel zum Fahrzeug. Es ist unterschiedlich komplex, ein Motorrad zu verfrachten. In Peru bedeutete es drei Tage Rennerei, in Malaysia und Kanada war der Spuk innerhalb weniger Stunden vorbei (Empfehlung: MAS Kargo und Air Canada). Anders als bei Flugtickets macht es meistens keinen Unterschied, an welchem Tag man das Fahrzeug verfrachtet – der Preis wird aus Gewicht und Volumen errechnet.

Lebensmittelvergiftung? Shit happens – im wahrsten Sinne des Wortes. Aber jeder Körper gewöhnt sich irgendwann an fremde Nahrungsmittel und wechselnde Bakterien und Keime. Tipp für die Reiseapotheke: Perenterol forte wirkt auf natürliche Weise und, ohne den Körper zu belasten, gegen Durchfall und reguliert die Darmaktivität.

Motorrad? Großes Motorrad, kleines Motorrad, Jeep oder Van? Cleo ist eine Triumph Tiger 800 XCA Baujahr 2016 – wegen des butterweichen 3-Zylinder-Motors angenehm auf langen Strecken, pflegeleicht und auch jeder Offroadetappe gewachsen, wenn der Fahrer es ist. Das richtige Motorrad ist immer ein Kompromiss aus Komfort und Agilität.

Navigation? Mit Smartphone ist die Navigation kinderleicht: eine App wie maps.me herunterladen, die die Nutzung von Offlinekarten unterstützt. Wer für eine Weltreise ein richtiges Navigationssystem am Fahrzeug anbringt, dem rate ich zur Marke Garmin, da die Nutzung von OpenStreetMaps (OSM) per Nachrüstung mit einer SD-Karte am unkompliziertesten funktioniert. Für viele Länder gibt es keine herkömmlichen Karten der Navianbieter, die man kommerziell erwerben könnte – außerdem gelten die Daten von OSM an vielen Orten als die besten der Welt. Egal ob Google Maps oder OSM: Irgendwann wird dich dein Navi trotzdem im Stich lassen und über eine Klippe führen, zu einer Hängebrücke, die nur das Gewicht von Kindern trägt, in einen Heuschreckenschwarm oder direkt in einen reißenden Fluss. Und es wird kein anderes Objekt geben, mit dem du eine so intensive Hassliebe erleben wirst wie mit deinem Navi.

Ohnmacht? Wer nicht trinkt, kippt um! Immer genügend Wasser dabeihaben – das im Zweifelsfall auch für zwei Tage reicht, falls man mit einer Panne liegen bleibt.

Packen? Ich. hasse. packen. Aber Ordnung muss sein! Klamotten organisieren sich am besten in Packwürfeln, schwere Gegenstände wie Werkzeuge und Ersatzteile ganz unten in den Seitenkoffer, damit der Schwerpunkt des Motorrads sich nicht ungünstig nach oben verlagert.

Pannen? Ich glaube: Wer ohne platte Reifen um die Welt gereist ist, der hat die falschen Straßen genommen. Außerdem habe ich zweimal die Kupplung des Motorrads verbrannt, am Hinterrad ist ein Radlager explodiert, und der Starter musste nach 75 000 Kilometern ausgetauscht werden.

Quarzen? Eine Schachtel Zigaretten mit sich zu führen, ist nie dumm – auch als Nichtraucher. Nein, ich will niemanden zum Rauchen anstiften, aber viele Grenzbeamten werden augenblicklich freundlicher, wenn man ihnen Zigaretten anbietet, Einheimische geben bereitwilliger Auskunft, Bettler ziehen friedlich von dannen. Kurz: Zigaretten sind in vielen Ländern ein fantastisches Bestechungsmittel – und eine Schachtel kostet oft nur zwischen fünfzig Cent und zwei Euro.

Reifen? Reifen sind neben Bremsklötzen die wichtigsten Verschleißteile an einem Motorrad. Ich habe zehn Sätze Reifen für 90 000 Kilometern gebraucht. Darunter: Continental TKC 80 (Lieblingsreifen für offroadlastige Strecken), TKC 70 (gut onroad), Heidenau Scout 60 (langlebig, aber rutschig und hart; zweimal und nie wieder), Michelin Anakee Wild (gut, aber teuer), Michelin Karoo 3 (gut, aber fährt sich schnell ab), Michelin Tourance (Lieblingsreifen onroad).

Rotes Kleid? Wenn man maximal zwei Kleider dabeihaben kann, dann sollte unbedingt eines davon rot sein!

Routenplanung? Es gibt gar nicht mal so viele Himmelsrichtungen, und in irgendeine muss man losfahren. Ich wollte möglichst viele verschiedene Kulturen kennenlernen und so wenig Zeit wie möglich in Flugzeugen oder auf Schiffen verbringen – deswegen habe ich mich für die Route von Deutschland nach Thailand entschieden. Klar war von Anfang an, dass ich außerdem den amerikanischen Kontinent besuche. Die genauen Details haben sich erst auf der Reise ergeben und wurden am Ende nur vage von mir selbst bestimmt – entscheidend waren die günstigsten Verfrachtungsmöglichkeiten.

Sicherheit? Hundertprozentige Sicherheit gibt es für Alleinreisende nicht, weder für Männer noch für Frauen. Merke: An jeder Grenze warnen dich die Beamten grundsätzlich vor dem benachbarten Land. Besucht man keine akuten Krisengebiete, kann man aber mit ein bisschen Vorsicht und Verstand vielen gefährlichen Situationen aus dem Weg gehen. Einheimische wissen meistens am besten Bescheid – in Ländern wie Mexiko, El Salvador oder Kolumbien ist es zum Beispiel sinnvoll, sich über die Gebiete der Drogenkartelle aufklären zu lassen, bevor man wild drauflosfährt.

Tourismus? Als Reisender sollte man sich bewusst sein, dass Tourismus nicht nur positive Seiten hat. Ökologische Folgen wie Abwässer, die von Hotelanlagen in die Natur geschwemmt werden, knappe Ressourcen wie Süßwasser, das den Einheimischen fehlt, überfischte Gewässer durch den plötzlichen Bedarf an Lebensmitteln sind nur ein Teil der Probleme. Oft können große Investitionen wie Hotels nur durch ausländische Investoren getätigt werden, die den erzielten Gewinn aber nicht im jeweiligen Land lassen. Die lokale Bevölkerung übt zu großen Teilen nur Hilfsjobs wie Zimmermädchen, Kellner oder Bauarbeiter aus, was zu einem Neokolonialismus führt: Der Tourist hat das alleinige Sagen, er bestimmt durch sein Geld, was geschieht. Um möglichst nachhaltig zu reisen, bringt es oft wenig, nur in der nächsten »Eco Lodge« abzusteigen – stattdessen sollte besonders darauf geachtet werden, kleine lokale Unternehmen zu unterstützen und Möglichkeiten wie Homestays zu nutzen.

Treibstoff? Außer in Usbekistan gibt es in fast allen Ländern Benzin an Tankstellen, zusätzlich hatte ich drei Kanister mit insgesamt neun Litern Ersatzbenzin dabei. Einsame Landstriche sind oft gesegnet mit Landwirten, die einen kleinen Spritvorrat in irgendeinem Keller verstecken. Unser 90-Oktan-Standardbenzin sucht man dagegen oft vergeblich. Lösungen können sein: Sprintbooster – oder ein Motorrad wie Cleo, das jede Plörre gut verkraftet.

Umwelt? Den absolut umweltfreundlichen Menschen gibt es genauso wenig wie den absolut umweltfreundlichen Reisenden. Egal wie wir reisen, verbrauchen wir Ressourcen, die in gewissen Teilen der Welt fehlen. Als Reisender kann man dafür sorgen, damit vor Ort verantwortungsbewusst umzugehen und sie nicht zu verschwenden, nur weil man sie sich leisten kann. Besonders bei Aktivitäten mit Tieren sollte man sich außerdem im Vorhinein informieren – und zum Beispiel auf den Ritt mit einem Elefanten verzichten, dem erst mit grausamen Methoden der Willen gebrochen wird.

Versicherung? Wenn es eine Versicherung für Versicherungen gäbe, man könnte sie mir verkaufen! Da ich mich in Deutschland abgemeldet habe und hier nicht mehr versichert war, habe ich eine weltweite Auslandsreisekrankenversicherung abgeschlossen, die im Ernstfall die Rückführung nach Deutschland garantiert. Ein Fahrzeug in allen

Ländern zu versichern, ist dagegen schlichtweg nicht möglich. In Ländern wie Pakistan fahren auch die Einheimischen ohne Kfz-Versicherung, sie ist oft weder vorgeschrieben noch an der Grenze erhältlich. Es hat mich durchaus etwas Zeit gekostet, die Mentalität der Vollkaskoversicherungen hinter mir zu lassen und auch ohne Versicherung entspannt zu fahren.

Verständigung? Es ist immer besser, die lokale Sprache zu sprechen – aber alle, denen wie mir Chinesisch, Kirgisisch oder Burmesisch zu schwierig sind, können auf die Methode »Hände und Füße« zurückgreifen. Und Lächeln hilft. Auch wenn man nicht dieselbe Sprache spricht: Wenn beide Parteien willig sind, eine Lösung zu finden, dann wird auch eine gefunden. Und wenn nicht: Dann probiert man es bei der nächsten.

Werkzeug? Wer kein Gaffatape und keine Kabelbinder besitzt, der hat die Kontrolle über sein Leben verloren. Neben allen passenden Schraubendrehern und Nüssen für Cleo (oft haben kleine Werkstätten keine richtigen, wenn sie nur selten größere Fahrzeuge reparieren) hatte ich außerdem immer eine Rolle Draht im Gepäck – für den Fall, dass sich irgendwelche Teile lösen, die heiß werden.

Xenophobie? Die beste Therapie gegen die Angst vor dem Fremden? Das Fremde kennenlernen.

Yalla! Keine Fragen mehr? Na dann: Los geht's!

Moment, noch eine letzte:

Zweitpass? Was ist, wenn man in Land 1 fährt, Land 2, in das man möchte, aber Beef mit Land 1 hat und Land 2 niemanden reinlässt, der irgendwas mit Land 1 am Hut hat? Dann braucht man einen Zweitpass. Länder, deren Stempel nur ungern miteinander im Pass stehen: Iran, USA, Pakistan, Israel.

DANK

Dieses Buch wäre nicht entstanden, hätte ich auf dieser Reise nicht so viele unerwartete, erfrischende, intensive, lustige, ergreifende Begegnungen gehabt. Von Herzen möchte ich all jenen danken, die mich in ihrem Leben aufgenommen haben und ein Teil dieser Geschichte sind, egal ob sie in diesem Buch erwähnt werden oder nicht. Es gibt zu viele gute Menschen, um sie hier alle aufzuzählen – aber allein das sollte Lust auf die Welt machen.

Ein besonderer Dank gilt allen von Kiepenheuer & Witsch, die mich mit der Begeisterung für Geschichten auf dieser Reise zum ersten Buch begleitet haben. Insbesondere möchte ich meinem Lektor Martin Breitfeld danken, der es mit ewiger Geduld immer wieder mit meinem Starrsinn aufgenommen hat. Martin, ich habe viel von dir gelernt. Außerdem herzlichen Dank an Hans Peter Buohler, der als Lektor spontan in dieses Abenteuer geworfen wurde und mich außerdem tatkräftig bei der Bildauswahl unterstützt hat.

An dieser Stelle dürfen natürlich auch diejenigen nicht fehlen, die mich zu KiWi gebracht haben: die weltbesten Agenten Felix Rudloff und Georg Simader von Copywrite und ihr fantastisches Team.

Auch wenn man allein unterwegs ist, ist man oft auf die Hilfe anderer angewiesen – besonders wenn man mit einem Motorrad reist und mit einem sehr geringen Basiswissen über Mechanik startet.

Mein Dank gilt Triumph Motorcycles Deutschland: Uli Bonsels, der von Anfang an an diese Reise geglaubt hat, Jean-Luc Mars, weil er so unkompliziert Ja gesagt hat, und Natalie Kavafyan. Außerdem meinem liebsten und entspanntesten Telefonjoker Peter »Pit« Höfner, der mir auch um zwei Uhr nachts mit Rat und Tat zur Seite stand, egal ob es sich um eine lose Vorderradbremse oder eine ernsthafte Lebenskrise (es gibt schon wieder keinen Wein!) handelte.

Danke an das Team von Touratech, das mein Motorrad reisefit gemacht hat – besonders an Herbert Schwarz, Katja Niederwieser, Peter Hanna und Luigi Chietti, für die das Reisen auf dem Motorrad Leidenschaft und Alltag ist und für die eine Frau, die allein mit dem Motorrad um die Welt fährt, das Normalste der Erde ist.

Markus Biebricher vom Magazin »Motorrad« – danke für deine Worte und E-Mails vor meiner Reise, die mir einen Teil meiner Angst genommen haben.

Wenn man sich auf etwas verlassen kann, dann auf die Motorradcommunity auf dem ganzen Erdball: Dank an Vimal Sumbly in Indien, Dale McBride und Cliff Stovall in Australien, Anuar Ahmad in Malaysia, Vitor Sousa in Portugal, Chrystian Wells und Rodrigo Pasten Huerta in Chile, British Motors Guatemala, Eve von BM Motorcycles Melbourne und Ivan Guerrero von Touratech Lima.

Dank an Marley Burns von Silk Road Adventures, der mich in seiner Gruppe aufgenommen hat, als würde ich dazugehören, und an alle anderen, mit denen ich für kurze Zeit reisen durfte.

Sich in der Welt zu Hause fühlen – meine Freunde haben das noch einfacher für mich gemacht. Dank an Emmy Schumacher, die mit mir jede noch so schlammige Straße auf dieser Erde bereisen würde und die die Erste war, die einen Teil dieses Buches Probe gelesen hat.

Dank an Theresia Enzensberger, Naomi Olsen und Diandra Donecker, die mir weit weg von daheim ein Zuhause waren und ein Stück dieses Weges gemeinsam mit mir gegangen sind.

Dank an die erweiterte Enzensberger-Familie (inklusive Patrik Schmidt), die mir immer mit Rat zur Seite stand – egal ob Titeldiskussion oder Fragen, die das Schreiben eines Buchs mit sich bringt.

Dank an Fiona Struengmann und Noëm Held für ihren Input zur Covergestaltung.

Der größte Dank gebührt aber Menschen, denen ich viele schlaflose Nächte bereitet habe, wenn ich mal wieder einein-halb Wochen verschollen war: meinen Eltern, die mich immer selbstlos unterstützt haben und nur das Beste in mir sehen und mich so zu einem besseren Menschen machen. Und meinem Bruder Ron, der mir schon früh die wirklich wichtigen Weisheiten des Lebens beigebracht hat.

Jan Svensson, danke, dass du für mich sogar Texte auf Deutsch liest, dass du an mich glaubst und dass du meine Ruhe bist – und zugleich die größte Herausforderung.

Verlag Kiepenheuer & Witsch, FSC® N001512

1. Auflage 2019

© 2019, Verlag Kiepenheuer & Witsch, Köln
Alle Rechte vorbehalten. Kein Teil des Werkes darf in irgendeiner Form (durch Fotografie, Mikrofilm oder ein anderes Verfahren) ohne schriftliche Genehmigung des Verlages reproduziert oder unter Verwendung elektronischer Systeme verarbeitet, vervielfältigt oder verbreitet werden.
Umschlaggestaltung Barbara Thoben, Köln
Umschlagmotiv © privat (Das Bild zeigt eine Skulptur des Künstlers Mario Irrázabal in der Atacamawüste)
Foto der Autorin © privat
Fotos der Bildteile © privat
Karte Markus Weber, Guter Punkt, München
Gesetzt aus der Calluna und der Sun Valley
Satz Buch-Werkstatt GmbH, Bad Aibling
Druck und Bindung CPI books GmbH, Leck

ISBN 978-3-462-05224-4

Es ist Sommer. Jonas ist verliebt. In siebzehn Tagen will er es ihr sagen, doch nicht mit leeren Händen. Der Schauspielschüler bricht mit seinem Roller auf nach Dublin, um dort eine alte »Romeo und Julia«-Ausgabe für sie zu finden. Aufgrund einer Wette mit dem Wetter lässt er Geld und Handy zu Hause und stürzt sich ins Ungewisse. Seine Intuition, sein Charme und seine Hoffnung sind nun sein einziges Kapital.
Großes Glück, tiefe Verzweiflung und zahllose wundersame Begegnungen machen seine Reise zu einem unvergesslichen Abenteuer.

Leseproben und mehr unter www.kiwi-verlag.de

Nilz Bokelberg packt seine Siebensachen und macht sich mit einem Interrail-Ticket auf, um quer durch Europa zu fahren. Der Plan: Die Ferienorte seiner Kindheit bereisen. Und das ausgerechnet im tristen November, wenn alles verlassen ist. Genau die richtige Zeit, um die europäischen Urlaubshochburgen auf Erinnerungen abzuklopfen: der erste Kuss, der erste Urlaub ohne Eltern oder die beste Pizza der Welt. Auf geht´s zu einer etwas anderen Reise in unser aller Vergangenheit!

»Ich liebe Nilz. Vor diesem Buch mochte ich ihn nur.« *Christian Ulmen*

Leseproben und mehr unter www.kiwi-verlag.de

Wovon viele Menschen träumen, machen Friederike und Philipp einfach wahr: Sie lassen ihre Bürojobs hinter sich, werfen ihr Erspartes auf einen Haufen und fahren einfach mal los. In neun Monaten erkunden sie sechzehn Länder rund um den Erdball und erleben herrlich-skurrile Abenteuer. Was sie am Ende mitnehmen, sind aber vor allem die Begegnungen mit Menschen aus aller Welt. Und die Erkenntnis: Diese Reise war die beste Entscheidung ihres Lebens.

»Achtung: Das Fernweh schlägt sofort zu!« *Radio Fritz*

Leseproben und mehr unter www.kiwi-verlag.de

Kiepenheuer
&Witsch

Kann man das schaffen? Ohne einen Cent in der Tasche von Berlin bis in die Antarktis reisen? Michael Wigge hat es erprobt: zum Nachmachen nur für Abenteurer mit sehr viel Humor empfohlen – aber zum Nachlesen ein Riesenspaß für alle.

»Michael Wigge ist wahnsinnig, mutig und freundlich – die allerbesten Voraussetzungen für ein gutes Buch.« *Sarah Kuttner*

Leseproben und mehr unter www.kiwi-verlag.de